The Stable Isotope Anthropology
of
Human Skeletal Remains

日下宗一郎 著

古人骨を測る

同位体人類学序説

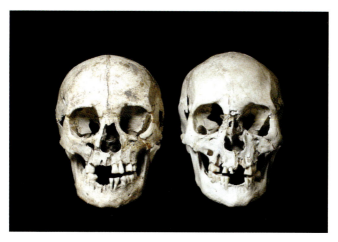

津雲貝塚より出土した人骨。右は 4I 系,左は 2C 系の抜歯が施されている。

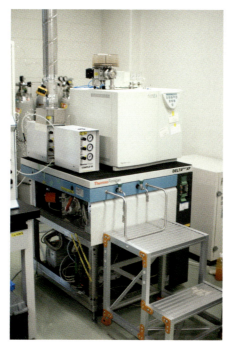

炭素・窒素安定同位体比測定のための元素分析装置－質量分析装置(EA-IRMS, 総合地球環境学研究所)

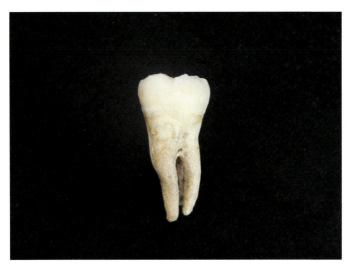

稲荷山貝塚より出土した人骨の第三大臼歯。約 3 mg の歯のエナメル質があれば炭素・ストロンチウム (Sr) 同位体比を測定することができる。

Sr 同位体比測定のための表面電離型質量分析装置 (TIMS, 総合地球環境学研究所)

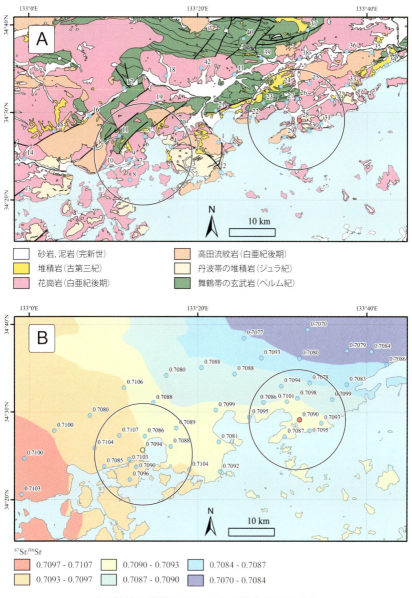

山陽地域の地質図（A）とSr同位体比地図（B）

iii

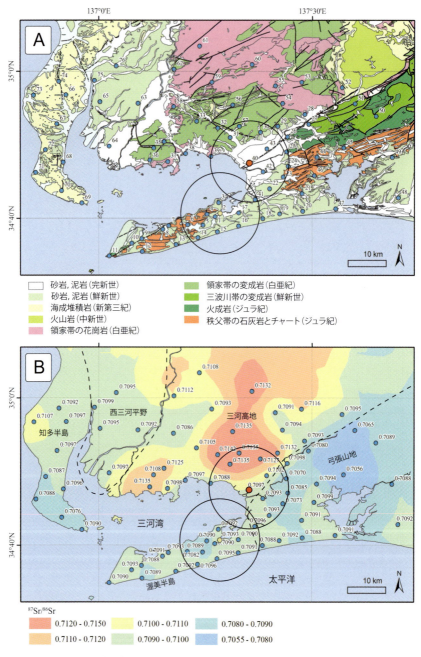

東海地域の地質図 (A) と Sr 同位体比地図 (B)

はじめに

　本書は，人の骨を分析の対象として研究してきた著者が記した書物である。数ある脊椎動物の骨の中でも，人骨と呼ばれる資料を研究の対象としている。普段の生活の中で人骨に出会う機会のある人は，なかなかいないのではないであろうか。生きている人の中に必ず存在している骨。歯として一部見えている部分を除いては，相当のひどい骨折でもしなければ，自分の骨を拝むことはできない。現代では火葬されるようになったため，いつかはだれもが親族の骨を拝むことになる。何十年もともに生きてきて，ともに笑い，ともに泣いていたその顔が，最後には表情のない一つの骨となる。死んだ人がまとうその姿。だから，人骨は多くの人にとって忌み嫌われることになる。死や恐怖の象徴として用いられるのも当然である。私も決して人の骨が好きなわけではない。むしろ生前の姿を思うと畏れ多く，できることなら扱うのも遠慮したいものである。

　それならば，どうして人の骨を研究するのか疑問に思うかもしれない。その理由を一言で言い表すのは難しいが，本書を読んでいただくと，その並々ならぬ複雑な理由が読者に伝わることと信じている。

　本書で扱うのは，何らかの事件に巻き込まれた可能性のある新しい白骨遺体ではない。もっと昔の人の骨，いわゆる古人骨である。古人骨とは，考古学の遺跡から見つかる人骨のことである。旧石器時代，縄文時代，弥生時代といった日本の先史時代の遺跡からは，住居の跡や石器や土器，当時食べられていた動物の骨だけではなく，埋葬された人骨が見つかることがある。当時の日本に生きた人々の生活を復元するために，この古人骨はなくてはならない貴重な資料である。実際に生きていた人の骨そのものには，多くの情報が記録されている。発掘された骨を対象として，生前の暮らしや社会関係を解き明かすこと。このことは言うならば複雑で難解なパズルを解いていくように，困難で時間のかかる作業であるが，このプロセスとそこから結論を導き出すこと，先史時代の人々について思考を巡らすことがとても面白いのだ。古人骨を目前にして私は沈黙しているとしても，頭の中は思索でいっぱいなのである。まるで殺人事件に遭遇した小説の中の探偵のように。

　しかしこれは比喩であって，事実は多少なりとも異なってくる。推理ではなく，

綿密なデータに基づいて過去を考察するのである。古人骨を研究対象にするのは，自然人類学あるいは形質人類学と呼ばれる学問分野である。これは人間性の本質を追究する人類学の一分野であり，生物学的な観点から骨を研究の対象としている。生物としてのヒトを理解するために，骨のかたち，つまりは形質を，時には化石人骨の分析によって，時にはほかの霊長類の形質と比較してヒトの有様を論じるのである。ヒトはどのように進化してきたのか，その種分化と適応過程を明らかにする。そのためにはアフリカ各地における発掘調査によって新たな化石を発掘することで，進化の空白を埋める必要がある。チンパンジーやゴリラなどの類人猿と，ヒトの形質や行動，生態を比較することで，ヒトの特徴が浮かび上がってくる。そこではアフリカでのフィールド調査や，飼育下での観察調査も行われる。我々はどこから来て，どこへ行くのか。人間性の本質をあらゆる面から見つめること。そこに時流に流されない自然人類学の学問的本質が存在する。

　そのいっぽうで，古人骨は，考古学的に発掘調査された遺跡から出土してくる。自然人類学は，日本では人文系に属する考古学分野とも縁が深いのである。日本の先史時代の研究においては，考古遺物に加えて，古人骨は重要な位置を占める。というのも，生きていた人そのものの記録であり，石器や土器などと比較すると，その出土数自体はとんでもなく数が少ない。このため，出土した人骨は日本の歴史を語る上で希少価値がとても高い。ここまで述べてくると，古人骨を扱うことがどれだけ稀で，どれだけ特異であるか，読者にもじわじわと伝わってきたのではないかと思う。資料が少なければ，それを扱う研究者も少ない，というのが日本の実情である。古人骨を扱う研究者は骨屋と呼ばれることがあるが，この骨屋は絶滅危惧種かもしれない。近くの大学の研究室を調べてみてほしい。考古学の研究室はあっても，骨屋のいる研究室はほとんど見つからないのではないだろうか。

　この自然人類学の一分野は，骨考古学と呼ばれる。考古学と関連した分野であるが，考古学そのものに含まれる訳ではない。骨考古学とは，「形質人類学の方法で考古学の遺跡から出土した古人骨を丹念に調べることによって，そこから先史古代人の生業，社会，文化，習慣など生活のスタイル全般に関わる情報を解読していこうとするアプローチである」と，骨考古学の提唱者である片山一道先生は述べられている（『古人骨は語る　骨考古学ことはじめ』）。本書もこのアプローチを多分に引き継いでいる。その出版からすでに 25 年が経とうとしている。言うなれば，骨考古学を事継いでいくのが若い自然人類学者の使命であろうが，未だ研究の途上であり，事納めに至るまでには，私の一生では時間が足りないのかもしれない。

さて，本書の扱う古人骨について述べてきたところで，本書の題名は，古人骨を測る，である。伝統的な自然人類学では，ノギスと呼ばれる物差しで骨の形を計測し，その長さや大きさの比較をしてきた。縄文時代人や弥生時代人の顔の形，歯の大きさ，背の高さなどを比べることで，日本人の起源について考えを巡らせてきたのである。長さを測って形を比べることは，現在でもこの学問の基本である。しかし，本書でいう古人骨を測るの意味合いは少し異なってくる，もしくは一歩駒を進めた意味合いである。骨そのものを形作る元素の割合を測るのである。元素のうちでも同位体と呼ばれる同じ元素でも重さが異なる元素がある。この重い元素と軽い元素の割合を調べることで，昔の人々の食べ物などを調べることができる。骨に記録された同位体の比率を測る。あなたの骨は食べ物からできている。あなたの歯は住んでいた場所を記録している。そして古人骨は時を数えている。これらは先史時代の人の生業や社会に迫るための優秀なアプローチとなり得る。そこのところは本書を読み進めていただければ，おのずと納得していただけるはずである。

　そして本書の副題は，同位体人類学序説，である。同位体人類学とは，どのような学問だろうか。同位体人類学は，自然人類学の中でも，古人骨に記録された同位体を読み解くアプローチを用いることと言える。種々の元素の同位体を調べることで，当時の食や移動，さらには時間を調べることができる。個体ごとに分析すれば集団内の特徴を探ることができるし，個体の異なる部位を分析に用いればライフヒストリーに迫ることもできる。資料は古人骨だけではない。食物を調べるためには当時の動物骨も測定の対象となるし，移動を調べるためには現生の植物や水も調査の対象となる。人類の進化を調べるためには，中新世や鮮新世の哺乳類化石も調査しなければならない。現代人の髪の毛や爪も調査の対象となるし，霊長類の食べ物から時には糞までもその射程の範囲だ。同位体比の測定手法は，同位体地球化学の分野で発展してきた。岩石などの精密同位体比測定を目的として，測定機器の開発と分析技術の向上がもたらされてきた。その技術は他分野に波及し，生物や環境を扱う同位体生態学や同位体環境学が進展してきた。同位体人類学も同位体分析の歴史と軌を一にしているが，ここで新たに呼称するのには理由があり，そのアプローチには特徴がある。古人骨を扱うために，その生物学的な観点から研究を行うことである。また，遺跡より出土した遺物であるために，考古学的な属性を考慮に入れることである。さらに，当時の食生態や環境への適応を調べるためには，気候・環境などの古環境的側面にも注意を払うことである。このような生物としてのヒト，考古遺物としての人，自然環境の中で生きていたヒト。多面的に古人骨を見つめる

ことにより，生き生きとしたヒトの姿を復元する。沈黙した古人骨を前に，生前の
リアルな人に対峙する。同位体人類学は，これを実現する複合科学である。そして
ここであえて同位体人類学と呼称することにより，まだ確立されていない本学問の
重要性とその興味深さを，人類学や考古学，そして隣接する諸学問分野に問いかけ
たいと思う次第である。

　本書を書くにあたって，執筆を許していただいた現在の所属，ふじのくに地球環
境史ミュージアムについても紹介しておきたい。静岡県初の県立博物館で，自然史
と環境史を含む地球環境史に関する全国でも後発の自然史系博物館である。環境考
古学の提唱者である安田喜憲先生が現在の館長であり，学芸課に各分野の研究者が
所属している。自然人類学の研究者が博物館に所属することは少なく，博物館で活
動を継続できることは私にとって望外の喜びである。本書を手にとって，先史時代
のありのままの姿について解き明かすことができる自然人類学に少しでも興味をも
つ読者が現れれば，素直にうれしいと思う。そのためなるべく分かりやすい文章説
明を心がけたつもりだが，実験手法の説明や数式など，理解が難しい部分について
はご容赦いただきたい。私たちの環境の中で，地球の歴史，生物の進化，人の文化
などにみられるように，この世界で歴史性を引き継がないものなど何もない。人類
の進化や私たちの祖先の生活について，さらには地球環境史について知っていると，
現代の生活の場面において，ひと味違う見方ができ，未来への強い意思を培うこと
ができる。これからの人類はどのようにあるべきなのか。本書によって，私たちの
祖先に思いをはせ，興味を抱くきっかけとなり，その面白さに魅了される人が一人
でも増えてくれれば幸甚である。

目次

口絵　i

はじめに　v

図表一覧　xiii

序章　縄文時代を解き明かす ── 考古学からの研究史　　1

1. 縄文時代とは …………………………………………………… 2
2. 縄文時代人の食性 ……………………………………………… 5
3. 縄文時代人の集団間移動 ……………………………………… 9
4. 儀礼的抜歯とは ………………………………………………… 10
5. 縄文社会に迫る ………………………………………………… 14
6. 研究の目的 ……………………………………………………… 16

第1章　古人骨に地球化学的手法を組み合わせる　　17

1. 二つの原則 ……………………………………………………… 18
2. 炭素・窒素同位体比を測る …………………………………… 19
3. ストロンチウム同位体比を測る ……………………………… 30

第2章　縄文時代人の食性を復元する　　45

1. 古人骨を選ぶ …………………………………………………… 46
2. 性別と死亡年齢の推定 ………………………………………… 51

ix

3. 炭素・窒素同位体分析の方法 ·············· 54

4. 炭素・窒素同位体比から分かること ·············· 56

第3章　食性の新たな側面に光りを照らす　79

1. 歯のエナメル質の炭素同位体比を測る ·············· 80

2. 歯のエナメル質はエネルギー源の記録 ·············· 89

3. 混合モデルによる食物摂取割合の復元 ·············· 98

第4章　縄文時代人の集団間移動を復元する　119

1. ストロンチウム同位体分析のための溶解度プロファイル ·············· 120

2. 縄文人骨の Sr 同位体分析 ·············· 125

3. 大田人骨の分析結果 ·············· 127

4. 津雲人骨の Sr 同位体比の測定結果 ·············· 134

5. 吉胡人骨の Sr 同位体比の結果 ·············· 138

6. 稲荷山人骨の分析結果 ·············· 148

7. 稲荷山人骨の結果についての考察 ·············· 151

第5章　時を調べる　161

1. 放射性炭素年代測定とは ·············· 162

2. 古人骨の年代を測る ·············· 169

第6章　縄文社会を解き明かす ── 同位体分析による帰結　177

1. 食性の変異 ·· 178

2. 食性の性別による違い ······························· 179

3. エネルギー源が示すもの ··························· 181

4. 集団間の移動 ··· 183

5. 抜歯系列と集団間の移動 ··························· 185

6. 食性分化と抜歯風習 ·································· 186

附表A　縄文人骨の炭素・窒素同位体比　193
附表B　歯のエナメル質の炭素同位体比　199
附表C　縄文時代と現代の資料の Sr 同位体比　203

あとがき　211
初出一覧　212
謝辞　214
引用文献　217
索引　237

コラム　　　　　　　　　　　　　　　　　　　　　　COLUMN

1　デルタ表記について ······························· 42

2　江戸時代人の食性 ··································· 74

3　現代人の食性 ··· 113

4　古人類の食性 ··· 156

5　カンティス遺跡の古環境解析 ·················· 174

6　歯冠計測値と Sr 同位体比 ······················ 191

図表一覧

序章：縄文時代を解き明かす——考古学からの研究史 ……………………………… 1

図 0.1.　津雲貝塚より出土した人骨 ………………………………………………… 3

図 0.2.　縄文時代の気候と海水準 …………………………………………………… 3

表 0.1.　縄文時代の六つの時期（年代は小林，2008 より）……………………… 4

図 0.3.　狩猟採集民の居住形態（Binford, 1980 を参考に筆者作図）…………… 5

図 0.4.　鳥浜貝塚（縄文前期）における生業の季節性（西田，1980 を参考に筆者作図）
　　　　…………………………………………………………………………………… 6

図 0.5.　縄文時代人の歯に観察されるむし歯（筆者撮影）……………………… 7

図 0.6.　津雲貝塚から出土した人骨の抜歯様式（宮本，1925 より）…………… 12

図 0.7.　抜歯型式（春成，1979 を参考に筆者作図）……………………………… 13

図 0.8.　階層化狩猟採集社会の社会構造モデル（渡辺，1990）………………… 15

第 1 章：古人骨に地球化学的手法を組み合わせる ……………………………… 17

図 1.1.　ラットに与えた食事と骨コラーゲンの炭素同位体比（Ambrose and Norr, 1993
　　　　より筆者作図）………………………………………………………………… 19

図 1.2.　炭素の同位体 ………………………………………………………………… 20

図 1.3.　炭素循環と炭素同位体比（Solomon, 2007 を参考に筆者作図）……… 21

図 1.4.　植物の C_3・C_4 回路（土居ほか，2016 を参考に筆者作図）…………… 22

図 1.5.　窒素の同位体 ………………………………………………………………… 24

図 1.6.　窒素循環と窒素同位体比（Delwiche, 1970 より筆者作図）…………… 24

図 1.7.　生物の栄養段階と炭素・窒素同位体比の濃縮 ………………………… 25

図 1.8.　食物タンパク質源の炭素・窒素同位体比（Yoneda et al., 2004b より筆者作図）
　　　　…………………………………………………………………………………… 26

図 1.9.　骨と歯の構造 ………………………………………………………………… 27

図 1.10.　骨の置換速度（実線が緻密骨，破線が海綿骨。Price et al., 2002 より）……… 27

図 1.11.　日本各地の縄文人骨の炭素・窒素同位体比（南川，2001 より筆者作図）……… 29

図 1.12.　四つのストロンチウム同位体の存在量（Capo et al., 1998 より）…… 31

図 1.13.　ストロンチウム同位体進化線（White, 2013 より）…………………… 31

図 1.14.　Sr 同位体比と濃度との関係（Bentley, 2006 より）…………………… 33

表 1.1.　骨と歯の元素組成（Hillson, 1996 より）………………………………… 34

xiii

図 1.15. 北米の二つの森林生態系における Sr 同位体比（Blum et al., 2000 より）········· 35

図 1.16. 骨と歯の形成と成熟（須田ほか, 2007 より）··················· 35

図 1.17. 顕生代における海水 Sr 同位体比の時間変化······················ 37

図 1.18. Vaihingen における人骨・動物骨の Sr 同位体比（Bentley et al., 2004 より）····· 39

図 1.19. コパンにおける人骨・動物骨の Sr 同位体比（Price et al., 2010 より）··········· 40

第 2 章：縄文時代人の食性を復元する···································· 45

図 2.1. 山陽地域と東海地域の地図··································· 47

表 2.1. 同位体分析に用いた古人骨の試料数···························· 47

図 2.2. 津雲貝塚における墓域（清野, 1920 より筆者作図)··················· 48

図 2.3. 吉胡貝塚における墓域（春成, 2002 より）······················· 50

図 2.4. 抜歯系列で分類された稲荷山遺跡における墓域（清野, 1969 を改変）········· 50

図 2.5. ヒトの骨格図（片山, 2015 より筆者加筆）······················· 52

図 2.6. 炭素・窒素同位体分析の前処理手法··························· 54

図 2.7. 抽出したコラーゲン試料··································· 55

図 2.8. 連続フロー型同位体比質量分析装置の模式図······················ 56

図 2.9. 動物骨の炭素・窒素同位体比······························· 58

図 2.10. 人骨の炭素・窒素同位体比とタンパク質源の同位体比················· 59

表 2.2. 人骨と動物骨の炭素・窒素同位体比の要約······················· 59

表 2.3. タンパク質源の炭素・窒素同位体比··························· 60

図 2.11. 性別によって分けた縄文人骨の炭素・窒素同位体比·················· 61

表 2.4. 性別によって分けた縄文人骨の炭素・窒素同位体比の要約統計量············ 62

図 2.12. 大田人骨にみられる外耳道骨腫····························· 63

表 2.5. 死亡年齢によって分けた炭素・窒素同位体比の要約統計量··············· 64

表 2.6. 抜歯系列によって分けた縄文人骨の炭素・窒素同位体比の要約統計量········· 65

図 2.13. 抜歯系列によって分けた縄文人骨の炭素・窒素同位体比··············· 66

図 2.14. 性別と抜歯系列によって分けた縄文人骨の炭素・窒素同位体比··········· 67

表 2.7. 副葬品の有無によって分けた縄文人骨の炭素・窒素同位体比············· 68

図 2.15. 副葬品の有無によって分けた縄文人骨の炭素・窒素同位体比············· 69

図 2.16. 山陽地域と東海地域の人骨の炭素・窒素同位体比の重回帰分析············ 70

第 3 章：食性の新たな側面に光りを照らす······························ 79

図 3.1. ハイドロキシアパタイトの結晶構造··························· 82

図 3.2. ガスベンチ - 質量分析装置の模式図··························· 83

図 3.3. 同位体分別係数の温度変化································· 86

表 3.1. ガスベンチによる標準物質とエナメル質の炭素・酸素同位体比の測定結果······· 87

表 3.2. VPDB スケールに補正後の標準物質の炭素・酸素同位体比··············· 89

図 3.4. 栄養素の代謝と同位体比の関係 ……………………………………… 90

図 3.5. ラットに与えた食事に対するアパタイト（■）とコラーゲン（○）の炭素同
位体比（Ambrose and Norr, 1993 より筆者作図）……………………… 91

図 3.6. 動物実験における食事と骨コラーゲンの炭素同位体比の関係 ………… 91

図 3.7. 歯のエナメル質の炭素同位体比の分析結果 …………………………… 93

表 3.3. エナメル質とコラーゲンの炭素同位体比による海産物依存度の推定結果 …… 93

図 3.8. 骨コラーゲンと歯のエナメル質の同位体比の関係 …………………… 95

図 3.9. 歯のエナメル質と骨コラーゲンの炭素同位体比 ……………………… 95

図 3.10. A は ε 値と窒素同位体比の関係。B は稲荷山人骨（□），吉胡人骨（△），
津雲人骨（×），大田人骨（○）である。C は Clementz et al., 2009 より …… 97

表 3.4. 性別と抜歯系列によって分けた縄文人骨の炭素同位体比の要約統計量 …… 97

図 3.11. 線形混合モデルと同位体比の関係 …………………………………… 99

図 3.12. 混合モデルと同位体比の関係 ……………………………………… 100

図 3.13. 津雲・吉胡人骨の炭素・窒素同位体比 …………………………… 101

表 3.5. 混合モデルのための同位体分別と重要寄与率の値 ………………… 105

表 3.6. 食物資源の分画ごとの同位体比の値 ……………………………… 105

表 3.7. 食物資源ごとの分画の濃度 ………………………………………… 105

表 3.8. 各集団の食物摂取割合の計算結果 ………………………………… 106

表 3.9. 吉胡人骨の食物摂取割合の計算結果 ……………………………… 107

表 3.10. 大田・稲荷山人骨の食物摂取割合の計算結果 …………………… 108

表 3.11. モデル間の海産物依存度推定結果の違い ………………………… 108

図 3.14. 縄文人集団の食物摂取割合の計算結果 …………………………… 109

図 3.15. 吉胡人骨の食物摂取割合の計算結果 …………………………… 110

図 3.16. 大田人骨の性別ごとの食物摂取割合の計算結果 ………………… 111

図 3.17. 稲荷山人骨の食物摂取割合の計算結果 …………………………… 112

第 4 章：縄文時代人の集団間移動を復元する ………………………………… 119

図 4.1. 現代人と吉胡人骨の Ca/P 比の測定結果 ………………………… 122

図 4.2. 現代人と吉胡人骨の Sr/Ca 比 …………………………………… 122

図 4.3. 現代人と吉胡人骨の Sr 同位体比 ………………………………… 123

表 4.1. 現代人と吉胡人骨の溶解度プロファイルの結果 ………………… 124

表 4.2. 同位体分析に用いた試料数 ………………………………………… 125

図 4.4. ストロンチウム同位体分析の前処理手法 ………………………… 125

図 4.5. 山陽地域の地質図と植物の Sr 同位体比地図 …………………… 128

図 4.6. 性別により分けた大田人骨の歯のエナメル質と骨の Sr 同位体比 …… 129

表 4.3. 大田人骨の全データと在地者のデータセットにおける Sr 同位体比の要約統

図表一覧──xv

計量 ··· 130

図 4.7.　大田人骨の歯のエナメル質の Sr 同位体比のヒストグラム ······························ 131

図 4.8.　大田人骨の Sr 同位体比の正規確率プロット ·· 132

図 4.9.　大田人骨における歯のエナメル質の Sr 同位体比と骨コラーゲンの窒素同位
体比 ··· 133

図 4.10.　性別によって分けた津雲人骨の歯のエナメル質と骨の Sr 同位体比 ············ 135

表 4.4.　津雲人骨の歯のエナメル質の Sr 同位体比の統計的要約 ······························· 135

図 4.11.　抜歯系列ごとに分けた津雲人骨の歯のエナメル質と骨試料の Sr 同位体比 ····· 136

図 4.12.　津雲人骨の歯のエナメル質の Sr 同位体比と骨のコラーゲンの窒素同位体比
·· 137

図 4.13.　東海地域の地質図と植物の Sr 同位体比地図 ··· 139

表 4.5.　五つのサブエリアにおける植物の Sr 同位体比の統計的要約 ····················· 140

表 4.6.　五つのサブエリアにおける Sr 同位体比の差の絶対値とスチューデントの t 検
定（ペアでない変動の異なるデータ間の検定）の結果 ······························· 140

図 4.14.　吉胡貝塚における土壌溶出液，イルカ，ニホンジカ，イノシシ，人骨の歯
の Sr 同位体比 ·· 142

図 4.15.　吉胡人骨の歯のエナメル質と骨試料の Sr 同位体比 ·································· 143

図 4.16.　抜歯系列ごとに分けて示した吉胡人骨の歯のエナメル質と骨試料の Sr 同位
体比 ··· 145

表 4.7.　考古学的属性によって分けた吉胡人骨の移入者の数と割合 ····················· 146

図 4.17.　稲荷山人骨の歯のエナメル質と骨試料の Sr 同位体比 ··························· 149

図 4.18.　死亡年齢ごとに分けた稲荷山人骨の歯のエナメル質と骨試料の Sr 同位体比
·· 150

図 4.19.　稲荷山貝塚における歯のエナメル質の Sr 同位体比と骨コラーゲンの窒素同
位体比 ··· 152

図 4.20.　稲荷山貝塚における埋葬位置（春成, 1979 と清野 1969 を改変）············ 153

図 4.21.　吉胡人骨と稲荷山人骨の歯のエナメル質の Sr 同位体比 ······················· 154

第 5 章：時を調べる ··· 161

図 5.1.　放射性炭素濃度と経過時間の関係 ·· 163

図 5.2.　較正曲線（INTCAL13; Reimer et al., 2013）··· 164

図 5.3.　日本近海の ∆R 値（平均値 ± 1 標準偏差）。矢印は海流。（Yoneda et al., 2007;
Shishikura et al., 2007）··· 165

図 5.4.　海と陸の較正曲線の混合モデル（Arneborg et al., 1999）··························· 166

図 5.5.　陸上・海棲哺乳類と人骨の放射性炭素年代（Yoneda et al., 2002）············ 167

図 5.6.　放射性炭素年代の較正例 ··· 168

図 5.7. 放射性炭素年代の較正後のプロット ································· 168

表 5.1. 放射性炭素年代測定のテスト結果 ································· 168

表 5.2. 吉胡人骨の放射性炭素年代測定の結果 ····························· 170

図 5.8. 吉胡縄文人骨の較正年代の確立分布 ····························· 170

表 5.3. 國府人骨の放射性炭素年代測定の結果 ··························· 171

図 5.9. 國府・伊川津・吉胡人骨の較正年代と炭素・窒素同位体比 ··········· 172

表 5.4. 伊川津人骨の放射性炭素年代測定の結果 ························· 173

第 6 章：縄文社会を解き明かす——同位体分析による帰結 ··············· 177

図 6.1. 同位体混合モデルによって計算した吉胡人骨の食物摂取割合 ········· 179

図 6.2. 同位体混合モデルによって計算した大田人骨の食物摂取割合 ········· 180

図 6.3. 同位体混合モデルによって計算した稲荷山人骨の食物摂取割合 ······· 181

図 6.4. 同位体混合モデルによって計算した各集団の食物摂取割合 ··········· 182

図 6.5. 吉胡・稲荷山人骨の歯のエナメル質と骨の Sr 同位体比 ············· 185

コラム 1：デルタ表記について ··· 42

図 C1.1. 炭素同位体比と R の比例関係 ································· 43

コラム 2：江戸時代人の食性 ··· 74

図 C2.1. 伏見人骨・相国寺人骨の安定同位体比 ························· 76

図 C2.2. 相国寺人骨の歯のエナメル質の炭素・酸素同位体比 ············· 77

コラム 3：現代人の食性 ··· 113

図 C3.1. 日本人の髪の毛と食物の炭素・窒素同位体比 ··················· 115

図 C3.2. 日本人の髪の毛の同位体比の性別と年齢の関係 ················· 116

図 C3.3. 日本人と他国の人の髪の毛の同位体比の比較 ··················· 117

コラム 4：古人類の食性 ··· 156

図 C4.1. ケニアにおけるウマ科化石の炭素同位体比の時代変化（Uno et al., 2011 より）

·· 157

図 C4.2. アフリカから出土するヒト亜科化石の炭素同位体比 ············· 159

コラム 5：カンティス遺跡の古環境解析 ································· 174

図 C5.1. カンティス遺跡から出土した哺乳類化石の出土割合 ············· 175

図 C5.2. カンティス遺跡から出土した哺乳類化石の炭素同位体比 ········· 176

コラム 6：歯冠計測値と Sr 同位体比 ··································· 191

図 C6.1. 吉胡・稲荷山人骨の歯冠計測値（第 1・2 主成分） ············· 192

図 C6.2. 吉胡・稲荷山人骨の歯冠計測値（第 1・3 主成分） ············· 192

附表 A1. 縄文時代人骨の炭素・窒素同位体比 ························· 193

附表 A2. 動物骨の炭素・窒素同位体分析 ····························· 198

附表 B1. 縄文人骨の炭素同位体比 ····································· 199

附表 B2.　動物骨の炭素同位体比 ……………………………………………… 202

附表 C1.　縄文人骨の Sr 同位体比 ……………………………………………… 203

附表 C2.　山陽地域における現代の植物の Sr 同位体比 ……………………… 206

附表 C3.　東海地域における現代の植物の Sr 同位体比 ……………………… 207

附表 C4.　吉胡貝塚の土壌や動物骨の Sr 同位体比 ………………………… 209

序章

縄文時代を解き明かす
考古学からの研究史

——ふじのくに地球環境史ミュージアムの常設展示より——

まず始めに，縄文時代の気候や環境について見てみよう。縄文時代はどのような時代だったのか，その文化がどのように変遷したのか検討する。縄文時代に生きた人々は，どのような食べ物を食べていたのか。その時代の集団間の移動や，抜歯の風習について概観する。何が分かっていて，何が分かっていないのか。そこから本書の目的が浮かび上がる。

1. 縄文時代とは

　本書が扱うのは縄文時代の古人骨である（図 0.1）。まず縄文時代について，考古学の研究から分かっていることを紹介しておこう。縄文時代は，氷河期であった旧石器時代が終わり，温暖な気候になった日本列島で花開いた文化である。縄文文化は，約 16,500 年前から 2,300 年前まで日本列島において成立した文化であり，縄文土器によって定義されている。地層から縄の文様がついた土器が見つかれば，縄文時代の文化層ということになる。といっても現段階で一番古い土器は無文土器であったらしい。

　青森県の大平山本 I 遺跡からは，放射性炭素年代測定の結果，16,500 年前という較正年代が得られている。これは石刃や石槍，局部磨製石斧といった旧石器時代の特徴をもつ石器とともに出土した土器片である。

　16,500 年前は後期更新世であり，最終氷期が終わるころ，気温は現在より 7 度ほど低かった。図 0.2 にはグリーンランドの氷床コアから復元された酸素同位体比のグラフと，野尻湖の湖底堆積物の花粉分析から復元された気温変化のグラフを示している。後期更新世に気温が低い状態から，完新世が始まるころに急激な温暖化が起こる。それに伴って世界的に海水準も上昇していた。最終氷期最盛期には 140 m ほど現在より海水準が下がっていたと考えられているが，それから緩やかに上昇し，完新世の半ばには現在よりも約 5 m ほど海水準は高くなっていた。

　縄文時代は，草創期，早期，前期，中期，後期，晩期の六つの時期に区分されている（表 0.1）。前・中期の温暖化から，後・晩期の寒冷化へと気候が変動し，植生も移り変わっていったと考えられている（Tsukada, 1986; 辻ほか, 1983; 安田, 1990）。

　縄文時代の人々の生業は狩猟採集漁労である。縄文時代が始まる前の旧石器時代には，陸上の大型動物の狩りに強く依存していたが，縄文時代になって弓猟を始め，海産資源も利用し始めたことが特徴である。彼らは竪穴住居に住んでおり，概して定住的な居住をしていた。

　その後の弥生時代になると，大陸から稲作農耕文化を携えた集団が移住してきたと考えられている（Yamaguchi, 1982; Nakahashi, 1993）。弥生時代には，水稲耕作を始め，鉄や青銅などの金属器も利用するようになった。このころにはイノシシが家畜化され，ブタの飼育が行われるようになった。日本列島では，縄文人と弥生人の二つの集団が混合することにより，本州の現代人が生じたと考えられている（Hanihara,

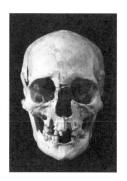

図 0.1. 津雲貝塚より
出土した人骨

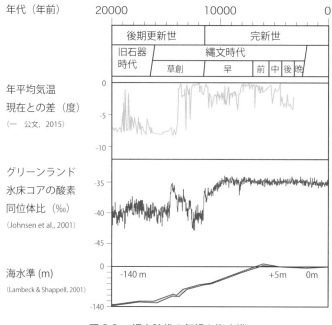

図 0.2. 縄文時代の気候と海水準

1991; Ishida et al., 2009)。このような日本の先史時代の歴史を探る上で，一万年以上も連綿と続いていた縄文時代の人々の暮らしを明らかにすることが本書のねらいである。

　縄文時代人は，大規模集落跡や大規模貝塚の証拠に基づいて，定住的な狩猟採集

表 0.1. 縄文時代の六つの時期（年代は小林, 2008 より）

縄文時代	Jomon period	年代（cal BP）
草創期	Incipient	16500–11500
早期	Initial	11500–6950
前期	Early	6950–5470
中期	Middle	5470–4420
後期	Late	4420–3220
晩期	Final	3220–2350

民に分類されている（たとえば，西田，1986）。青森県三内丸山遺跡にみられる多数の大型住居跡や，千葉県加曽利貝塚にみられる大規模貝塚がその定住性を示す例としてよく知られている。縄文時代人が定住的であったか否かを考える前に，一般化した狩猟採集民の移動について考えておこう。狩猟採集民は食物を得るために狩りや魚取りに移動する必要があるが，食物資源のある場所や時期によって，小さな集団で集めに行って戻って来れば良い場合や，集団ごと移動したほうが効率が良い場合がある。このような集団の移動性について，縄文時代人はどのようだったのだろうか。

　ビンフォード Binford（1980）は，狩猟採集民の移動性を，レジデンシャル・モビリティ（residential mobility）とロジスティカル・モビリティ（logistical mobility）に分類している。レジデンシャル・モビリティは，集団が居住する拠点となるメイン・キャンプの移動性のことを意味しており，ロジスティカル・モビリティは，食物獲得のために行動する小グループの移動性のことを意味している。このように居住地を移すときと獲物の狩りを行うときの二つの移動性を明確に区分した。さらにビンフォードは，狩猟採集民の移動性を二つの理想的な集団のモデルであるフォージャー（foragers）とコレクター（collectors）の二つに分割している（図 0.3）。フォージャーは，レジデンシャル・モビリティが高く，毎日キャンプの近くで食物獲得を行う集団である。いっぽう，コレクターは，レジデンシャル・モビリティが低く，食物の貯蔵や高いロジスティカル・モビリティによって特徴づけられる集団である。このような定義に基づくと，定住的な縄文時代人は，レジデンシャル・モビリティが低く，ロジスティカル・モビリティが高いコレクタータイプの狩猟採集民に分類されるだろう。食物獲得のための小グループが集落から離れてキャンプを行い，食物を獲得し，集落に持ち帰ってきたのだろう。そのような食物は集落内で調理され，

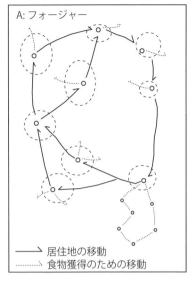 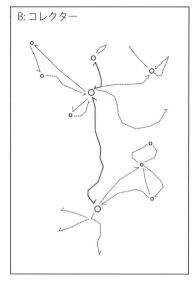

図 0.3. 狩猟採集民の居住形態（Binford, 1980 を参考に筆者作図）

集団内で食物の分配が行われたと考えられる。このように集団の定住度は、食べ物と密接に関わってくる。生活の基本的な要件である食と住はそれぞれ独立しているものではなく、互いに関わりが深く、切っても切り離せない関係にある。本書ではコレクタータイプの移動性であったと仮定して縄文時代人の移動性の考察を進めることにする。

2. 縄文時代人の食性

　古人骨を分析することによって本書が明らかにするのは縄文時代人の食べ物についてである。食べ物と一言でいっても、ある時代、ある一日に、どのような食物を食べたか、ということではない。日常的にどのような食物を摂取していたのか、その全体的な傾向のことを明らかにしたいのである。この食物摂取の性質のことを食性という。食性は日常摂取する食物の傾向のことで、食性は動物の食を特徴づける際に用いられる。普段植物ばかり摂取する動物は草食性、主に草食動物などほかの動物の肉を摂取する動物は肉食性である。生物としてのヒトは、植物や動物など幅広い食物を摂取するので、雑食性である。この雑食性はホモ・サピエンスの一般的

図 0.4. 鳥浜貝塚（縄文前期）における生業の季節性（西田，1980 を参考に，筆者作図）

な食物摂取の性質であるが，本書が対象としているのは，縄文時代の日本列島に居住していた人の食性を詳細に明らかにすることである。人の食性を調べるのが面白い理由の一つ目は，食が環境との接点であることにある。何を食べるかは人の資源利用そのものを意味している。二つ目は，人の食事が社会的な行為である点にある。食物をどのようなグループで獲得するのか，集落に持ち帰って誰と分配するのか，誰と食事をするのか，といった一連の行為には，家族や友人，他者との複雑な関わり合いがある。昔の人の食性を明らかにすることは，当時の人々のことをありのままに知るための重要な視点である。

　先史時代人の食性は，当時の環境に人類がどのように適応していたのかについての重要な指標となる。縄文時代人の食物構成については，遺跡より発掘された動物遺存体や植物遺存体から知ることができる。それによると主な狩猟対象は，ニホンジカやイノシシ，そのほかの小型哺乳類である（金子，1994）。沿岸地域における漁労対象は，現代の日本でも食されているような種々の魚類や貝類であり，特に北海道においては海棲哺乳類が重要な食料であった（金子，1980）。植物遺存体は，クリやクルミ，ドングリなどに代表される堅果類であり，それらは貯蔵穴に蓄えられていた（渡辺，1975）。シソやエゴマなど少なくともいくつかの種類の栽培植物が縄文前期より栽培されていた。このように出土する植物遺体からその種類が分かるが，これに加えて縄文時代の生業戦略の重要な要素の一つは季節性にある（図 0.4; 西田，1980; Kobayashi et al., 2004）。春には，木の芽や貝類，海藻類を集め，夏には漁労活動を主としていた。秋には，堅果類や果実類を集め，冬にはニホンジカやイノシシの狩猟を主な糧としていた。このように，縄文時代人の生業は，年間スケジュールの下にそれぞれの季節に適応した形で行われていたと考えられる（Akazawa, 1986）。

図0.5. 縄文時代人の歯に観察されるむし歯（筆者撮影）

　ひとくちに縄文時代人の食性といっても，南北に広く伸びる日本列島にはさまざまな環境がある。気候や環境が異なれば，生息する動植物が異なり，さまざまな食生態がそれぞれの地域で生じることが予想される。縄文時代人の食性の地域差は，日本列島における多様な環境に対する縄文時代人の適応戦略を明らかにするために調べられてきた。縄文時代後期の石器や漁労具の構成を判別分析した研究によると，異なる環境に適応したいくつかの地域的なグループが明らかとなっている（Akazawa, 1986）。東日本の沿岸部においては，森林生態系と太平洋の海洋生態系から一年中食物を獲得しており，西日本では，森林・淡水生態系で食物獲得を行い，そこでは春と夏の海産資源を欠いていたため，季節的な食物不足に陥っていたと推測されている（Akazawa, 1999）。

　さらに，むし歯（図0.5）や全身のストレスレベルの東西日本における地域差も調べられている。それらは，人骨のむし歯率や，歯のエナメル質減形成（Linear enamel hypoplasia, LEH）の頻度を研究に用いている。テンプルTemple（2007）は，東日本よりも西日本と内陸の集団は，高いエナメル質減形成頻度を示し，この地域差については，二つの理由が考えられると考察している。一つ目の理由は，エネルギー源となる食物が季節的に変化する環境に住んでいたために季節的なストレスを経験していたことである。二つ目は，植物質資源に強く依存していたために栄養素不足に陥っていたということである。さらに，後・晩期の縄文時代人では，むし歯率に東西差はなく，どちらの集団でも同じような量の炭水化物を摂取していたことが推測されている（Temple, 2007）。しかしながら，それらはデータ全体の傾向であり，集団内においても個人ごとにストレスレベルの変動があり，縄文時代人の生業や食

序章　縄文時代を解き明かす —— 7

生態に影響があっただろうと考察されている。

　本書では，縄文時代人の食性データを解釈する上で，現代の狩猟採集民を観察した民族学的データを参照する。現代の狩猟採集民の居住する環境や生業や社会組織は多様であるが，社会組織に関するいくつかの一般的な傾向を民族学的データの中に見つけることができる。特に本書では，食事と密接な関係のある労働の性的分業と食物分配に着目する。民族学的データによれば，大型な獲物の狩猟はとても価値のある行動であり，その狩猟技術を習得することは男性にとって集団の中で威信を勝ち取るためにとても重要である（Kelly, 1995）。大型な獲物の狩猟はたいてい男性の役割であるが，小さな獲物の狩猟は女性が行うこともある。女性による出産と子育ての必要性によって，労働の性的分業が生じる。母親から乳児への授乳は数年にわたるように，女性は子育てに甚大な時間を割く必要がある。狩猟と比較して，植物採集活動は子育てによる中断をしやすい活動であり，身体的な強さもそれほど必要ない。そういった理由から植物採集活動は女性の役割であることが多い。さらに，身体的な強さが必要のない貝類の採集活動のような沿岸部での漁労活動については，男性も女性も行うことが予想される。鯨類やマグロなど外洋における大型海棲動物の狩猟は，洗練された獲得技術が必要なため，男性の役割であることが多い（渡辺，1990）。こういった理由から，男性は大型狩猟動物の狩猟や大型海棲動物の漁労に従事することが多く，女性は植物採集や沿岸部での漁労に従事することが多いと一般化することができる。

　食物の分配は，互恵的な社会的行動であり，複数の資源を公共の資源として認識して分配することによって，狩猟採集に含有される食物不足の危険性を下げる方法である（Kelly, 1995, 167）。民族学的データによれば，狩猟採集民が何を，どれだけ，誰と共有するかについては集団によってその傾向が異なる。大型動物の肉はたいてい集団の中で広く分配されるが，狩猟者の家族に多く配分される場合もある（Hill and Kaplan, 1993）。集団の中で食物は平等に分配されることはなく，男性は女性とは異なる食事をすることもあり，男性は特に脂肪などを多く含む肉を好む傾向にある（Walker and Hewlett, 1990; Kelly, 1995）。そのような食物分配における偏りは，栄養の男女間の違いを生じさせる可能性があり，先史時代の狩猟採集民において食物の性的差違が古人骨の同位体比に記録されていることも考えられる。

3. 縄文時代人の集団間移動

人はどのような理由で住む場所を変えてきたのだろうか。縄文時代人の移動を調べる上で，人類集団や個人のレベルでどのような移動の種類があるのか考察しておくことが大切である。考古学において，五つの種類の人の移動が認識されている。ローカル・マイグレーション，サーキュラー・マイグレーション，チェイン・マイグレーション，キャリアー・マイグレーション，コアースド・マイグレーションである（Anthony, 1997）。ローカル・マイグレーションは，個人がホーム・レンジ内を移動することである。サーキュラー・マイグレーションは，個人がある種の目的を達成するために，頻繁にホーム・レンジ外に移動するが，帰ってくる移動のことである。チェイン・マイグレーションは，親族に合流する場合のように，先に移動した個体を別の個体が追って移動する場合のことである。キャリアー・マイグレーションは，個人の目的のためではなく，集団の必要上から目的地にある目的をもって移動することである。最後に，コアースド・マイグレーションは，奴隷や避難民などにおける移動せざるを得ない場合の動きのことである（Anthony, 1997）。縄文時代人の場合，後半の二つの移動については，考慮に入れる必要がないと考えられる。本書では集団間を移動する個体を移入者として検出することを目的としており，チェイン・マイグレーションが主要な研究対象であると言えるだろう。さらに在地の人々は子どものころからずっとローカル・マイグレーションとサーキュラー・マイグレーションを続けている人と言える。このサーキュラー・マイグレーションの範囲を検出する手法として，動物骨のストロンチウム同位体分析を用いることができるかもしれない。遺跡から出土する動物は，周辺地域から狩猟によって持ち帰られたものであり，その起源が分かれば，狩猟が行われた地域が分かる可能性がある。また個人や家族単位で集落間を移動したかもしれないし，その理由には居住域の変更であったり，結婚であったり，さまざまな理由によって縄文時代人も移動していたと考えられる。

考古学において人の移動は，人工遺物や集落，墓制の証拠の分析から検出されることがある。たとえば，水田跡と農耕具の証拠が九州の弥生時代遺跡から発見される（佐原, 1975; 後藤, 1986）。狩猟採集経済から農耕経済への文化的転換は，ユーラシア大陸からの移住者が水稲農耕を持ち込んだことによると考えられている。この弥生時代における人の移動は，古人骨の計測値や非計測的項目によっても支持され

ている（Brace and Nagai, 1982; Nakahashi, 1993; Dodo and Ishida, 1992）。北部九州や山口県から出土する弥生人骨には，縄文人骨とは異なって特徴的な顔立ち，高い身長の人たちがいる。文化的に異なる集団や遺伝的に異なる集団の移動については考古学や自然人類学の研究によって検出されやすいと言える。

　集団内レベルにおいては，自然人類学的な手法を用いて古人骨を分析することで，先史時代の人の移動を調べることができる。たとえば，歯冠の計測分析によって，個体間の近縁度を評価することができる（土肥ほか，1986）。血縁関係にある個体は歯の形態が類似しており，歯の計測値と非計測的項目の変動は移動性の高い集団において大きい傾向がある。歯の計測値や非計測的項目を調べて性別や抜歯系列など集団内におけるグループ間の移動性の違いを評価した研究がある（毛利・奥，1998; Tanaka, 2001; Temple et al., 2011）。いっぽう，古代 DNA 分析は遺伝的関係を集団レベルや個体レベルで明らかにする可能性がある（篠田ほか，1998; Shinoda and Kanai, 1999）。中妻貝塚から出土した多数合葬人骨のミトコンドリア DNA 分析と歯冠計測値の分析が行われた（篠田ほか，1998）。その結果，中妻縄文人が母系に傾いた集団であり，歯冠計測値の示す血縁度の高い個体同士が母系でつながっていることが示唆された。それらの手法と比較して，ストロンチウム同位体分析は，見つかった古人骨中の移動した個体を，個体レベルで検出できる可能性がある。古人骨の歯の中の地球化学的指標であるストロンチウム同位体により，個体の遺伝子とは無関係に人の移動を検出できる。本書では，ストロンチウム同位体手法を用いて，特に性別や抜歯系列に着目して縄文時代の人の移動を調べることとした。

4. 儀礼的抜歯とは

　本書は先史時代に行われた抜歯風習に着目している。儀礼的抜歯は，故意に前歯を抜く風習である。入れ墨やピアスなど身体の一部に手を加える身体変工の一つと捉えることができる。抜歯に象徴的な意味をもたせることは，ホモ・サピエンスに特有の現代人的行動の一つである。自分の歯を抜くことを何らかのシンボルとして用いたのである。先史時代においては，北アフリカ（Briggs, 1955; Humphrey and Bocaege, 2008），イタリア（Robb, 1997），ハワイ（Pietrusewsky and Douglas, 1993），中国（Han and Nakahashi, 1996），台湾（中橋，2008），タイ（Tayles, 1996），日本（小金井，1918）など世界各地で行われていた。縄文時代人の抜歯風習は，後・晩期において歯を抜くパターンの多様性が高く，広範に行われたことが特徴である（e.g.,

渡辺，1966; 春成，1979; Harunari, 1986）。津雲貝塚人骨の歯の抜き方を調べた宮本
（1925）は，33 の抜歯様式を認め（図0.6），それには性別による偏りがあること，
思春期に施行されていることを指摘している。歯の抜き方のパターンは，当時の社
会組織のある側面を表出している可能性があり，それについていくつかの仮説が提
唱されてきた。死亡年齢と抜歯を調べた研究によると，歯を抜く年齢は思春期の時
期である（宮本，1925; 鈴木，1939; 藤田，1997; 舟橋，2003）。よって，抜歯は成人儀
礼として行われたと考えられている（長谷部，1919; 春成，1979）。また，家族が死亡
した際の服喪抜歯の意味や（春成，1979），血縁関係の表出（山田，2008），もしくは
社会を二つの集団である半族に分けて婚姻関係を結ぶ双分原理の表出（田中，
1998）などの仮説が出されている。

　日本での儀礼的抜歯は，縄文時代から弥生時代にかけて変化していったと考えら
れている（渡辺，1966; 春成，1979; Harunari, 1986）。縄文時代中期の北海道と本州と
九州では，1 本もしくは 2 本の上顎側切歯が除去されていた（渡辺，1966; Harunari,
1986）。縄文時代の後・晩期から上顎犬歯 2 本と下顎犬歯 2 本を除去する 2C 型と，
上顎犬歯 2 本と下顎の切歯 4 本を抜く 4I 型が最も頻繁に本州と九州で行われた（春
成，1979）。弥生時代には，上顎側切歯の除去が増えるようになり，中国大陸から
の影響であることが示唆されている（Han and Nakahashi, 1996）。縄文時代後・晩期
の抜歯のパターンとその頻度は非常に高く，台湾の民族誌データと比較するとそれ
が顕著である（渡辺，1966）。また又状研歯は，上顎切歯に二つの切れ込みを入れる
歯牙変形である。又状研歯は，縄文時代晩期の大阪と愛知において見つかり，個体
数が少ないので集団の統率者ではないかと推測されている（鈴木，1939; Harunari,
1986）。

　日本考古学に最も影響を与えた儀礼的抜歯に関する仮説は，春成（1973，1974，
1979）の研究である。岡山県の津雲貝塚や，愛知県の吉胡貝塚から発掘された古人
骨の観察から，抜歯風習は五つに分類された。上顎犬歯 2 本を抜く抜き型は，0 型
（ゼロ型）と名付けられた（図0.7）。上顎犬歯に加えて下顎の切歯 4 本を抜く抜き方
は，4I 型と呼ばれ，上顎犬歯と下顎犬歯を抜く抜き方は，2C 型と呼ばれた。さらに，
4I 型は下顎の犬歯も抜くことで，4I2C 型に発展し，2C 型は，下顎の中切歯を抜く
ことで，2C2I 型に発展するとされた。4I2C 型や 2C2I 型は，4I 型や 2C 型に比べ
て頻度が非常に低い。このため本書では，4I 型と 4I2C 型をまとめて 4I 系と呼び，
2C 型と 2C2I 型をまとめて 2C 系と呼ぶこととした。

　縄文時代後・晩期の古人骨に高頻度で認められる 0 型は，成人儀礼であろうと考

序章　縄文時代を解き明かす──11

様式	P1	C	I2	I1	I1	I2	C	P1	男性	女性	合計
1		○						○		0	9	9
			○	○	○	○					
2		○						○		7	0	7
		○						○				
3	○	○						○	○	3	2	5
		○						○				
4		○						○		4	0	4
5	○	○						○	○	1	2	3
		○			○	○						
6	○	○						○	○	0	2	2
			○	○	○	○						
7		○						○	○	2	0	2
8								○	○	1	0	1
9		○						○	○	0	1	1
10			○					○	○	1	0	1
		○										
11		○	○						○	0	1	1
			○	○	○							
12		○						○	○	0	1	1
			○	○	○	○	○					
13		○						○		1	0	1
				○		○						
14		○						○		1	0	1
		○			○			○				
15		○						○		1	0	1
		○			○	○		○				
16		○						○		1	0	1
		○		○	○			○				
17		○						○		0	1	1
		○	○	○	○	○		○				
18		○	○					○		1	0	1
○		○						○	○			
19		○						○		1	0	1
		○		○			○	○				
20		○						○		0	1	1
		○		○	○	○						
21	○	○						○		1	0	1
22	○	○						○	○	0	1	1
			○	○	○	○						
23	○	○						○	○	1	0	1
24	○	○						○	○	0	1	1
		○		○			○					
25	○	○						○	○	1	0	1
		○	○				○					
26	○	○						○	○	0	1	1
		○	○	○	○	○	○					
27	○	○						○	○	0	1	1
		○	○	○	○	○	○					
28	○	○						○	○	0	1	1
		○						○				
29	○	○			○			○	○	0	1	1
		○						○				
30	○	○						○	○	1	0	1
		○			○	○		○	○			
31	○	○						○	○	1	0	1
		○	○	○	○	○		○				
32	○	○	○					○	○	1	0	1
	○	○	○	○	○	○	○					
33	○	○						○	○	1	0	1
	○	○	○	○	○	○	○	○			

図 0.6. 津雲貝塚から出土した人骨の抜歯様式
（宮本, 1925 より）

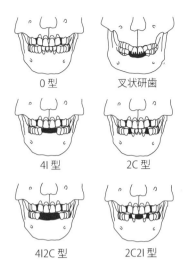

図 0.7. 抜歯型式（春成，1979 を参考に筆者作図）

えられている（春成，1973, 1974, 1979）。儀礼的抜歯の頻度には，性別や死亡年齢による偏りが見つかっていない。愛知県の吉胡貝塚や稲荷山貝塚から出土した人骨の墓制の分析によると，墓域内の埋葬小群に抜歯型式の偏りがみられたり，合葬された人骨に抜歯型式の偏りがみられたりするため，抜歯型式は集団内の社会関係のシンボルであると見なされた。春成（1979）は，台湾の民族誌を参考にしつつ，抜歯は婚姻の際に行われ，そのパターンは在地と移入の区別を表すと推測した。4I型の抜歯が施された人骨は，副葬品とともに埋葬された割合が高く，切歯に叉状研歯がみられる個体が多いため，在地者であると推定された。そして2C系の抜歯人骨は，4I系の在地者と結婚した移入者であろうと推測された。さらに，4I2C型と2C2I型の個体は，4I型の個体と2C型の個体がそれぞれ再婚したときに施された型式であろうと推測された。この抜歯型式の分析から，縄文時代の婚後居住制度についても言及された。というのも，4I型と2C型の抜歯型式は，吉胡人骨や稲荷山人骨において男性にも女性にも同頻度で見つかるため，この東海地域においては選択居住婚であろうと推測された（春成，1979）。当時は縄文時代の社会構造について言及した先行研究はなく，まさに画期的な研究成果であった。

　春成（1979）は，墓域における個別墓の空間構造が抜歯型式に関連していると提案した。墓域については，津雲貝塚（清野，1920）と，吉胡・稲荷山貝塚（清野，

1949）について報告されている。墓域内の埋葬小群において抜歯型式が偏る傾向にあることが，吉胡貝塚と稲荷山貝塚について認められている（春成，1979）。しかし，津雲貝塚については，埋葬小群に，性別や抜歯型式の偏在傾向が認められていない（春成，1979）。いっぽうで，渡辺（1973）は，津雲貝塚において，埋葬小群によって性別が偏っていることを指摘している。

　春成（1979）の抜歯出自表示仮説は，自然人類学の手法を用いて検証されてきた。頭蓋の非計測項目の研究により移動パターンが検討され，この仮説が支持されている（毛利・奥，1998）。テンプル Temple ほか（2011）は，吉胡人骨の頭蓋計測値と歯冠計測値を抜歯グループごとに比較することでその移動性を検証し，グループ間に移動性の違いがないとしている。舟橋（2003）は，人骨の死亡年齢と抜歯の開始時期を検討し，結婚や出産の前に抜歯を行った可能性を指摘している。さまざまな手法でもって，抜歯出自表示仮説が検討されているが，支持する結果と支持しない結果があり，この仮説が正しいか否か判断するのは難しい。この仮説は縄文社会において抜歯型式が人の移動性に関連している可能性を指摘した点において重要であり，さらなる検証が必要である。そこで，本書では，直接人の移動を検出することのできる可能性のある全く新しい手法を用いることで，この抜歯系列と移動との関連を解明することにした。

　しかし最近，春成（2013）は，腰飾りの装着と抜歯型式の関係を再分析することで，抜歯のグループが半族を示す双分組織の存在を想定した。腰飾りをいくつかのグループに分類し，腰飾りがそれぞれの氏族の長が身につける表象であり，上下の格差があるグループ間のうち 4I 系のグループが最上位であったとした。

5. 縄文社会に迫る

　縄文時代の社会は，豊富な資源による社会経済的な不平等が存在するトランスエガリタリアン社会の一つとされている（Hayden, 1995; 高橋，2004）。トランスエガリタリアンとは，平等社会と階層化社会の中間に位置し，社会経済的な不平等が生じ始めている社会のことである。テスタート Testart ほか（1982）は，先史時代において農耕が存在せずとも食物を貯蔵することができ，かつ定住的な社会であれば，社会経済的な不平等が生じ得ることを指摘している。実際に北太平洋の沿岸部に居住した狩猟採集民においては階層化社会が生じており，それには家族間による生業の分化が重要であったと考えられている（Watanabe, 1983）。

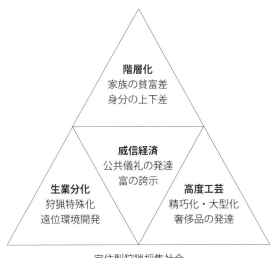

図 0.8. 階層化狩猟採集社会の社会構造モデル（渡辺，1990）

　渡辺（1990）は，縄文時代においても生業分化が生じていたことを提唱している。北太平洋における定住的な狩猟採集民の民族誌においては，男性の生業分化と社会階層化が結びついていることが分かる。そのような北太平洋の民族誌に基づいて，狩猟採集民の階層化社会に関する構造モデルを提示している（渡辺，1990; 図 0.8）。このモデルは，1）生業分化，2）社会階層化，3）技術の高度化，4）威信経済，5）豊富な海産資源と定住的生活の五つの要素からなる。生業分化は，狩猟家族と漁労家族が一つの集団内に存在することである。豊富な海産資源の存在によって陸上の大型狩猟動物を狩る必要性を減らすことができ，このような環境においては，男性が生業として狩猟か漁労かを選ぶことができる。生業分化は社会階層化の基礎となり得るものであり，社会階層化は富の質と地位の違いによって定義される。狩猟家族は，漁労家族よりも優位に立つ場合が多い。階層化社会においては，威信経済は豊富な海産資源に基礎をおいている。それは，捕鯨や，クマの狩猟，ポトラッチなどに代表され，しばしば儀礼的な行為を伴う。ポトラッチは，自分の地位や財力を誇示するために，価値の高い贈り物や祝宴を行う行為を指す。そのような階層化された社会には，定住的な生活が伴う。北太平洋においては，陸上資源だけではなく豊富な海産資源に接近が可能であり，一年を通して集落の周辺で資源を獲得すること

ができる。豊富な食物資源が，狩猟採集民の階層化社会を維持する基礎的な生態学的要件である。

渡辺（1990）は，縄文時代における階層化の証拠を，クマの狩猟，洗練された漁労技術，精巧な縄文土器，土偶などの儀礼的遺物，環状列石などに見いだしている。集団内における生業や食性の分化も，北太平洋における定住的狩猟採集民の社会階層化の重要な指標となり得る。

社会組織という言葉は，社会における行動の配置のことを意味しており，社会的な役割と関係がある（Radcliff-Brown, 1952）。社会組織は，社会構造とは異なる。社会構造は，ある制度によって決定される個人の配置のことを意味し，社会における地位と関係がある。いっぽうで，社会においてどのような行動に携わるのか，社会に組み込まれた個人の役割が社会組織である。本書では，社会組織という言葉を用いて，労働の性的分業や抜歯グループによる分業，また食物分配のパターン，さらに集団間の人の移動のパターンを分析する。

6. 研究の目的

本書は，日本列島の縄文時代に居住した人々の食性や集団間の移動，さらには社会組織について，筆者がこれまでに行ってきた研究成果をまとめたものである。食性と移動のデータを，性別や抜歯型式のグループ間で比較することで，食物分配，労働の性的分業と抜歯グループによる分業，集団間の人の移動，儀礼的抜歯の意義についての知見を得ることを目的としている。第1章では，同位体分析の原理を解説している。第2章では，縄文時代の食性を調べるために炭素・窒素同位体分析を古人骨に適用させた結果について記述している。そこでは食性のデータと，性別，死亡年齢，抜歯型式，副葬品などを組み合わせて，探索的アプローチにより解析する。第3章では，新しく開発した歯のエナメル質の炭素同位体分析について，その仕組みと結果について述べている。第4章では，見つかった古人骨中における移入者を判別するためにストロンチウム同位体分析を適用した結果を報告している。その結果と，性別や抜歯型式，埋葬位置などの関係を解析し，抜歯出自表示仮説についても検討した。第5章においては，放射性炭素年代測定の仕組みと，縄文人骨の年代を調べた結果についてまとめている。第6章においては，研究の結論を述べるとともに，縄文人骨の同位体人類学的研究に対する展望について言及した。

第 1 章

古人骨に地球化学的手法を組み合わせる

——総合地球環境学研究所の EA-IRMS——

ここでは，同位体分析がどのようなものなのか，手法の説明を行うことにしよう。どのような原理に基づいて，過去の食性や移動を調べることができるのか。地球化学や生態学の視点から述べる。また古人骨に応用すればどのようなことが分かるのか，その応用例についても紹介する。それによって同位体分析が優秀なアプローチたる所以が明らかとなる。

1. 二つの原則

　序章でも短く述べたように，縄文時代人の生業の中心は，季節的に変化する食物資源を多角的に獲得することにある（Akazawa, 1986; Kobayashi et al., 2004）。縄文時代の食物構成は，遺跡から出土する動植物遺存体から知ることができるが，実際に摂取し消化された食物は，食べられる前のままでは残らないし，有機物は土壌中で分解されるため偏りが生じるから，出土遺物の分析だけでは限界がある。また，出土する遺物から復元される食物の構成は，集落の全体的な食物構成を反映するかもしれないが，そこから集団内の個人ごとの食性の違いについて知ることはとても難しい。そこで古人骨に残されたコラーゲンの安定同位体比の分析による食性の推定が有効な手段となる。

　骨コラーゲンの炭素・窒素安定同位体分析を用いた先史時代の食性の復元は，世界中の人類集団について広く行われている（e.g., Ambrose and DeNiro, 1986; Walker and DeNiro, 1986; Hedges et al., 2008; Schulting et al., 2008; Craig et al., 2009; Hu et al., 2009）。同位体分析は，「あなたはあなたが食べたものからできている "You are what you eat"」という原則，つまり動物の体組織は摂取された食物に由来するということに基礎を置いている。これを実証的に検証するために，実験室でラットの飼育実験が行われた。餌の同位体比を測定し，それをラットに与え，成長した後に，ラットの体組織の同位体比が測定された。その結果によると，動物の体組織のタンパク質は，食物タンパク質の値を反映することが明らかとなっている（図1.1; Ambrose and Norr, 1993; Tieszen and Fagre, 1993）。マクロな栄養素には，炭水化物，脂質，タンパク質がある。タンパク質を構成するアミノ酸には，必須アミノ酸と非必須アミノ酸があり，後者は体内において生成することが可能である。その際に，炭水化物や脂質に由来する炭素が，アミノ酸合成に使われることがある。しかし上述の実験は，炭水化物や脂質といった栄養素に由来する炭素が，タンパク質中の炭素として体に固定される割合が低いことを意味している。また骨コラーゲンが置換していく速度は，10年かそれ以上だと考えられている（Libby et al., 1964; Stenhouse and Baxter, 1979）。このことから古人骨から得られる同位体比が，生前の10年くらいの食性の平均値であると考えられる。そこで，同位体分析による先史時代人の食性復元によって，集団内における食性の個人差を調べることも可能となる。この炭素・窒素同位体分析にはすでにいくつかの総説があるので参考にしていただきたい

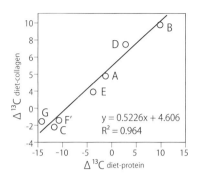

図 1.1. ラットに与えた食事と骨コラーゲンの炭素同位体比（Ambrose and Norr, 1993 より筆者作図）

(Price et al., 1985; Schoeninger and Moore, 1992; 米田, 2005)。

　ストロンチウム同位体は，考古科学（Archaeological Science）において食性（Price and Gestsdóttir, 2006）や先史時代の居住・移動を追跡する指標（トレーサー）として幅広く用いられている（e.g., Ezzo et al., 1997; Bentley et al., 2002, 2005, 2007; Price et al., 2002; Knudson and Price, 2007; Montgomery et al., 2007; Haak et al., 2008）。環境中のストロンチウム同位体比は地質と関連しているため，地域によって異なる値をもっている。ストロンチウム同位体分析は，「あなたの歯は，あなたが育った場所を知っている。"Teeth know where you grew up"」という原理，つまり歯のエナメル質のストロンチウム同位体比は，子どものころに住んでいた場所の地質的情報を記録していることに基づいている。歯のエナメル質中のストロンチウム同位体比と，遺跡周辺の環境のストロンチウム同位体比を比較することで，古人骨中の移入者を判別することができる。ストロンチウム同位体分析についても，いくつかの総説があるので参考にしていただきたい（Capo et al., 1998; Price et al., 2002; Bentley, 2006）。

　この章では，炭素・窒素同位体分析とストロンチウム同位体分析の原理的な説明をするとともに，自然人類学への応用事例について解説する。

2. 炭素・窒素同位体比を測る

(1) 炭素同位体

　炭素は，生物圏における多大な存在量によって特徴づけられ，生物組織の主要な

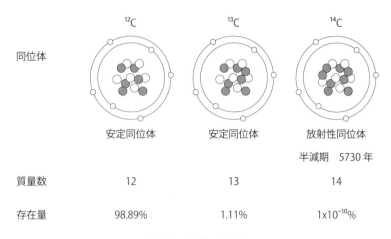

図 1.2. 炭素の同位体

構成物である。炭素には，三つの同位体がある（^{12}C, ^{13}C, ^{14}C）。存在量は，^{12}C が 98.89 %，^{13}C が 1.11 % であり，^{14}C はごく微量なレベル（1×10^{-10} % 程度）である（図 1.2）。^{14}C は放射性同位体であり，その半減期が 5730 年であることから考古遺物の年代測定にしばしば用いられる。古人骨コラーゲンの放射性炭素年代測定については，第 5 章にて取り上げる。^{12}C と ^{13}C は放射壊変しない安定な同位体である。しかし質量が異なるために化学反応や平衡状態において軽い同位体のほうが熱力学的に反応しやすい。それによって生物圏においては同位体の存在率の分布が偏る。それに一定の傾向があるために，環境中の炭素源の追跡手段（トレーサー）として用いられている。炭素同位体比は，次の式によって定義される。

$$\delta^{13}C_{sample} = (R_{sample} / R_{standard} - 1)$$

ここで R = ^{13}C / ^{12}C であり，単位はパーミル（‰）である。同位体比は国際スタンダードである Vienna PeeDee Belemnite（VPDB）を基準に報告するよう定められている。実際には，NBS19（石灰岩）と LSVEC（炭酸リチウム）という標準物質によって値付けされたワーキングスタンダードを未知試料と同時に測定することによって同位体比を計算する（コラム 1 を参照）。

地球表層における炭素循環は，大気・陸上・海洋における CO_2 の交換によって特徴づけられる（図 1.3）。大気 CO_2 の $\delta^{13}C$ は約 −7 ‰ であったが，過去 100 年間の化石燃料の使用によって −8 ‰ まで減少している（Marino and McElroy, 1991; Quay

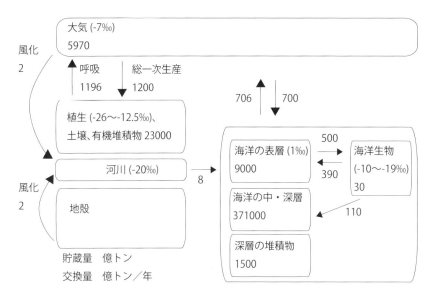

図 1.3. 炭素循環と炭素同位体比（Solomon, 2007 を参考に筆者作図）

et al., 1992)。また，炭素同位体分析は，C_3 植物生態系と C_4 植物生態系を特徴づけるために用いられる（Pate, 1995）。C_3 植物は温帯の生態系に適応した植物であり，多くの野菜や果物，麦などがこれに含まれる。C_4 植物は，熱帯の生態系に適応した植物であり，アワやヒエ，トウモロコシやサトウキビを含む。C_4 植物は，光合成のカルビン・ベンソン回路のほかに，ハッチ・スラック回路と呼ばれる CO_2 濃縮のための回路をもっている。それらの二つのカテゴリーの植物は，光合成における初めの段階において使用される分子の炭素数により名付けられた。C_3 植物の場合は，炭素鎖が 3 である 3-ホスホグリセリン酸（$C_3H_7O_7P$）であり，C_4 植物の場合は，炭素鎖が 4 であるオキサロ酢酸（$C_4H_4O_5$）である（図 1.4）。陸上の C_3 植物は，平均して -26.5 ‰ を示し，C_4 植物は -12.5 ‰ を示す（Smith, 1972）。C_4 炭素回路をもつ植物は，カルビン回路のみをもつ C_3 植物とは，葉の構造上に違いがみられる（Taiz and Zeiger, 2002）。C_4 植物では，葉肉細胞に加えて維管束鞘細胞をもっている。葉肉細胞ではホスホエノールピルビン酸（PEP）に，CO_2 が付加し，オキサロ酢酸が生じ，次にリンゴ酸が生成され，維管束鞘細胞へ受け渡されて CO_2 がカルビン回路へ受け渡されている。これによって高い CO_2 濃度が維持されている。このように PEP カルボキシラーゼ（PEP-C）によって最初の CO_2 の取り込みが行われる。C_3

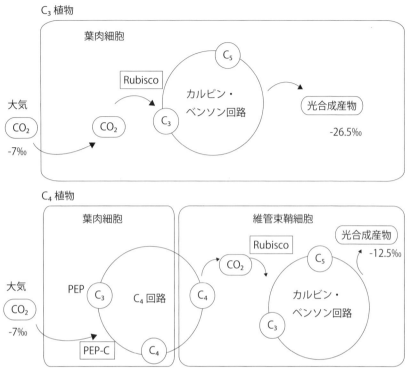

図1.4. 植物のC₃・C₄回路（土居ほか，2016を参考に筆者作図）

植物のCO₂固定を触媒する酵素であるRubiscoは −30 ‰ ほどの同位体分別と呼ばれる同位体比の変化を生じさせるのに比べて，C₄植物のPEPカルボキシラーゼは −2 から −6 ‰ の分別しか示さない（Farquhar et al., 1989）。よって，大気CO₂とC₄植物の間の同位体分別は，C₃植物に比べて小さい。単子葉類と双子葉類を含め16の科にC₄回路をもつ種の存在が知られている。イネ科，アカザ科，カヤツリグサ科に多く，地球上の約1％の種がC₄植物であるとされている（Edwards and Walker 1983）。湿度や気温，光量などの環境要因が炭素同位体比に影響を与え（Heaton, 1999），同位体比の地域差（Tieszen, 1991; van Klinken et al., 1994）が，生態系内の炭素同位体比にみられる。

炭素同位体は，C₃植物の存在しない生態系においては，食物の中へ海と陸の生態系の寄与した割合を特徴づけるために使用されている（Chisholm et al., 1982; Schoeninger et al., 1983; Tauber, 1983; Sealy and van der Merwe, 1985）。海洋表層と大気

の間の CO_2 交換は，大気 CO_2（–8 ‰）とバイカルボネイト HCO_3^-（1 ‰）というように同位体平衡状態にある。海洋中の植物の光合成による同位体分別は，海藻では約 –10 ‰（Fry, 2006）であり，植物プランクトンでは –19 ‰（Smith and Epstein, 1971; Smith, 1972）ほどである。C_3 植物の平均値と比較すると，これらの一次生産者の同位体比はとても高く，陸と海のコントラストが明瞭である。

淡水における炭素同位体比は，水中の CO_2 の起源に応じた値を示す。炭酸塩ミネラルや，大気 CO_2，C_3 植物リター，生物の呼吸が，その起源である。生物の呼吸が強い場合，無機態炭素の同位体比は，–20 ‰（Fry, 2006）に近づく。

炭素同位体比は，海洋と陸上生態系において，栄養段階を上昇すると平均して約 1 ‰ の生物濃縮が観察されるが（Schoeninger, 1985），その値は小さく，変動は大きいことが知られている。

(2) 窒素同位体

窒素もまた生物にとって必須の元素であり，硝酸，アンモニア，アミノ酸として地球表層にあまねく存在している。窒素には，^{14}N と ^{15}N の二つの同位体があり，その存在量はそれぞれ 99.64 % と 0.36 % である（図 1.5）。窒素同位体比は，$\delta^{15}N$ として表され，大気窒素を標準として報告される。

生物圏にある多くの窒素は，大気中に窒素ガスとして存在しており，その窒素同位体比は 0 ‰ と定義されている（図 1.6）。植物の窒素同化によって，硝酸やアンモニアの窒素がタンパク質や核酸に合成されることで，窒素が生物の食物網に取り込まれる。陸上の植物は，–8 から 3 ‰ の変動を示し，海洋の溶存態窒素（DON）は 1 ‰，粒状態窒素（PON）は –2 から 11 ‰ を示す（Peterson and Fry, 1987）。海洋植物の窒素同位体比は地上の植物よりも 4 ‰ ほど高く，マメ科のような窒素固定植物は，ほかの陸上植物の平均値よりも 3 ‰ ほど低い窒素同位体比を示す（Delwyche and Steyn, 1970; Wada et al., 1975）。

生物の窒素同位体比は食物連鎖における栄養段階を反映する。これは，食物に比べて生物の同位体比が 3 から 4 ‰ 高くなるからである（Minagawa and Wada, 1984; Schoeninger and DeNiro, 1984）。生物の窒素同位体比には，気候の影響や生理的な影響があり，生態系内や生態系間における大きな同位体比の変動をもたらす可能性がある（Ambrose, 1991）。

上述のように，生物の炭素・窒素同位体比は，生物濃縮によって栄養段階を上ると高くなっていく。これを模式的に示したのが図 1.7 である。陸上生態系で考えると，

第1章　古人骨に地球化学的手法を組み合わせる——23

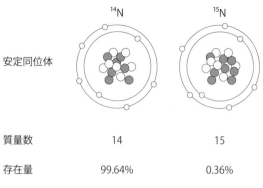

図 1.5. 窒素の同位体

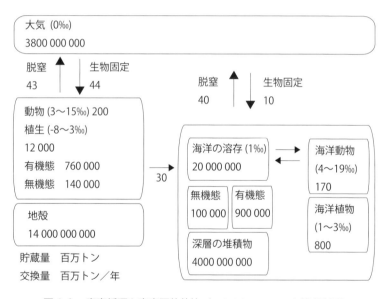

図 1.6. 窒素循環と窒素同位体比（Delwiche, 1970 より筆者作図）

植物が第一次生産者であり，栄養段階1である．これを食べる草食動物は，第一次消費者であり，栄養段階2である．このとき植物よりも，炭素同位体比は約1‰，窒素同位体比は約3.4‰高くなる．さらに草食動物を食べる肉食動物は，第二次消費者であり栄養段階3である．もう一つの例として，食資源を混合して食べる場合を考える．植物にC_3植物とC_4植物があり，炭素同位体比が大きく異なる．C_3植物ばかり食べる草食動物は，C_3植物の同位体比に生体濃縮の値を加えた値を示

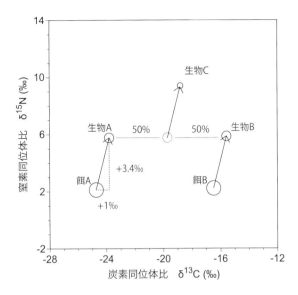

図 1.7. 生物の栄養段階と炭素・窒素同位体比の濃縮

す（図 1.7 中の生物 A）。また C_4 植物ばかり食べる草食動物は，C_4 植物の同位体比に生体濃縮の値を加えた値を示す（生物 B）。そして，C_3 の草食動物と C_4 の草食動物を 50 % ずつ摂取する肉食動物はどのような値を示すだろうか。この場合は二つの草食動物の炭素同位体比の平均値に，生体濃縮の値を加えた値が，肉食動物の同位体比となる（生物 C）。これは同位体比の混合モデルと呼ばれる考え方である。通常自然界では，複数の餌資源を摂取する場合が多い。餌資源が異なる同位体比をもっていれば，それらを摂取割合に応じて混合した値が，平均的な食資源の同位体比である。炭素・窒素同位体比を使用する場合，餌が 3 資源までなら，摂取割合を計算することができる。それ以上の餌資源があると，数学的な解を求めることができず，取り得る解の確率分布としてしか求めることができない。この同位体混合モデルについては，第 3 章にてもう一度取り上げる。

図 1.8 は，縄文時代における食物資源の炭素・窒素同位体比を示している。陸上生態系においては，植物の窒素同位体比は 1.2 ± 2.4 ‰（平均値 ± 1 標準偏差）であり，草食動物は 3.1 ± 1.0 ‰，淡水魚類は 8.6 ± 1.9 ‰ を示す（Yoneda et al., 2004b）。縄文時代には肉食動物は主要な獲物ではなかったために，図 1.8 に肉食動物を含めていない。いっぽう，海洋生態系においては，海産貝類が 8.3 ± 2.1 ‰，海産魚類が

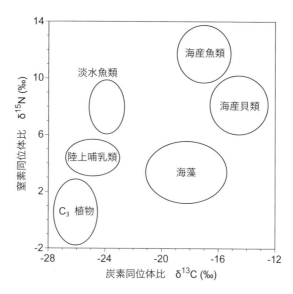

図 1.8. 食物タンパク質源の炭素・窒素同位体比 (Yoneda et al., 2004b より筆者作図)

10.4 ± 2.0 ‰，海棲哺乳類が 14.9 ± 2.1 ‰ を示す (Minagawa, 1992; Yoneda et al., 2004b)。

(3) 古人骨の炭素・窒素同位体比

　骨コラーゲンと食物資源の炭素・窒素同位体比の比較から先史時代の食性を比較する場合には，骨コラーゲンと食物の間の同位体分別の値を推定しておく必要がある。骨コラーゲンと食物の間の同位体分別の値は ($\Delta^{13}C_{co-d}$, $\Delta^{15}N_{co-d}$) 動物の飼育実験 (DeNiro and Epstein, 1978, 1981; Ambrose and Norr, 1993; Tieszen and Fagre, 1993) と，野生下における大型動物の分析 (Vogel and van der Merwe, 1977; Sullivan and Krueger, 1981) によって推定されてきた。頻繁に使用される同位体分別の値は，炭素同位体比で 3 から 6 ‰，窒素同位体比で 3 から 5 ‰ である (Ambrose, 1993; Bocherens and Drucker, 2003; Hedges and Reynard, 2007)。本書では，炭素同位体比の同位体分別として 4.5 ‰，窒素同位体比の同位体分別として 3.4 ‰ を用いた (Ambrose, 1993; Minagawa and Wada, 1984; Schoeninger and DeNiro, 1984)。これらの値を食物の同位体比に加えて人骨の値と比較することで，人の食物摂取の割合を推定することができる。

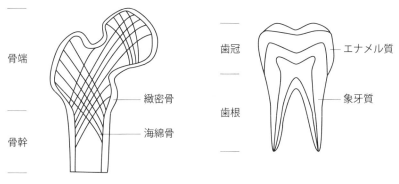

図 1.9. 骨と歯の構造

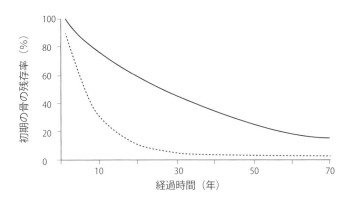

図 1.10. 骨の置換速度（実線が緻密骨，破線が海綿骨。Price et al., 2002 より）

　骨コラーゲンの置換速度を推定することは，同位体比の解釈にとって重要である。骨は成長後も常にリモデリングと呼ばれる代謝活動により破骨と造骨が行われている（図 1.9）。動物の体組織において骨コラーゲンは最も遅い置換速度を示す（Libby et al., 1964; Tieszen et al., 1983）。置換速度の報告された研究例は少なく，その推定値の変動も大きい。リビー Libby ほか（1964）は，約 10 年の置換速度であると推定している。いっぽう，ステンハウスとバクスター Stenhouse and Baxter（1979）は，骨コラーゲンの平均存在時間が 30 年ほどであると推定している。最近では，ヘッジス Hedges ほか（2007）が，女性の骨コラーゲンの置換速度は 3 から 4 %/yr であり，男性では 1.5 から 3 %/yr であると報告している。骨の置換速度は，海綿骨のほうが緻密骨よりも速いので（図 1.10；Klepinger, 1984; Price et al., 2002），分析に用いら

第 1 章　古人骨に地球化学的手法を組み合わせる —— 27

れた骨の部位を考慮することは重要である。本書では，肋骨を中心に同位体分析に
用い，肋骨の炭素・窒素同位体比は，死亡前の 10 年程度の平均的な食性を示すと
解釈した。

　骨コラーゲンに対する続成作用も同位体比の解釈に影響を与える場合がある。続
成作用とは骨が地中に埋まっているときに受ける変化のことである。これには，微
生物による有機物であるコラーゲンの分解や，酸性の地下水による無機物であるハ
イドロキシアパタイトの溶解などが含まれる。発掘された骨には埋葬中に有機物が
混入している可能性があるが，フミン酸やフルボ酸，ヒューミンなどのフミン質に
ついては，物理的・化学的な前処理によって除去することができる。植物が微生物
による分解によって生じる腐食物質であるフミン質の中でも，フミン酸はアルカリ
に可溶で酸で沈殿する有機物のことである。フルボ酸はアルカリにも酸にも沈殿し
ない有機物である。ヒューミンはアルカリにも酸にも不溶である。抽出された骨コ
ラーゲンの質については，炭素含有量（C%），窒素含有量（N%），コラーゲン残存
率（Col%），C/N 比によって評価することができる（van Klinken, 1999）。というの
も生物の骨コラーゲンは一定の割合のアミノ酸配列を示すことが知られており，炭
素含有量や窒素含有量は一定の値を示す。C/N 比は，炭素・窒素含量の比率（モル
分率）であり，これもコラーゲンならば一定の値を示すはずである。しかし主に植
物を起源とする土壌有機物の混入によって炭素含有量が高くなり，C/N 比も高くな
る場合がある。デニーロ DeNiro（1985）は，よく保存されたコラーゲンの C/N 比
の基準として 2.9 から 3.6 を提唱しており，本書でもこの基準にならった。また，
骨コラーゲンは骨に元来 3 分の 1 ほど含まれているが，続成作用によって減少して
いく。縄文人骨で貝塚のアルカリ性の状態で保存されていると，数 % のコラー
ゲン残存率を得ることができる。これが 1 % を下回ると，土壌由来の有機物の影
響が強くなるために注意が必要である。

(4) 自然人類学における炭素・窒素同位体分析の先行研究

　縄文時代の古人骨の炭素・窒素同位体分析には，いくつかの先行研究がある
（Roksandic et al., 1988; Chisholm et al., 1992; Minagawa and Akazawa, 1992; Yoneda et al.,
1996, 2002, 2004b; 南川, 2001; Naito et al., 2010）。先行研究においては，性別による
縄文時代の食性の違いの可能性について言及されている（Chisholm et al., 1992;
Yoneda et al., 1996）。チゾム Chisholm ほか（1992）は，北海道の縄文時代人の男性
と女性における同位体比の違いを明らかにし，これは食物獲得行動の違いに起因し

28

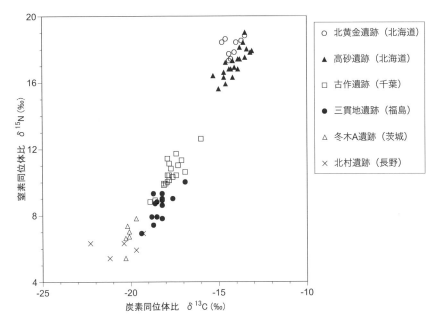

図 1.11. 日本各地の縄文人骨の炭素・窒素同位体比（南川 2001 より筆者作図）

ている可能性を指摘している。ここでは男性が狩猟を行い，女性が漁労と植物採集活動を行ったと推測されている。このように，集団内の食性の違いは，先史時代の個人の行動と関連した社会組織の側面について示唆する可能性がある。

　南川（2001）は，縄文時代の多くの古人骨集団について同位体分析を行い，北海道の縄文時代人が海棲哺乳類や海産魚類に依存した食生活を送っており，山陽地域や九州地域の縄文時代人は，海産資源を多量に摂取しており，関東地域と東北地域，内陸の縄文時代人は，陸上資源への依存度が高いことを報告している（図 1.11）。北海道の北小金縄文人骨については，そのアミノ酸窒素同位体比の分析によって海産物依存度が 74％ であると計算されている（Naito et al., 2010）。本州内陸部である長野県保地遺跡の人骨の分析からは淡水魚摂取の可能性が指摘されているが（Yoneda et al., 2004b），長野県北村遺跡人骨のアミノ酸窒素同位体分析によると淡水魚摂取はほとんどしていないことが示唆されている（Naito et al., 2013）。このように縄文時代人といっても時期や地域によってその食性にはたいへんな変動がある。南川（2001）は，本州内における食性の地域差の可能性について言及しているが，本州内においてどれくらい食性に違いがあるのかについては未だ不明瞭であった。

3. ストロンチウム同位体比を測る

(1) ストロンチウム同位体地球化学

　次にストロンチウム同位体の仕組みについて見てみよう。ストロンチウムは，カルシウムやマグネシウムと同じアルカリ土類金属の一つである。ストロンチウムのイオン半径（Sr^{2+}, 1.13 Å）は，カルシウムのイオン半径（Ca^{2+}, 0.99 Å）よりも少し大きい。斜長石やアパタイト，アラゴナイトなどのカルシウム含有鉱物にストロンチウムは多量に存在する（Faure and Mensing, 2005）。ストロンチウムには四つの同位体があり（^{84}Sr, ^{86}Sr, ^{87}Sr, ^{88}Sr），すべて安定な同位体である。それらの存在量は，それぞれ 0.56 %，9.87 %，7.04 %，82.53 % である（図 1.12）。自然界に存在するルビジウム（^{87}Rb）のベータ崩壊によって ^{87}Sr が生成されるため，ストロンチウム同位体の存在量は変動する。この放射壊変は次の式 1 によって示される。ここで，$^{87}Rb_0$ は，ルビジウム 87 の初めからある量である初生値である。崩壊定数 λ は，1.42×10^{11} yr^{-1} である。ここで，娘核種である ^{87}Sr の量を考えると，式 2 となる。$^{87}Sr_0$ はストロンチウム 87 の初生値である。ここで，安定同位体である ^{86}Sr で基準化することで，同位体比を考えると，式 1 を利用することで式 3 となる。そして，時間 t は $1/\lambda$ よりとても小さいので，テイラー近似により（$e^{\lambda t} - 1$）は λt と近似でき，ストロンチウム同位体比は式 4 となる。

$$^{87}Rb = {}^{87}Rb_0\, e^{-\lambda t} \tag{1}$$

$$^{87}Sr = {}^{87}Sr_0 + {}^{87}Rb_0 - {}^{87}Rb_0\, e^{-\lambda t} \tag{2}$$

$$^{87}Sr/^{86}Sr = ({}^{87}Sr/^{86}Sr)_0 + {}^{87}Rb/^{86}Sr(e^{\lambda t} - 1) \tag{3}$$

$$^{87}Sr/^{86}Sr = ({}^{87}Sr/^{86}Sr)_0 + {}^{87}Rb/^{86}Sr\, \lambda t \tag{4}$$

ここで式 4 を見ると，ストロンチウム同位体比は，ストロンチウム同位体比の初生値が切片であり，時間 t の一次関数となっている。時間の関数には，傾きである $^{87}Rb/^{86}Sr$ が掛かる。以上の理由からルビジウムを含む岩石・鉱物の Sr 同位体組成は，その年代と Rb/Sr 比に応じた値をとる（図 1.13）。これは形成された年代が古い岩石ほど，高い Sr 同位体比を示すということである。またルビジウムの含有量が多いほど，Sr 同位体比が高くなる。Sr 同位体比は，^{87}Sr と ^{86}Sr の割合である $^{87}Sr/^{86}Sr$ によって表される。炭素・窒素同位体比で使用したデルタ表記ではないので小数点以下 4 桁ほどの表記となる。自然界では通常 0.7000 から 0.7200 程度の変動を示す。

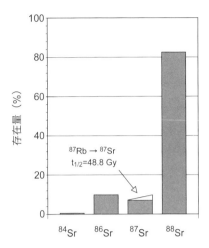

図 1.12. 四つのストロンチウム同位体の存在量（Capo et al., 1998 より）

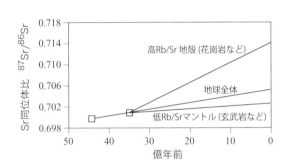

図 1.13. ストロンチウム同位体進化線（White, 2013 より）

^{87}Rb の半減期は 4.88×10^{10} 年なので，ストロンチウム同位体比（^{87}Sr/^{86}Sr）は数千年の単位では変動しないと考えられる。火成岩や堆積岩の平均的な Sr 濃度は，苦鉄質岩の 1 ppm ほどから，玄武岩の 465 ppm，さらには石灰岩の 2000 ppm 以上と大きな変動を示す（Faure and Mensing, 2005）。

岩石中のストロンチウム同位体比（^{87}Sr/^{86}Sr）は，結晶化した際の Sr 同位体比の初生値，Rb/Sr 比，形成後に経過した時間に依存して変動する。花崗岩などの大陸地殻は，Rb/Sr 比が高く，平均的には 0.716 の値を示す。海洋の玄武岩は Rb/Sr 比が低く，0.703 程度の値を示す（Bentley, 2006b）。新生代の海洋石灰岩やドロマイト

は，中間的な 0.707 から 0.709 程度の値を示し，これは岩石形成時の海水の Sr 同位体比を示す（Hess et al., 1986）。

岩石中の Sr は風化によって放出され，土壌，地下水，植物，動物などを通過して最後には海洋に到達する。Sr の質量数が大きくその過程において同位体分別は無視できるので，Sr 同位体比は栄養段階を昇っても変化することがない。実際にはごく微量に起こる同位体分別も Sr 同位体比の測定時に，$^{88}Sr/^{86}Sr$ を 8.37521 を真値として補正するので（Beard and Johnson, 2000），同位体分別は気にしなくて良い。そこで，動物や植物の Sr 同位体比は，確実に生息地の岩石や土壌などの値を反映することとなる（Blum et al., 2000）。しかしながら，生物の Sr 同位体比は岩石と全く同じではない場合がある。というのも，岩石の鉱物中において溶解度にばらつきがあり，その Sr 同位体比にも変動があるためである（Blum et al., 1993; Evans and Tatham, 2004）。

同位体混合モデルは Sr 同位体比にも適用することができる。ある n 個の Sr 源の混合の結果として，混合物の Sr 同位体比が決まる。その n 番目の寄与量を J_n とすると，下記の式によって混合物の Sr 同位体比を記述することができる。

$$(^{87}Sr/^{86}Sr)_{mix} = (J_1(^{87}Sr/^{86}Sr)_1 + J_2(^{87}Sr/^{86}Sr)_2 + \cdots\cdots + J_n(^{87}Sr/^{86}Sr)_n) / (J_1 + J_2 + \cdots\cdots + J_n)$$

たとえば二つの資源の混合物の場合，寄与量と同位体比の間には次の関係がある。

$$J_1/(J_1 + J_2) = ((^{87}Sr/^{86}Sr)_{mix} - (^{87}Sr/^{86}Sr)_2) / ((^{87}Sr/^{86}Sr)_1 - (^{87}Sr/^{86}Sr)_2)$$

ここで，各資源の Sr の濃度を C_1 と C_2 と定義する。また混合割合を f_1 と f_2 と定義し，$f_1 + f_2 = 1$ である。すると，$J_1 = f_1 \times C_1$ であり，$J_2 = f_2 \times C_2$ である。

ここで，混合物の Sr 濃度を C_{mix} とすると，$C_{mix} = J_1 + J_2$ である。そして上の式を書き換えると，

$$(^{87}Sr/^{86}Sr)_{mix} = (J_1 \times (^{87}Sr/^{86}Sr)_1 + J_2 \times (^{87}Sr/^{86}Sr)_2) / C_{mix}$$

である。この式では，$(^{87}Sr/^{86}Sr)_{mix}$ と $1/C_{mix}$ は線形の関係にあり，この関係を図で表すことができる（図 1.14）。Sr 同位体比を資源の濃度の関数として表すと，曲線になる。ところが濃度分の 1 の関係で表すと直線関係にある。人の食事を考える場合も，濃度の異なる資源の混合であるため，この混合モデルの関係を頭に入れておく必要がある。

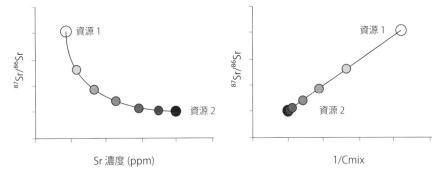

図 1.14. Sr 同位体比と濃度との関係 (Bentley, 2006 より)

(2) 古人骨の骨と歯のストロンチウム

　古人骨の骨と歯のエナメル質の元素組成を表 1.1 に示している。骨は約 70 % が無機物であるハイドロキシアパタイトからできている。歯のエナメル質は，96 % 以上がハイドロキシアパタイトから構成されている。歯の象牙質は，骨に近い組成である。ハイドロキシアパタイトは，基本的には $Ca_{10}(PO_4)_6(OH)_2$ の分子式で示され，Ca/P 比は一定の値を示す。Ca を置換して，ストロンチウム，マグネシウム，鉄，亜鉛なども含まれている。歯のエナメル質には，通常数百 ppm のストロンチウムが含まれている。これは，歯のエナメル質が約 1 mg あれば，測定に必要な 500 から 100 ng の Sr を得られることを意味している。

　骨の Sr/Ca 比の測定は，ヒトやそのほかの動物の古食性の解明に用いられてきた (e.g., Schoeninger, 1979; Sillen and Kavanagh, 1982)。骨の Sr/Ca 比は，栄養段階を昇ると減少する傾向にあり，このプロセスは生物純化 biopurification と呼ばれる (Elias et al., 1982)。生物純化の原因は，食事中の Sr の 10 から 40 % が体内に吸収されるのに比べて，食事中の Ca は 40 から 80 % が体内に吸収されることにあると考えられている (Burton et al., 1999)。つまり，カルシウムのほうが吸収されやすく，カルシウムにつられてストロンチウムは受動的に吸収されるということである。栄養段階を昇ると，Sr/Ca 比は約 20 % になる。草食獣の Sr/Ca 比は植物の 20 % であり，肉食獣は草食獣の Sr/Ca 比の 20 % である。さらに，Sr/Ca 比の変動も，栄養段階を上昇すると減少する (Elias et al., 1982)。このような栄養段階の上昇に伴う変動の減少は，Sr 同位体比にも観察される (図 1.15; Blum et al., 2000)。生物の骨の Sr 同位体比の変動は，環境中の植物や土壌などの変動に比べて小さくなる。これは，さ

表 1.1. 骨と歯の元素組成（Hillson, 1996 より）

	エナメル質（成熟前）		エナメル質		象牙質		骨
	質量	体積	質量	体積	質量	体積	質量
無機物（%）	37	16	>96	88 (80–100)	72	50	70
有機物（%）	19	20	0.2–0.6	0.3	20 (18 コラーゲン)	30	22 (21 コラーゲン)
密度（g/cm³）	1.45		2.9–3		2–2.3		2–2.05
カルシウム（%）			34–40		26–28		24
リン酸（%）			16–18		12.2–13.2		11.2
Ca/P 比（質量）			1.92–2.17		2.1–2.2		2.15
Ca/P 比（分子量）			1.5–1.68		1.6–1.7		1.66
炭酸塩の CO₂（%）			1.95–3.66		3–3.5		3.9
ナトリウム（%）			0.25–0.9		0.7		0.5
マグネシウム（%）			0.25–0.56		0.8–1		0.3
フッ素（ppm）			25–5000		50–10000		5000
鉄（ppm）			8–218		60–150		
亜鉛（ppm）			152–227		200–700		
ストロンチウム（ppm）			50–400		100–600		

まざまな Sr 同位体比を示す食物を摂取したとしても体内で混合されて，さらに骨組織が形成される間に摂取した Sr を時間的にも平均されて骨に取り込むからである（Bentley, 2006）。一般的に言えば，地質的に多様な地域に生息する大型哺乳類や鳥類などの Sr 同位体比の変動が大きく，小型哺乳類や家畜の Sr 同位体比の変動は小さいことが期待される（Price et al., 2002）。

　ヒトにおいては，歯のエナメル質中の Sr 同位体組成は子どものころの居住地を記録している。これは，歯の形成後にリモデリングが起こらないことに由来する（Hillson, 1996）。歯のエナメル質の鉱物化は，有機物がミネラルへと変換していく過程のことであり，その形成期から成熟期にかけて五つの段階に分類されている（Fincham et al., 1999）。形成時期における日ごとの成長はエナメル質のプリズム・クロス・ストライエイション prism cross striations に反映されているかもしれない。さらに約 8 日の周期で形成されるレチウス条がエナメル質の断面に観察され，表面には周条波として表れる。しかし，実際のミネラル化は，成熟期の数ヶ月から 1 年にわたる期間を通して行われる（図 1.16：須田ほか，2007）。歯のエナメル質の Sr は食物から吸収した Sr に由来するが，形成期と成熟期の期間を通じて Sr 同位体比は

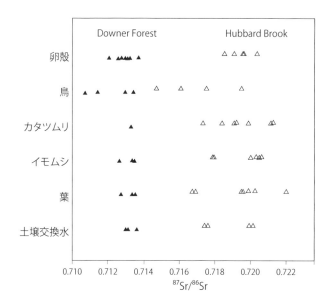

図 1.15. 北米の二つの森林生態系における Sr 同位体比（Blum et al., 2000 より）

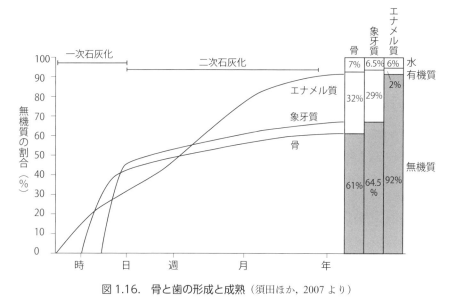

図 1.16. 骨と歯の形成と成熟（須田ほか，2007 より）

第 1 章　古人骨に地球化学的手法を組み合わせる────35

平均化される（Bentley, 2006; Montgomery and Evans, 2006）。本書では，第三大臼歯を研究に用いた。第三大臼歯は平均すると9歳から13歳の時に形成されるが，実際にはその形成時期に変動がある。歯冠部であるエナメル質は7歳から12歳の時に形成が始まり，10歳から17歳のころに形成が終わる（Hillson, 1996）。その形成後に数ヶ月から1年をかけて歯冠は成熟する。それゆえ，本書では，第三大臼歯の中のSr同位体比のシグナルは，子ども期後期から青年期にかけて摂取された食物に由来すると解釈することにした。

　人が特定の地域から地質の異なる地域に移動したとき，この移入者の歯のエナメル質は，成人の時に形成された骨の値や地域の土壌，植物，動物などとは異なる値を示すことが期待される（Bentley, 2006）。人骨のSr同位体比を測定するのに加えて，移入者の地理的な起源を推定するためには環境中のSr同位体比の分布を調べる必要があり，代表的な試料として植物のSr同位体比地図を作成することが必要である（e.g., Hodell et al., 2004; Wright, 2005; Evans et al. 2009, 2010）。このような生物の分布や起源を探るために同位体比地図を作る研究手法はアイソスケープ（Isoscapes）と呼ばれており，考古学のみならず，法医学，環境化学や生態学など幅広い分野への応用が期待されている（Bowen, 2010）。

　古人骨中のSr同位体比は，いくつかの資源に由来するSrの混合した結果の値である。つまり，複数の資源のSrの濃度とそのSr同位体比の加重平均として計算されるはずである（Bentley, 2006; Montgomery and Evans, 2006）。陸上資源は海産資源と同等のSr濃度を示す（Schoeninger and Peebles, 1981; Burton and Price, 1999）。よって在地の個体においてはSr同位体比から，海産物への依存度を評価できる可能性がある。海水のSr同位体比は地質時代に変化してきたが（図1.17; McArthur et al., 2001），一万年前から現代においては一定の値であると仮定することができる。現代の海水のSr同位体比は，0.7092であり，世界のどの海洋においても一定である（Veizer, 1989）。海の生物は海水からSrを取り込み，海水と同じSr同位体比を示す。よって海産物を多量に摂取した個体の骨や歯のSr同位体比は，海水に近い値を示すことになる。いっぽうで陸上資源を主に摂取した在地の個体は，地域の動物や植物と同じ値になる。それゆえ，古人骨のSr同位体比から，在地の個体においては陸上資源に対する海産資源への依存度を評価できる可能性がある。ただし陸上の環境におけるSr同位体比が海水の値とは異なっている必要がある。

　古人骨の骨や歯に対する続成作用は，ストロンチウム同位体を解釈する上で取り上げておくべき問題である。前述したように続成作用とは，岩石や化石などの堆積

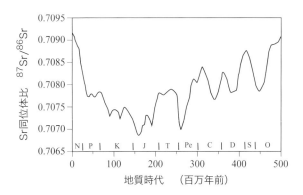

図 1.17．顕生代における海水 Sr 同位体比の時間変化

(McArthur et al. (2001)　N＝新第三紀 Neogene，P＝古第三紀 Paleogene，K＝白亜紀 Cretaceous，J＝ジュラ紀 Jurassic，T＝三畳紀 Triassic，Pe＝ペルム紀 Permian，C＝石炭紀 Carboniferous，D＝デボン紀 Devonian，S＝シルル紀 Silurian，O＝オルドビス紀 Ordovician．)

中に生じる物理的・化学的な変質のことである。続成作用に由来する Sr は，骨の中にいくつかの方法で侵入してくる。最も侵襲性の高い方法は，二次ミネラルがミクロな間隙を埋める方法や，元々のハイドロキシアパタイト表面に吸着される方法である (Nelson et al., 1986; Trueman et al., 2004)。骨の多孔性は，続成作用の影響の割合を決める重要な因子である (Robinson et al., 2003)。骨のハイドロキシアパタイトは多孔質であるため，骨のストロンチウム同位体比は，続成作用の影響をとても受けやすい (Sillen, 1986; Hoppe et al., 2003; Trickett et al., 2003)。酢酸を用いた適切な洗浄を行うことができれば，骨から続成作用に由来する Sr をある程度取り除くことができると議論されてきた (Sealy et al., 1991; Price et al., 1992; Sillen and Sealy, 1995; Nielsen-Marsh and Hedges, 2000)。というのも，続成作用に由来する二次ミネラルは元々のハイドロキシアパタイトよりも溶解しやすいため，0.1 規定の酢酸緩衝溶液を用いた連続洗浄を行うことで，生物由来の Sr を単離できると考えられた (Sillen, 1986)。しかしながら，酢酸による連続洗浄によっていくらかの続成作用に由来する Sr を取り除くことはできるが，完全に生物由来の Sr だけにすることはできないことが明らかとなっている (Hoppe et al., 2003)。

骨と対照的に，歯のエナメル質は生物由来の Sr を保持している。エナメル質は，骨や象牙質よりも密で硬いために続成作用に対して抵抗性が強い (Pate and Brown, 1985; Price et al., 1985; Kohn et al., 1999; Budd et al., 2000; Chiaradia et al., 2003; Hoppe et al., 2003; Lee-Thorp and Sponheimer, 2003)。この主な理由は，エナメル質の中のハイドロキシアパタイトの結晶が比較的大きく（> 1 μm），ほとんど隙間なく密に詰まっていることにある（Kohn et al., 1999）。化石動物の歯の中にある二次ミネラルの量は，エナメル質では 0.3 %，象牙質では 5 % であるという研究もある。相対的には少ない量の続成作用に由来する Sr がエナメル質にも含まれているが，その大部分は弱酸による洗浄によって取り除くことができる（Hoppe et al., 2003）。本書でも，弱酸による洗浄を行うことによって，エナメル質と骨の中にある続成作用に由来する Sr を取り除く前処理を行った。

(3) 自然人類学における Sr 同位体分析の先行研究

エリクソン Ericson（1985）によって，初めて Sr 同位体分析が古人骨に応用されて以来，人の移動を研究する多くの成功事例がある。たとえば，北米においてはプエブロの人々の集団間移動が判別された（Price et al., 1994b; Ezzo et al., 1997; Ezzo and Price, 2002）。また中央ヨーロッパにおいては，線帯文文化をもつベル・ビーカーの集団の移動が解析された（Price et al., 1994a; Grupe et al., 1997; Price et al., 1998; Bentley et al., 2004）。さらにアイスマンの移動の履歴を調べた研究（Müller et al., 2003）や，イギリスでのウエスト・ヘスラートンでの研究例もある（Montgomery et al., 2005）。メソアメリカ（Price et al., 2000）や，アンデス地域での応用例（Knudson et al., 2004; Knudson and Torres-Rouff, 2009），ペルーのマチュピチュ遺跡での研究（Turner et al., 2009）もある。さらに，タイにおける研究（Bentley, et al., 2007），パプアニューギニアでのラピタ人の研究（Shaw et al., 2009, 2010）も行われている。最近では，狩猟採集民の移動性に対しても応用されている（Tafuri et al., 2006; Haverkort et al., 2008）。しかしながら，現在までのところ縄文時代の古人骨に応用した先行研究はなかった。

ここではヨーロッパの新石器時代の遺跡から出土した人骨へ Sr 同位体分析を適用した事例を詳しく紹介する。約 7500 年前に，農耕と家畜を伴う線帯文土器（Linear band keramik）文化が中央ヨーロッパへ急速に拡散した。農耕民が急速に拡散したのか，在地の狩猟採集民が農耕を取り入れたのかについては，議論が分かれていた。新石器時代人の移動を直接調べるため，Bentley et al.（2003, 2004）は，ドイツのファイインゲン（Vaihingen）遺跡から出土した人骨と動物骨の Sr 同位体比を測定した（図 1.18）。彼らは，46 個体の人骨の歯のエナメル質と骨成分，さらに家畜であるウシやヤギやブタの歯のエナメル質を分析した。人骨の骨成分の Sr 同位体比の

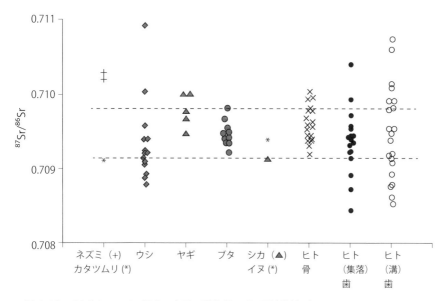

図 1.18. Vaihingen における人骨・動物骨の Sr 同位体比（Bentley et al., 2004 より）

平均値プラスマイナス 2 標準偏差の範囲によって在地の Sr 同位体比を設定すると，30 % の個体が移入者として判別された。しかし，続成作用によって骨の Sr 同位体比の値は生前の値から変わっている可能性がある。ウシやヤギやブタなどの動物骨の歯のエナメル質を測定すると，ブタの値の変動が最も小さく，ウシやヤギより在地のエサを食べていたことが分かる。このブタの値の範囲を在地の Sr 同位体比の範囲として定めることで，41 % の個体が移入者として判別された。遺跡から出土した動物骨を分析することで，現代の人為的な Sr の影響を除くことができ，またエナメル質を使用することで，続成作用の影響を最小限に抑えることができている。このように移入者の判別の結果は，在地の Sr 同位体比の範囲の設定によって大きく影響を受ける。また，発掘された集落の周りは 2 m ほどの溝で囲まれており，その溝からも人骨が出土している。溝から発見された人骨と集落から発見された人骨の Sr 同位体比の変動を比較すると，溝の人骨の値の変動が大きく，移入者が溝に埋葬される割合が高かったことが分かる。また，同時代のディリンゲン（Dillingen）遺跡の人骨の分析では，男性よりも女性の Sr 同位体比の変動が大きく，女性のほうに移入者が多かったと解釈されている（Bentley et al., 2002）。さらに，ディリンゲン遺跡に加えてフロンボルン（Flomborn）遺跡で発掘された人骨の分析では，磨

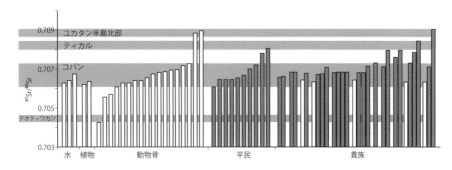

図 1.19. コパンにおける人骨・動物骨の Sr 同位体比 （Price et al., 2010 より）

製石斧とともに埋葬された個体は，それがない個体よりも平均値が低く，在地者である割合が高いことが明らかとなっている。このように，集団内のグループごとに Sr 同位体比を比較することでも先史時代の社会組織についての示唆が得られる。

ほかにも，古代文明の人の移動について研究された例を紹介しよう。マヤ文明の古典期に栄えた大都市コパンの神殿から発掘された王の人骨の Sr 同位体分析が行われた（Price et al., 2010）。コパンの最初の王は，碑銘から中央マヤ低地にあったティカルか，ベリーズのカラコルの出身であり，中央メキシコにあったテオティワカンと繋がりの深い人物であると考えられていた。遺跡周辺の半径 5 km の圏内から集められた現代の動物骨により，在地の Sr 同位体比の範囲が設定された。王の人骨の複数の歯が測定され，それらの Sr 同位体比はコパンの在地の範囲から外れており，最初の王はコパンの出身ではなかった（図1.19）。また，テオティワカンの在地の値からも外れるので，テオティワカン出身の可能性は低い。その結果，ティカルにおける在地の値に近く，子どもの時期から青年期にかけてティカルのあるマヤ低地で過ごした可能性が示された。王は，カラコルの出身であり，青年期にティカルで過ごした後，コパンの王に即位したのではないかと議論されている。このように，個体単位で居住地の移動について推定できることも，Sr 同位体分析の利点である。

インカ帝国のマチュピチュ遺跡から出土した人骨に対しても Sr 同位体分析が行われた（Turner et al., 2010）。インカ帝国は，社会階級に応じて個人や家族や集団の単位で国民を移動させていた。マチュピチュは，15 世紀中ごろにパチャクティ王が建設し，貴族階級でない人々が居住していたと考えられていた。動物骨の Sr 同位体比の変動に比べて，人骨のエナメル質の Sr 同位体比の変動は大きく，ほとん

どの個体が移入者であることが明らかとなった。移入者の同位体比にはまとまりがないため，その起源地は多様であった。よって，在地の階級（Hatun Runa）や集団で移動させられたグループ（Mitmacona）のような階級ではなく，個人単位で移動して貴族に奉仕した階級（Yanacona や Acllacona）の人々ではないかと考察されている。さらに，彼らは，エナメル質の酸素同位体比や鉛同位体比も考慮に入れて，移入者の起源地を推定している。

　このようにストロンチウム同位体分析には数々の研究例があり，考古学的なコンテクストが良く分かっている古人骨を分析することができれば，唯一無二の興味深い結果を引き出すことができる。地球化学では Sr 同位体分析がルーティン化されて簡便になり，ここまで世界的に分析例が増えてくると，縄文人骨に応用されるのは時間の問題であり，筆者が研究を開始する舞台は整っていたという状況であった。

COLUMN

コラム

1　デルタ表記について

　安定同位体比は，デルタ表記によって表されるのが慣例となっている。この表記が分かりにくいという声も多く聞かれるので，ここで補足しておく。

　炭素を例にすると，安定同位体には ^{12}C と ^{13}C がある。本質を考えれば同位体である ^{12}C と ^{13}C の割合が自然界の中でどのような分布を示すのかが問題となる。ここで次のように定義する。

$$^HF = 重い同位体の存在量$$
$$^LF = 軽い同位体の存在量$$
$$R = {}^HF / {}^LF\ 軽い同位体に対する重い同位体の比率$$

$^HF + {}^LF = 1$ である。F に 100 を掛ければ存在量（%）として表示できる。大気 CO_2 の場合を考えると，R = 0.0110906，^{13}F = 0.0109689 である。これは大気に $^{13}CO_2$ が，1.09689 % 含まれていることを表している。たとえば植物の炭素同位体比は，R = 0.0108893，^{13}F = 0.0107720 となる。大気 CO_2 と植物の ^{13}F の違いは，小数点以下 4 桁目なので分かりにくいと思う。そこでデルタ表記を定義する。

$$\delta^{13}C = (R_{sample}/R_{standard} - 1)$$

単位は 1000 倍した上で千分率であるパーミル（‰）で表記する。ここでスタンダードは VPDB を用いると定義されている。元々はベレムナイト化石（PDB）を 0 ‰ として定義していたが，これが枯渇したために，NBS19（1.95 ‰）と LSBEC（−46.6 ‰）という試薬の同位体比が VPDB 基準で定義されており，これを元に通常実験に用いるワーキングスタンダードの値付けを行って未知資料の同位体測定に使用する。VPDB の値は，$R_{standard}$ = 0.011180 = $^HF/{}^LF_{standard}$ = 0.011056/0.988944 である。これによって，大気 CO_2 の値を計算すると $\delta^{13}C$ = −8 ‰ となり，植物の $\delta^{13}C$ は −26 ‰ という値になる。小数点以下 4 桁目の違いを見ることよりも，一桁の数字と

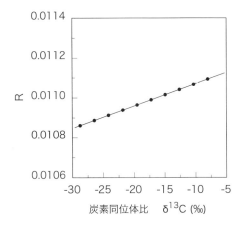

図 C1.1. 炭素同位体比と R の比例関係

なることで分かりやすくなったのではないだろうか。ただし，VPDB を 0 ‰ と定義したために，マイナスとなっている。これは ^{13}C の割合が VPDB よりも低いことを意味している。デルタ表記は簡便で分かりやすいことがお分かりいただけただろうか。自然界の生物などを測定する場合にはデルタ表記と R の間に比例関係が強いため（図 C1.1），同位体比の計算にとても便利である。ただし重い同位体を添加するトレーサー実験をする場合には，デルタ表記による計算では結果にずれが生じてしまうために注意が必要である（Fry, 2006）。

第2章
縄文時代人の食性を復元する

——ふじのくに地球環境史ミュージアムの常設展示より——

　ここまで縄文時代の考古学的研究や，古人骨の同位体分析の先行研究について概観してきた。これより縄文人骨の食性を復元するという本論へと入っていく。あなたはあなたが食べたものからできている。実際に実験をして分析した綿密なデータを元に，食性を復元した結果を解説する。ここでは探索的アプローチによって，食性に関連した諸要素を抽出する。

1. 古人骨を選ぶ

　性別や抜歯に対応した食性の変異と移動パターンを調べるために，山陽地域と近畿地域と東海地域から出土した人骨の炭素・窒素同位体分析を行った。それらの地域は，縄文時代に貝塚が高密度に残されたことが特徴である（金子，1980）。1910年代より貝塚遺跡から数多くの縄文時代人骨が発掘された（清野，1969）。それらの古人骨は，日本人起源論に多大な貢献をした学史上重要な資料である。古人骨の保存状態が良く，性別や年齢推定が可能であり抜歯風習も観察されるため，これらの資料を同位体分析に用いた。

　炭素・窒素同位体分析には，三地域の六遺跡から合計197体の古人骨を用いた（表2.1; 附表A1）。分析に用いた骨試料の大部分の部位は肋骨である。肋骨が得られないサンプルについては，ほかの部位の骨の破片を用いた。大田貝塚，船元貝塚，津雲貝塚は山陽地域に位置する遺跡である。國府遺跡は近畿地域に位置し，伊川津貝塚，川地貝塚，吉胡貝塚，稲荷山貝塚は東海地域に位置する遺跡である（図2.1）。動物骨については，山陽地域（ニホンジカ6個体，イノシシ4個体，魚骨8個体）と東海地域（イヌ2個体，ニホンザル2個体）の試料を分析した。多くの資料は清野謙次（清野，1969）によって発掘された資料であり，京都大学大学院理学研究科自然人類学研究室に所蔵されている。國府遺跡の資料は京都大学と，大阪大学大学院人間科学研究科と，東京大学総合研究博物館とに所蔵されている資料である。また，伊川津貝塚の資料は，東京大学総合研究博物館に所蔵されている資料である。

　大田貝塚は広島県尾道市高須町にあり，1925年に発掘された。約55体の古人骨が石器や縄文土器とともに発見された（清野，1969）。大田人骨は，土器形式より縄文時代中期（ca. 5470–4420 years BP）に属すると推定されている（潮見ほか，1971）。いくつかの大田人骨には切歯に抜歯の証拠がみられる。しかし，ほとんどの個体に抜歯が観察されず，4I系や2C系には分類されないため，大田人骨の抜歯と同位体比の関係を調べることはしなかった。炭素・窒素同位体分析に25個体の状態が良く保存された古人骨と1個体のニホンジカ骨を用いた。

　船元貝塚は，岡山県倉敷市に位置している。1920年に14個体の古人骨が発掘された。船元遺跡は，船元式の土器型式により，縄文時代中期に属するとされている（河瀬，2006）。炭素・窒素同位体分析に，9個体の古人骨と，ニホンジカ1個体を用いた。

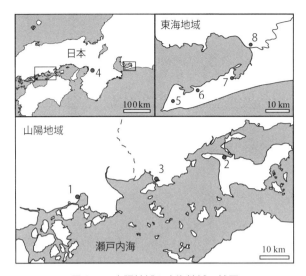

図 2.1. 山陽地域と東海地域の地図
1. 大田貝塚, 2. 船元貝塚, 3. 津雲貝塚, 4. 國府遺跡, 5. 川地貝塚,
6. 伊川津貝塚, 7. 吉胡貝塚, 8. 稲荷山貝塚

表 2.1. 同位体分析に用いた古人骨の試料数

遺跡名	試料数	地域	時期
大田貝塚	25	山陽地域	中期
船元貝塚	9	山陽地域	中期
津雲貝塚	53	山陽地域	後・晩期
國府遺跡	28	近畿地域	前期〜晩期
伊川津貝塚	6	東海地域	晩期
川地貝塚	9	東海地域	後期
吉胡貝塚	38	東海地域	後・晩期
稲荷山貝塚	29	東海地域	晩期

　津雲貝塚は，岡山県笠岡市に位置しており，1920 年から 1922 年に発掘された。約 72 個体の古人骨が発掘され，土器から縄文時代後・晩期（ca. 4420–2350 years BP）に属するとされている。津雲貝塚は，多量の古人骨が日本で初めて発掘された遺跡として，日本考古学に名を残している。多くの個体の保存状態が良好であり，性別や死亡年齢の推定が十分に可能である。女性の抜歯系列が墓域内での位置に関連しているようである（図 2.2）。北のほうが 4I 系の女性を多く含んでおり，中央部が 4I 系と 2C 系の女性を含んでいる。南のほうにも 4I 系と 2C 系の女性が含ま

第 2 章　縄文時代人の食性を復元する——47

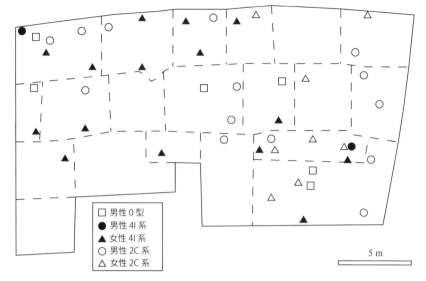

図 2.2. 津雲貝塚における墓域（清野，1920 より筆者作図）
性別と抜歯系列別に分けて示した。

れている。炭素・窒素同位体分析には，53 個体の骨試料を用いた。また，ニホンジカ骨 4 個体，イノシシ骨 4 個体，8 個体の魚骨（タイ科）も分析に用いた。

國府遺跡は，大阪府藤井寺市に位置する複合集落遺跡であり，縄文時代から弥生時代の人骨が出土している。1917 年に濱田耕作が 3 体の人骨を発見した（濱田，1918）。1917 年に鳥居龍蔵は 4 体の人骨を発見し，小金井良精がその形態を報告している（小金井，1917）。1917・18 年には，大串菊太郎が発掘調査を行い，36 体の人骨を発見した（大串，1920）。それらには，玦状耳飾りが装着品として見つかる人骨と，玦状耳飾りがなく抜歯が施されている人骨が見つかり，國府出土人骨に時期差があることが指摘された。1918 年には，長谷部言人らにより 7 体の人骨が発掘され（長谷部，1920），1919 年にも 14 体の人骨が収集されている（小金井，1917）。1919・21 年には清野謙次と佐々木宗一が 6 体の人骨資料を発見している（清野・宮本，1926）。1957・58 年には，山内清男と島五郎らによって 4 体が発掘されており，1970 年には大阪府教育委員会によって発掘がなされ，1983 年には藤井寺市教育委員会により調査が行われている（天野，2007）。

國府遺跡における人骨の発見を契機として日本各地で人骨の発掘調査が行われるようになり，國府人骨は 1900 年代初頭の日本人起源論に大きく貢献した学史上き

わめて重要な資料である（天野，2007; 池田 1988, 1996）。しかし，國府人骨はさまざまな研究機関に所蔵され，年代も不確かなまま十分な資料活用が行われていないことが問題であった。そこで池田次郎は，人骨の再調査を実施し，これらの人骨群に縄文時代前期，晩期，弥生時代中期の 3 時期の資料が含まれていることを明らかにした（池田 1996）。時期については，頭部を覆っていた北白川下層式土器から前期と推定され，玦状耳飾りのある個体も前期と推定された。腰飾りを伴う個体や，又状研歯や抜歯が施された個体は晩期と推定された。さらに人骨形態では，前期人骨が華奢で高身長，晩期人骨が頑丈で低身長であることが指摘された（池田 1996, 1988）。天野（2007）は，さらに人骨と墓群のデータを集成し，これまで出土した人骨の合計を 90 体とまとめている。動物骨については，前期に属するイノシシとニホンジカが報告されているが（宮路，1998），魚骨や貝類については報告がない。

伊川津貝塚は，愛知県田原市に位置する縄文時代の貝塚である。この遺跡は 1922 年に発掘され，数多くの人骨を産出したが（大山，1923，小金井，1923），その時に発掘された人骨の詳細な年代は明らかでない。その後も数々の調査が行われた。1957 年や 1985 年の調査を通じて，伊川津貝塚の形成時期も明らかとなってきており，出土した 44 個体の人骨は晩期に属すると推定されている（渥美町教育委員会，1988）。1992 年にも発掘調査が行われて 8 体が出土しており，これまでに合計 191 体が出土したと報告されている（渥美町教育委員会，1995）。伊川津貝塚から出土した土器は，後期後葉から晩期後葉に属している（渥美町教育委員会，1988, 1995）。動物遺存体の分析によると，陸上哺乳類はニホンジカやイノシシといった縄文時代に典型的な獲物の種に加えて，海産物は内湾性の貝類と，三河湾と外洋で捕獲可能な魚類からなる（西本ほか，1988; 樋泉，1988）。

川地貝塚は，愛知県田原市に位置する。1922 年に清野謙次により 23 個体が発掘され，後期中葉の遺跡とされている。このうち，残存状態の良好だった 9 個体の古人骨を炭素・窒素同位体分析に用いた。

吉胡貝塚は，愛知県田原市の渥美半島の北東に位置している。1922 年に清野謙次により発掘が行われ，約 300 個体の古人骨が出土した後期後葉から晩期に属する遺跡である。1951 年には文化財保護委員会により発掘が行われ，人骨 25 個体，土器棺 7 基などが見つかった。その後も田原市教育委員会によって数々の発掘・史跡整備調査が行われている。吉胡貝塚の墓域は，抜歯型式に対応したかたちで埋葬小群が分かれると考えられている（図 2.3; 春成，2002）。それぞれの埋葬小群には男女とも含まれている。清野謙次が発掘した資料のうち 38 個体の古人骨を炭素・窒

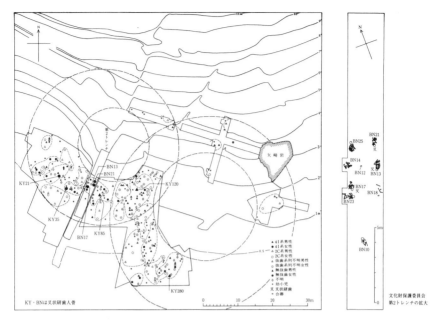

図 2.3. 吉胡貝塚における墓域（春成, 2002 より）
性別と抜歯系列別に分けて示している。

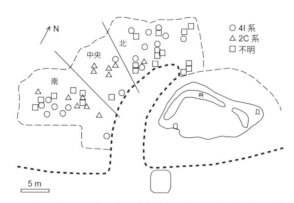

図 2.4. 抜歯系列で分類された稲荷山遺跡における墓域
（清野, 1969 を改変）

素同位体分析に用いた。

　愛知県豊川市に位置する稲荷山貝塚は，1922 年に発掘が行われ，約 60 個体の古人骨が見つかっている。縄文土器から晩期の遺跡とされている。墓域は，抜歯型式

によって区分されていることが明らかとなっている（図2.4; 春成，1979）。それに従って，北・中央・南に分類してみると，北は4I系の人骨が多く含まれ，中央には2C系の人骨が主に含まれている。いっぽう，南には4I系と2C系の個体が含まれている。29個体の肋骨を炭素・窒素同位体分析に用いた。

2. 性別と死亡年齢の推定

　縄文時代には，男性と女性で食生活が異なっていたのだろうか。もしくは，年齢によって，大人と子どもによって，食生活が変化していたのだろうか。これらを調べるためには，各古人骨の性別と死亡年齢を推定しておく必要がある。そこで食性との関連を調べるために，古人骨の性別と死亡年齢の推定を行った。男性か女性か判定することは，思春期のころに形成された第二次性徴の特徴を肉眼観察により掴むことにある（片山，1990）。その性差はもちろん生殖器官に最も強く現れるが，骨盤や頭蓋骨，また四肢骨にも現れてくる。古人骨の残存状態が良く，ほぼ全身の骨が残っていれば，性別の判定はほぼ間違いなく行うことができる。自然人類学者は古人骨資料を見る前に，現代人の資料で研鑽を積むのである。ヒトの全身骨格を図2.5に示す。現代人で性別が分かっている資料の性別を隠した上で観察する。ほぼ完全な寛骨がある場合，9割以上の高確率で性別を判定することができる。これは大学の学部生でも実習を行えば，ある程度成功させることが可能である。しかし古人骨となると途端に性別推定が難しくなる。古人骨の一部しか残っていない場合，寛骨などの特徴的な部位が残っていれば確かに判別することができるが，そうでなければ不明としか言うことができない。性別判定のためには適切な手法を学び，経験を積むことが重要となってくる。

　本書で古人骨の性別は，寛骨の形態や頭蓋の特徴によって推定した（Phenice, 1969; Buikstra and Ubelaker, 1994）。寛骨の形態は，恥骨の形態，大坐骨切痕の形態，前耳状溝の存在によって，推定した。女性は出産を行うために，恥骨下角が広くなっており，大坐骨切痕も広い。妊娠痕とも呼ばれる前耳状溝は，妊娠や出産と関連して生じる溝である。頭蓋骨については，男性のほうが概して頑丈な骨の形態を示し，女性のほうが華奢な形態を示す。男性には後頭骨に，外後頭隆起と呼ばれる隆起が強くみられる。また外耳道の後ろにある乳様突起は，男性で大きい傾向にある。眼窩上縁は，男性のほうが分厚い傾向にあり，眉間の中心は男性のほうが発達して隆起している。さらに下顎の先端であるオトガイは，男性のほうが強く突出する傾

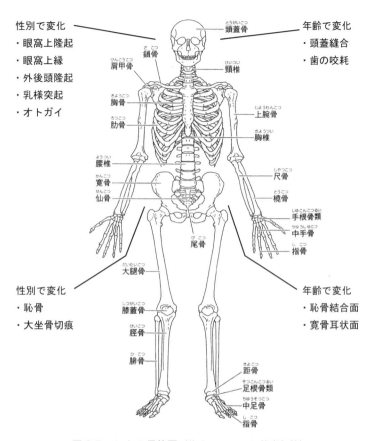

図 2.5. ヒトの骨格図（片山，2015 より筆者加筆）

向にある。この性別判定は，これらを総合的に勘案した上で，確かさによって次のようなカテゴリーに分類した。男性（M），おそらく男性（M?），女性（F），おそらく女性（F?），不明（?）の五つのカテゴリーである。

　死亡年齢の推定も行った。性別判定と違って，死亡年齢の推定のほうがより難しい。というのも，死亡年齢は骨の加齢による変化を読み取って調べることにより推定するためである。一年ごとに刻まれている年輪のようなものが残されていれば話は別であるが，そのような記録はない。生きている人の年齢である暦年齢とは違って，読み取るべきは骨年齢である。青年期までであれば，歯が一番の指標となり得る。乳歯や永久歯の萌出年齢は，ある程度分かっており，推定が可能である。また，骨も年齢の指標となり得る。四肢骨などの長骨は，成長期に中央部である骨幹と端

である骨端が癒合しておらず，軟骨でつながっている。骨端には，骨幹を挟んで近位端（上端）と遠位端（下端）がある。青年期に成長が止まるころに，骨幹と骨端が癒合することで，四肢骨の長さや身長が止まるのである。そして，成人すると骨に明確な年齢変化の指標がなくなるため，推定誤差は 10 年くらいの幅のある大ざっぱなものになってしまう。それでも，大きく年齢段階を推定するため，いくつかの方法が考えられてきた。

死亡年齢は，恥骨結合面の形態（Brooks and Suchey, 1990），寛骨の耳状面（Lovejoy et al., 1985），頭蓋の縫合（Meindl and Lovejoy, 1985），歯の咬耗（Lovejoy, 1985）によって推定した。恥骨結合面は，二つの恥骨が合わさる面のことである。観察によると若いころは水平な溝がみられるが，それが段々と失われていく。そして外縁にそって卵形の結合面が形成され，加齢によって不規則な骨増殖や骨棘ができることもある。寛骨の耳状面は，寛骨と仙骨が接する面のことである。若いころは，表面がきめ細かく，うねりがみられる。加齢によってそれらが失われ，ざらざらと粗くなる。年齢を重ねると不規則な表面形態になり，時に強い多孔質になり，加齢による骨棘ができる。頭蓋の縫合も加齢の指標となり得る。頭蓋骨は成人したころには完全に癒合してはいない。それが加齢とともに，徐々に癒合していき，熟年になると縫合が完全に閉鎖する場合もある。これを観察することでその進行度を記録する。また歯の咬耗も死亡年齢の指標となる。歯のすり減りは，摂取する食物の内容に強く影響を受ける。対象とした縄文時代人の場合，加齢とともにかなりすり減っていくことが知られており，砂混じりのような粗野な状態の食物を摂取していたと考えられている。歯のすり減りを観察すると，年齢に応じた進行を仮定することができる。青年期の終わりごろ，第三大臼歯の萌出が完了し，ほかの歯種と同様にすり減っていく。まずエナメル質がすり減りを開始し，その下にある象牙質が現れる。咬耗の進行に従って，歯冠の高さは低くなり，エナメル質が失われていく。以上の項目について観察し，全体的な加齢変化を検討した上で，死亡年齢を推定した。古人骨の死亡年齢は次のようなカテゴリーに分類した（Buikstra and Ubelaker, 1994）: 子ども Children（C, 3 ～ 12 歳），青年 Adolescents（AO, 12 ～ 20 歳），成（壮）年 Young adults（YAd, 20 ～ 35 歳），熟年 Middle adults（MAd, 35 ～ 50 歳），老年 Old adults（OAd, 50 歳以上）。成人の人骨ではあるが，詳細な年齢が分からない個体については，成人 Adult（Ad, 20 歳以上）に分類した（附表 A1）。

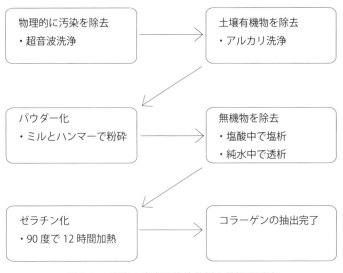

図 2.6. 炭素・窒素同位体分析の前処理手法

3. 炭素・窒素同位体分析の方法

(1) 骨資料からコラーゲン抽出

　古人骨から骨コラーゲンを抽出する作業を，総合地球環境学研究所の実験室にて行った（図 2.6）。コラーゲン抽出はロンジン Longin（1971）の方法を改良して行った（Yoneda et al., 2004b）。約 1 g の骨サンプルは，純水中で超音波洗浄を行うことで土壌を除去した。さらに 0.2 mol/L の水酸化ナトリウムにサンプルを一晩浸すことで，土壌に由来するフミン酸とフルボ酸を除去した。サンプルを凍結乾燥した後，ミルとハンマーを用いて粉砕した。粉になったサンプルをセルロースチューブに入れ，1 mol/L の塩酸中で一晩塩析することで，ハイドロキシアパタイトを除去した。その後，純水で透析することで中性に戻した。セルロースチューブ中のサンプルは，遠沈管に移して遠心分離することで，固体と液体に分け，固体の分画を凍結乾燥した。その後，固体の分画に超純水を加えて 90 度で 12 時間加熱することで，コラーゲンをゼラチン化させた。遠心分離した後に液体の分画をガラスフィルターで濾過して，凍結乾燥することでコラーゲンを精製した（図 2.7）。骨サンプルの重さに対する抽出されたコラーゲンの重さにより，コラーゲン残存率を計算することができる。

図 2.7. 抽出したコラーゲン試料

(2) 炭素・窒素同位体比の測定

　分析には約 0.5 mg のコラーゲンを使用した。コラーゲンを，ウルトラマイクロ天秤を用いて秤量し，錫カップに入れる。それをピンセットで包み，圧縮することで，中に含まれている大気窒素をなくす。そうすることでようやく分析するためのサンプルができあがる。同位体比の測定には，元素分析装置（Flash EA, Thermo Fisher Scientific Inc.）とコンティニュアスフロー（CONFLO III, Thermo Fisher Scientific Inc.）によって接続した質量分析装置（DELTA plus XP, Thermo Fisher Scientific Inc.）を用いた（図 2.8）。

　試料を元素分析装置のオートサンプラーにセットする。燃焼管にサンプルが落ちると酸素ガスが流れて試料が燃焼する。このとき CO_2 ガスと N_2 ガスが生じ，ほかの硫黄などの不要な元素は試薬に吸着される。次に還元管では不要な酸素ガスや NO_2 ガスなどが還元銅により還元され，水トラップでは水が除去される。分離カラムではガスクロマトグラフの原理により，CO_2 ガスと N_2 ガスが分離され，次にTCD 検出器を通ることでガス量を測定することができる。この元素分析装置のデータにより，試料の炭素濃度・窒素濃度，C/N 比を計算することができる。そしてガスはコンティニュアスフローで He ガスで希釈され，サンプルガスの一部のみが真空状態にある質量分析装置に導入される。イオンソースでは，サンプルガスがイオン化されて，イオンビームが加速電圧によって生じた後，スリットを通過して，

第 2 章　縄文時代人の食性を復元する——55

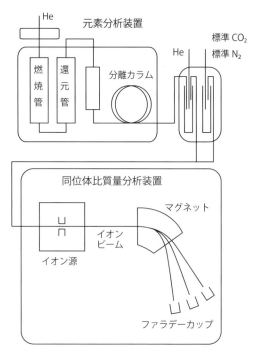

図 2.8. 連続フロー型同位体比質量分析装置の模式図（土居ほか 2016 を参考に筆者作図）

マグネットで質量に応じて曲げられ，ファラデーカップで質量ごとにガスの存在量が計測される。未知試料と同時に測定した標準物質によって同位体比は規準化されて計測される。標準物質の測定誤差は $\delta^{15}N$ と $\delta^{13}C$ ともに 0.2 ‰（1SD）以下であり，精度良く測定することができている。

4. 炭素・窒素同位体比から分かること

(1) コラーゲンの残存状態

　コラーゲンは埋葬されていた時間を経過することで，微生物により分解されてしまう。前述した通り，元々骨の約 3 分の 1 はコラーゲンであるが，発掘された時には乾重量の数パーセントまで割合が下がってしまう。この残存している割合が低すぎることは問題である。土の中のフルボ酸やフミン酸といった有機物が骨の中に浸透し，実験によって得たコラーゲンの中に混入して残ってしまう。骨コラーゲン

が十分に残っていれば，微量の土壌有機物は問題にならないが，骨コラーゲン残量が少ないと土壌有機物の同位体比が強く結果に影響してしまう。土壌有機物は窒素に比べて炭素の割合が高いため，正常なコラーゲンよりも土壌有機物が混入したコラーゲンは炭素濃度が高くなる。このことを利用して，炭素と窒素の原子の割合が高すぎるものを除くことで，ほぼ汚染の影響のないコラーゲンを抽出できていると判断する。すべての骨資料の炭素・窒素同位体比とC/N比については，附表A1に報告している。続成作用の影響については，C/N比の基準値（2.9から3.6; DeNiro, 1985）とコラーゲン残存率の基準値（1％以上, van Klinken, 1999）によって評価した。國府人骨と伊川津人骨においては，基準値から外れる値を示す個体が検出され，それらは後の考察からは除外した。それら以外の資料については骨の同位体比を変化させるほど強い続成作用の影響は受けていないと考えられる。

(2) 動物骨の同位体比

　分析した動物骨は，その生態からあらかじめ想定されるような炭素・窒素同位体比を示した（図2.9）。ニホンジカ（n = 6）は，炭素同位体比の平均値が−21.3 ± 1.4 ‰ であり，窒素同位体比の平均値が4.8 ± 0.5 ‰ だった。このニホンジカの同位体比は，以前に報告された縄文時代のニホンジカと同程度の値だった（δ^{13}C, −21.2 ± 0.7 ‰; δ^{15}N 5.0 ± 1.8 ‰, n = 5; 南川, 2001）。イノシシ（n = 4）は，炭素同位体比の平均値が−20.1 ± 1.4 ‰ であり，窒素同位体比が6.0 ± 1.2 ‰ であった。このイノシシの値はニホンジカよりも炭素・窒素同位体比がともに高いが，イノシシは雑食性であり，シカは草食性であることに由来していると考えられる。魚骨（n = 8）は，炭素同位体比の平均値が−11.7 ± 0.9 ‰ であり，窒素同位体比の平均値が13.4 ± 0.8 ‰ であった。この魚骨の値は，以前に報告された瀬戸内海産の魚に期待される同位体比である（δ^{13}C, −11.0 ± 1.1 ‰; δ^{15}N, 13.1 ± 1.1 ‰, n = 31; 石丸ほか, 2008）。2個体のニホンザルの骨は，炭素同位体比の平均値が−21.3 ‰ であり，窒素同位体比が3.8 ‰ であり，これらはC_3植物食をした生物に期待されるような値である。2個体のイヌ骨は，炭素同位体比の平均値が−17.8 ‰ であり，窒素同位体比が8.0 ‰ であり，ほかの哺乳類よりも高い値を示した。これは，家畜化された動物であるイヌが，人から与えられた餌を摂取していた可能性を示唆する。

(3) 縄文時代人の食性の特徴

　縄文時代人の食性を特徴づけるために，すべての古人骨の同位体比を摂取したと

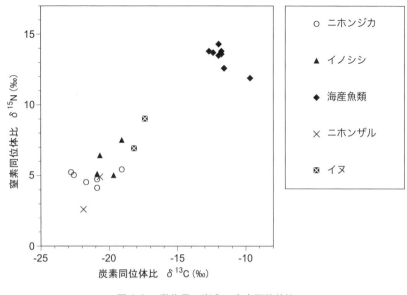

図 2.9. 動物骨の炭素・窒素同位体比

考えられるタンパク質源のデータと比較した（図 2.10; 表 2.2）。動物骨コラーゲンと人骨コラーゲンの同位体分別の値として，タンパク質源の炭素同位体比には 1 ‰ を足し，窒素同位体比には 3.4 ‰ を足した。本書で新たに得られた陸上哺乳類（ニホンジカとイノシシ）と海産魚類（タイ科）の同位体比データも比較に用いた。ほかに，C_3 植物，淡水魚類，海産貝類については，米田 Yoneda ほか（2004b）のデータを用いた。食物タンパク質と人骨コラーゲンの間の同位体分別については，炭素同位体比について 4.5 ‰，窒素同位体比について 3.4 ‰ を用いた。ヒトがある食物タンパク質のみ摂取したと仮定すると，その食物タンパク質の値に同位体分別の値を足した値を示すと予測することができる。同位体分別の値を足したタンパク質源の同位体比は，表 2.3 にある。よく使用される同位体分別の値は，炭素同位体比については 3 から 6 ‰ の範囲であり，窒素同位体比については，3 から 5 ‰ の範囲である（Ambrose, 1993; Hedges and Reynard, 2007）。タンパク質源の同位体比はグループ間に大きな違いがあるため，人骨の同位体比とタンパク質源の同位体比を比較することで，ヒトの食性の傾向を知ることができる。

図 2.10 に示すように，タンパク質源の同位体比の中央に人骨の同位体比は分布している。大多数の個体の同位体比は，陸上資源と海産資源の同位体比の間に位置

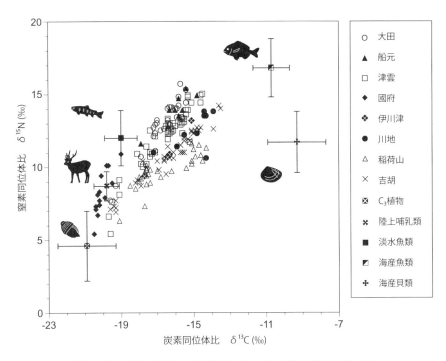

図 2.10. 人骨の炭素・窒素同位体比とタンパク質源の同位体比

タンパク質源の同位体比は平均値と 1 標準偏差で表しており，Yoneda et al. (2004b) より引用した。

表 2.2. 人骨と動物骨の炭素・窒素同位体比の要約

種	遺跡	個体数	炭素同位体比 $\delta^{13}C$ (‰) 平均値	標準偏差	窒素同位体比 $\delta^{15}N$ (‰) 平均値	標準偏差
ヒト	大田貝塚	25	−16.7	1.1	12.9	1.8
	船元貝塚	9	−16.0	0.9	13.8	1.1
	津雲貝塚	53	−16.5	1.3	12.2	2.0
	國府遺跡	14	−20.0	0.4	8.2	1.5
	伊川津遺跡	4	−16.4	1.1	11.1	1.6
	川地貝塚	9	−15.0	1.0	12.5	1.2
	吉胡貝塚	38	−16.3	1.7	10.8	1.9
	稲荷山貝塚	29	−16.7	1.4	9.7	1.2
ニホンジカ	山陽地域	6	−21.3	1.4	4.8	0.5
イノシシ	津雲貝塚	4	−20.1	0.8	6.0	1.2
マダイ	津雲貝塚	8	−11.7	0.9	13.4	0.8
ニホンザル	吉胡貝塚	2	−21.3	−	3.8	−
イヌ	吉胡貝塚	2	−17.8	−	8.0	−

第 2 章　縄文時代人の食性を復元する───59

表 2.3.　タンパク質源の炭素・窒素同位体比

食物資源	炭素同位体比　$\delta^{13}C$ (‰)		窒素同位体比　$\delta^{15}N$ (‰)		参考文献
	平均値	標準偏差	平均値	標準偏差	
C_3 植物	−20.9	1.6	4.6	2.4	Yoneda et al., 2004b
陸上哺乳類	−19.8	1.3	8.7	1.0	本研究
淡水魚類	−19.0	0.9	12.0	1.9	Yoneda et al., 2004b
海産魚類	−10.7	0.9	16.8	0.8	本研究
海産貝類	−9.8	1.6	11.7	2.1	Yoneda et al., 2004b

している。炭素同位体比と窒素同位体比の間に相関があることは，陸上資源と海産資源の両方を混合して摂取していた結果であると考えられる。一部の個体の同位体比は，陸上資源と C_3 植物の間に位置している。津雲貝塚や國府遺跡の人骨にみられるように，海産物の摂取量がとても低く，C_3 植物や淡水魚などに依存した個体がそのような値を示していると考えられる。

　本書で分析した古人骨の炭素・窒素同位体比は，各タンパク質源の囲む範囲に広く分布しており，それらの食物をそれぞれある割合で組み合わせて摂取していたことが示唆される。それぞれの集団において骨コラーゲンの炭素・窒素同位体比は正の相関を示しており，その集団内の食性差が陸上資源と海産資源の混合によって生じていることが分かる。骨コラーゲンの炭素・窒素同位体比の正の相関は，南カリフォルニアのネイティブアメリカン（Walker and DeNiro, 1984），ヨーロッパ沿岸部の中期石器時代人（Richards and Hedges, 1999），アフリカ最南端の狩猟採集民（Sealy, 2006）についても報告されている。おそらくこの同位体比の傾向は，陸上資源と海産資源のどちらも摂取した人類集団に特徴的なものであると考えられる。窒素同位体比による線形混合モデルを用いて，100 ％ 海産物を摂取した場合の窒素同位体比を 17 ‰，100 ％ 陸上哺乳類を摂取した場合の値を 9 ‰ と仮定すると，骨コラーゲンが 15 ‰ の窒素同位体比を示す個体は 75 ％ の海産資源と 25 ％ の陸上資源を摂取したことになる。炭素同位体比が −19 ‰ を示し窒素同位体比が 9 ‰ を示す個体は，主に陸上哺乳類を摂取したと考えることができる。炭素同位体比が −19 ‰，窒素同位体比が 5 ‰ を示す個体は，ほとんど陸上植物に依存していると推定される。研究の結果，本州沿岸部に居住した縄文時代人の食性は，大部分の個体が陸上資源と海産資源の混合食であり，小数の個体は陸上資源である陸上哺乳類や植物質食料に強く依存した食生活をしていたことが明らかとなった。

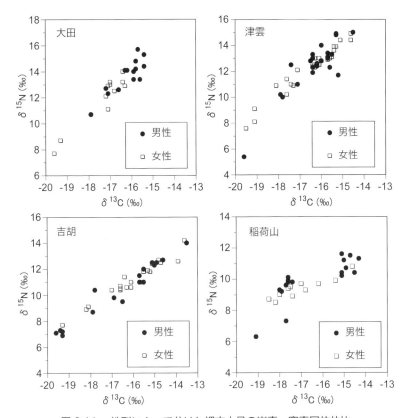

図 2.11. 性別によって分けた縄文人骨の炭素・窒素同位体比

(4) 食性の集団内の違い

　集団の中でも食性が違っていたのか，まずは性別によって同位体比を比較した。とても興味深いことに，大田人骨において男性と女性の間に有意な違いが見つかった（Wilcoxon test, $\chi^2 = 7.22$, $\delta^{13}C$, $P = 0.0072$; $\chi^2 = 6.49$, $\delta^{15}N$, $P = 0.0108$; 図 2.11; 表 2.4）。男性（$\delta^{13}C$, -16.2 ± 0.7 ‰; $\delta^{15}N$, 13.7 ± 1.3 ‰）のほうが，女性よりもやや高い炭素・窒素同位体比を示していた（$\delta^{13}C$, -17.3 ± 1.1 ‰; $\delta^{15}N$, 11.9 ± 2.0 ‰）。すなわち，大田人骨の男性はより海産資源に依存した食生活をしており，女性のほうは陸上資源をより摂取する食生活をしていたことを示唆する。

　稲荷山人骨の炭素同位体比には性別による違いが見つからなかったが，窒素同位体比には性別による違いが見つかった（Wilcoxon test, $\chi^2 = 0.57$, $P = 0.4506$ for $\delta^{13}C$; $\chi^2 = 4.19$, $P = 0.0406$ for $\delta^{15}N$）。男性は（9.9 ± 1.4 ‰ for $\delta^{15}N$）女性よりも（9.4 ± 0.6 ‰

表 2.4. 性別によって分けた縄文人骨の炭素・窒素同位体比の要約統計量

遺跡	性別	個体数	炭素同位体比 $\delta^{13}C$ (‰)		窒素同位体比 $\delta^{15}N$ (‰)	
			平均値	標準偏差	平均値	標準偏差
大田貝塚	男性	14	−16.2	0.7	13.7	1.3
	女性	11	−17.3	1.1	11.9	2.0
津雲貝塚	男性	24	−16.3	1.1	12.4	2.0
	女性	27	−16.5	1.3	12.2	1.8
吉胡貝塚	男性	18	−16.5	1.9	10.5	2.3
	女性	20	−16.0	1.4	11.1	1.5
稲荷山貝塚	男性	17	−16.4	1.6	9.9*	1.4
	女性	11	−17.0	1.2	9.4*	0.6

*$P < 0.05$, Wilcoxon 検定.

for $\delta^{15}N$) やや高い窒素同位体比を示していた。このことは，稲荷山人骨の男性がより海産資源に依存しており，女性がより陸上資源に依存していたことを示唆する。

津雲人骨（Wilcoxon test, $\chi^2 = 0.01$, $P = 0.9247$ for $\delta^{13}C$; $\chi^2 = 0.21$, $P = 0.6434$ for $\delta^{15}N$）と吉胡人骨（Wilcoxon test, $\chi^2 = 0.11$, $P = 0.7365$ for $\delta^{13}C$; $\chi^2 = 0.27$, $P = 0.5982$ for $\delta^{15}N$）については，男性と女性の間に同位体比の有意な違いはなかった。川地人骨と船元人骨の同位体比の性差については，ほとんどが女性であるため評価しなかった。伊川津人骨は，性別によって比較するには個体数が少なく，國府人骨は時期差の問題があるためここでは評価しなかった。

いくつかの遺跡において同位体比の性別による違いが見つかったのはなぜだろうか。狩猟採集民の集団においては，男女間の食物分配が行われていることが広く認められている（Kaplan and Hill, 1985; Winterhalder, 1996; Bird, 1999）。食物分配が完全に行われれば，食性の性差は生じないはずである。しかし，いくつかの民族誌の記録においては，男女間で異なった動物の食料への依存が記録されている。男性はしばしば肉のうちでも脂肪が多い部分を摂取し，女性は肉の脂肪をあまり摂取しない（Kelly, 1995）。アフリカの Aka，Mbuti，Efe 族における口腔衛生の研究によると，男性のむし歯の頻度が低く女性のむし歯の頻度が高いことが明らかとなった（Walker and Hewlett, 1990）。この結果は，食習慣の性別による違いと，むし歯になりやすい食物を摂取する機会による違いによると思われる。というのも Aka，Mbuti，Efe 族の男性はめったに植物採集を行うことはなく，家に帰ったときにかなりまとまった食事を取る。いっぽう，女性は多くの時間をキャンプにて過ごし，間食を取るこ

図 2.12. 大田人骨にみられる外耳道骨腫

とも多い。このような食習慣は，女性のむし歯の頻度を上昇させる可能性がある。そこで，性別による食性の違いがみられることは，食物への接近可能性の違いを生じさせること，すなわち大田集団における性的分業の存在を示唆している。大田集団の男性は漁労に従事し，魚を摂取する機会が多かったのだろう。この可能性は，大田人骨の男性に外耳道骨腫が観察されることによって支持される（図2.12）。外耳道骨腫は，外耳道にできる骨病変であり，冷水刺激によって生じると考えられている（DiBartolomeo, 1979; Kennedy, 1986）。三宅と今道（1931）は，大田集団の男性のうち，25.7％に外耳道骨腫を発見しているが，女性には見つかっていない。片山（1998）は日本中の縄文人骨の外耳道骨腫の出現頻度を調べ，大田人骨を含む山陽地域の男性人骨は，21.4％の高い頻度を示し，女性にはみられないことを明らかにした。これらの研究から，大田集団においては，男性が漁労活動を行う頻度が高く，海産資源を摂取する機会も多かったことが推定されよう。

　食性の性差に対する別の説明は，外婚的である父方居住婚により，女性が炭素・窒素同位体比が低い食生活をしていたと考えられる内陸部から移動してきたからということである。このような人の移動を理由とした説明は，世界のほかの人類集団における食性の変異においても考察されている（Walker and DeNiro, 1986; Richards and Mellars, 1998; Schulting and Richards, 2001）。大田集団ではほとんどの女性が低い炭素・窒素同位体比を示しており，結婚と移動の要因だけが，同位体比の性差を説明することはなさそうである。特に低い同位体比を示す女性の2個体は，内陸部からの移入者である可能性もある。第5章において，この可能性はストロンチウム同位体データと関連して考察する。

　稲荷山の男性は，女性よりも高い窒素同位体比を示した。このことは，男性がよ

表 2.5. 死亡年齢によって分けた炭素・窒素同位体比の要約統計量

遺跡	死亡年齢	個体数	炭素同位体比 δ¹³C (‰)		窒素同位体比 δ¹⁵N (‰)	
			平均値	標準偏差	平均値	標準偏差
大田貝塚	青年	1	−16.8	-	12.5	-
	成年	11	−16.7	1.0	13.0	1.8
	熟年	11	−16.5	0.8	13.4	1.4
	成人	2	−17.6	-	10.6	-
船元貝塚	青年	3	−15.8	0.2	13.8	0.2
	熟年	1	−15.8	-	14.7	-
	成人	1	−16.4	-	12.8	-
	不明	4	−16.1	1.3	14.0	1.7
津雲貝塚	子ども	1	−19.7	-	6.6	-
	青年	3	−15.1	0.9	14.0	1.3
	成年	31	−16.6	1.2	11.9	1.9
	熟年	13	−16.2	0.9	13.0	1.3
	老年	4	−16.3	2.0	12.2	2.9
	不明	1	−17.4	-	10.7	-
川地貝塚	成年	3	−15.6	1.5	12.2	1.3
	熟年	3	−14.5	0.3	12.1	1.5
	不明	3	−14.7	1.0	13.0	1.4
吉胡貝塚	青年	2	−14.6	-	12.5	-
	成年	17	−16.3	1.4	10.8	1.5
	熟年	17	−16.4	1.9	10.7	2.3
	老年	1	−15.3	-	11.9	-
	成人	1	−18.2	-	8.9	-
稲荷山貝塚	青年	5	−17.0	1.2	9.4	1.3
	成年	11	−16.4	1.5	10.1	0.8
	熟年	13	−16.8	1.5	9.4	1.4

り海産資源を摂取していたことを意味している。稲荷山集団における食物摂取の性差は，後で抜歯系列との関連において考察する。食性の性差は，津雲集団や吉胡集団においては見つからなかった。このことは，それぞれの集団において，男女間における食物分配がきちんと行われていたことが示唆される。

　死亡年齢のグループごとに炭素・窒素同位体比を比較したが，有意な違いは見つからなかった（表2.5）。死亡年齢によって縄文時代人の食性には違いがなかったと考えられる。このことは，成人期の食物摂取に明確な変化の傾向がなかったことが言える。というのも骨コラーゲンは死亡前10年程度の平均化された食性を示すは

表 2.6. 抜歯系列によって分けた縄文人骨の炭素・窒素同位体比の要約統計量

遺跡	抜歯系列	個体数	炭素同位体比 $\delta^{13}C$ (‰)		窒素同位体比 $\delta^{15}N$ (‰)	
			平均値	標準偏差	平均値	標準偏差
津雲貝塚	0 型	6	−15.8	1.2	13.0	1.9
	4I 系	19	−16.6	1.4	11.9	2.1
	2C 系	25	−16.3	1.1	12.3	1.8
國府遺跡	4I 系	2	−20.3	-	7.3	-
	2C 系	2	−20.2	-	7.9	-
伊川津貝塚	4I 系	1	−16.3	-	10.9	-
	2C 系	3	−16.4	1.3	11.1	1.9
吉胡貝塚	4I 系	18	−16.1	1.7	11.0	1.9
	2C 系	19	−16.4	1.7	10.7	2.0
稲荷山貝塚	4I 系	17	−17.5	0.9	9.3	0.9
	2C 系	11	−15.6	1.3	10.2	1.4

*$P < 0.05$, Wilcoxon 検定.

ずである。もし年齢によって食べ物が違う習慣があれば，死亡年齢によって同位体比が異なるはずだからである。

抜歯風習の観察される人骨集団について，抜歯系列による食性の違いを調べた（表2.6）。抜歯系列については図 2.13 に図示している。津雲人骨（ANOVA, $F = 1.10$, $P = 0.3390$ for $\delta^{13}C$; $F = 0.74$, $P = 0.4784$ for $\delta^{15}N$）と吉胡人骨（t-test, $t = 0.62$, $P = 0.5401$ for $\delta^{13}C$; $t = 0.40$, $P = 0.6922$ for $\delta^{15}N$）の抜歯系列の間には食性の違いが見つからなかった。國府・伊川津貝塚の人骨についても検討したが，個体数が少なく，明らかな違いは見つからなかった。しかし唯一，稲荷山人骨において，抜歯系列の間に有意な違いが見つかった（Wilcoxon test, $\chi^2 = 11.1$, $P = 0.0009$ for $\delta^{13}C$; $\chi^2 = 5.42$, $P = 0.0198$ for $\delta^{15}N$）。稲荷山人骨の 2C 系の個体（−15.6 ‰ for $\delta^{13}C$ and 10.2 ‰ for $\delta^{15}N$）は 4I 系の個体（−17.5 ‰ for $\delta^{13}C$ and 9.3 ‰ for $\delta^{15}N$）よりも高い炭素・窒素同位体比を示した。

本書における重要な発見は，稲荷山人骨における炭素・窒素同位体比と抜歯系列との間に明瞭な関係を発見したことである。4I 系の抜歯を施された個体と，2C 系の抜歯を施された個体との間で，炭素・窒素同位体比の平均値は明らかに異なっていた（図2.13）。それらの違いは，4I 系の人々が狩猟と採集を行うことで陸上資源に依存しており，2C 系の人々が漁労を行うことで海産資源に依存していたことに由来する可能性がある。4I 系の男性の同位体比はより顕著に 2C 系の男性とは異な

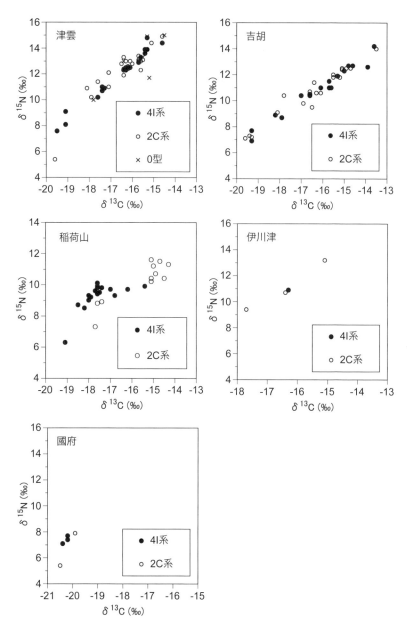

図 2.13. 抜歯系列によって分けた縄文人骨の炭素・窒素同位体比

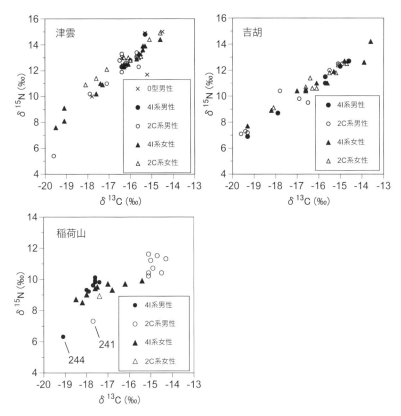

図 2.14. 性別と抜歯系列によって分けた縄文人骨の炭素・窒素同位体比

っていた（図2.14）。残念ながら，2C 系の女性の標本数は少なく，4I 系の女性と食性を比較するには足りなかった。4I 系の男性よりも 4I 系の女性はやや低い窒素同位体比と，幅のある炭素同位体比を示した。津雲人骨と吉胡人骨においては，性別と抜歯系列に分けても同位体比に違いが見つからなかった。狩猟採集民においては，男性がしばしば大きな獲物の獲得を行い，女性が植物採集や小型哺乳類の狩猟を行う（Bird, 1999）。少なくとも，男性においては，抜歯系列に対応して生業の違いが生じていたことが推察される。アイヌ民族の観察によると，集団内において狩猟に依存した家族と漁労に依存した家族が分かれていたことが報告されている（Watanabe, 1972, 1983; 渡辺, 1990）。これと同じような血縁関係や抜歯風習に基づく生業分化が稲荷山集団においても生じていた可能性もある。

　稲荷山人骨の241号と244号は，同様の抜歯系列を示すほかの個体と比較して

表 2.7. 副葬品の有無によって分けた縄文人骨の炭素・窒素同位体比

遺跡	副葬品	個体数	炭素同位体比 $\delta^{13}C$ (‰)		窒素同位体比 $\delta^{15}N$ (‰)	
			平均値	標準偏差	平均値	標準偏差
津雲貝塚	あり	12	−16.1	1.1	13.0	1.0
	なし	35	−16.6	1.5	11.9	2.3
吉胡貝塚	あり	11	−16.2	1.6	10.8	2.0
	なし	27	−16.3	1.7	10.8	1.9
稲荷山貝塚	あり	2	−17.6	-	8.0	-
	なし	28	−16.6	1.4	9.8	1.1

とても低い炭素・窒素同位体比を示している（図2.14）。241号人骨は副葬品とともに埋葬されており，244号人骨は切歯に又状研歯が施されている。それらは集団内の社会組織における特別な地位の表象である可能性があり，肉や魚をあまり摂取しないといった，ほかの集団の構成員とは一線を画した食生活を送っていた。

縄文時代の晩期の國府人骨と後・晩期の伊川津人骨の食性には，抜歯による違いがみられなかった。國府人骨の4I系の3個体の窒素同位体比は7.1から7.7‰の狭い値を示し，2C系の2個体は7.9‰と5.4‰を示した。伊川津人骨の4I系の1個体の窒素同位体比は，10.9‰を示し，2C系の3個体は，9.4から13.2‰の広い値の範囲を示した。抜歯型式に対応した食性の違いは見つからなかったが，それぞれの個体数が少なく，将来的には個体数を増やして検討することが課題である。また，又状研歯人骨を3体分析したが，コラーゲン残存状態が良好だったのは1個体だけであった。國府遺跡の又状研歯人骨（Koh('19)9）は，縄文時代晩期の年代を示し，7.4‰という比較的低い窒素同位体比を示した。個体数は限られているが，又状研歯人骨は陸上資源に依存する傾向にあった可能性を支持するデータである。縄文時代の社会における又状研歯の役割を考察する上でも，又状研歯人骨の食性に着目した研究を将来行うことが課題である。

津雲，吉胡，稲荷山人骨における副葬品の有無によるグループによって，同位体比を比較した（表2.7）。津雲人骨においては，副葬品とともに埋葬された個体においては，副葬品のない個体よりもいくらか高い炭素・窒素同位体比を示したが（図2.15），この違いは統計的に有意ではなかった（t-test, t = 1.73, P = 0.0892 for $\delta^{13}C$; t = 1.90, P = 0.0630 for $\delta^{15}N$）。吉胡人骨においては，副葬品の有無による同位体比の違いは見つからなかった。稲荷山人骨においては，副葬品とともに埋葬された2個

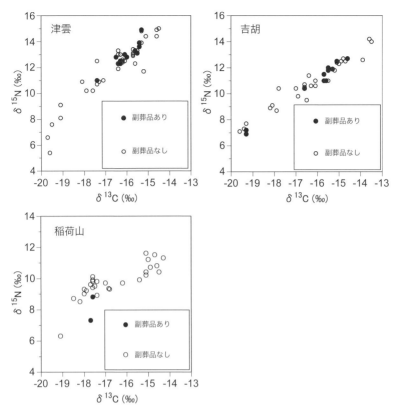

図 2.15. 副葬品の有無によって分けた縄文人骨の炭素・窒素同位体比

体の人骨は，ほかの個体よりも低い炭素・窒素同位体比を示す傾向にあった。

(5) 山陽・東海地域における集団間の食性の違い

　それぞれの地域において，人骨の安定同位体比を比較すると地域内における集団の食性の違いが見つかった（図2.16）。山陽地域の人骨集団の同位体比の変動は，傾きが等しく切片の異なる重回帰分析によって説明することができる。大田人骨と船元人骨は津雲人骨よりも有意に高い窒素同位体比を示した。山陽地域では，津雲人骨よりも大田人骨と船元人骨の窒素同位体比が約1‰高く，大田人骨と船元人骨の摂取したタンパク質は，より栄養段階の高い海産魚類に由来することが分かった。大田貝塚と船元貝塚は縄文時代中期に属し，津雲貝塚は後・晩期に属する。観察された食性の違いは，遺跡の時代差と関連している可能性もある。ボーリングコ

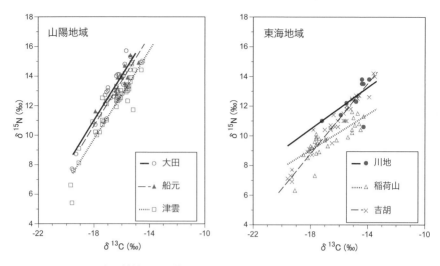

図 2.16. 山陽地域と東海地域の人骨の炭素・窒素同位体比の重回帰分析

アの花粉分析によると，6000 から 4000 年前は完新世の中で最も暖かい気候であり，4000 から 1500 年前に段々と気候が寒冷化したことが分かっている（Tsukada, 1986）。中期から後・晩期にかけて食料資源が不安定化したことの証拠も報告されている。縄文時代中期の人骨のむし歯率は，後・晩期の人骨のむし歯率よりも低い（Fujita, 1995; Temple, 2007）。このことは，気候や環境の変化に伴って生業が変化したことを意味しており，後・晩期の人々が炭水化物をより多く摂取するようになったことが考えられる。このようなむし歯の証拠は，骨コラーゲンの同位体比から分かる食性の変化と対応している可能性もある。

東海地域の人骨の同位体比については，異なる傾きと切片による重回帰分析によって説明できる。川地人骨の炭素・窒素同位体比の平均値は，吉胡人骨と稲荷山人骨よりも高かった。このことは，動物遺存体の証拠によって説明できる。動物遺存体の分析によると，渥美半島の西部では，マグロやサメなどの太平洋から得られる魚が主に獲得されており，渥美半島の東部と三河湾の東岸では，ハマグリなどの貝類が主な獲物であり，大型魚類の漁労などは活発ではない（樋泉, 2000）。さらに，外耳道骨腫は，川地人骨にはしばしば見つかるが，吉胡人骨や稲荷山人骨の頭蓋からは発見されない（Yorimitsu, 1935; 清野, 1949）。このことは，川地貝塚の人々において潜水を伴うような漁労活動が活発だったことを意味する。川地人骨における高い窒素同位体比は，太平洋や三河湾における栄養段階の高い魚の摂取が関連してい

る可能性がある。

　吉胡人骨よりも稲荷山人骨において炭素・窒素同位体比の回帰直線の傾きが低かった。このことは，稲荷山貝塚の人々が，より栄養段階の低い魚や貝類を摂取していたことを示唆する。近隣にある牟呂貝塚は縄文時代晩期の遺跡であり，稲荷山貝塚と同時代で，ハマグリが貝層の90％を占める（樋泉，2000，2008）。この遺跡はもっぱらハマグリ採取のために利用されて形成されたと考えられている。牟呂貝塚は，稲荷山貝塚から南に5kmほどに位置しており，稲荷山貝塚の人々が牟呂貝塚まで行ってハマグリ採取を行った可能性も十分に考えられる。そのようなハマグリなどの貝類の摂取によって，窒素同位体比が低くなった可能性も考えられる。まとめると，東海地域に居住した縄文時代人は，その遺跡の立地や生態的な環境にうまく適応した食生活と生業活動を行っていたと言うことができる。

　伊川津遺跡から出土した人骨の炭素・窒素同位体比も有意に相関していた（図2.10）。その回帰直線の傾きは小さく，C_3植物と海産魚類を結ぶ線上にあることから，伊川津集団の食性の個人差は海産資源と陸上資源の摂取割合の違いを反映していることが分かる。伊川津遺跡は，渥美半島の中央部にあり，三河湾や太平洋での漁労活動を行っていたと考えられる（西本ほか，1988; 樋泉，1988）。出土した動物骨によっても，彼らの海産物摂取は支持される。縄文時代後期から晩期の遺跡である渥美半島や三河湾沿岸の川地・吉胡・稲荷山貝塚の人骨の同位体比と伊川津貝塚の値を比較した（図2.10）。伊川津人骨の値は，川地人骨や吉胡人骨の値と重なっている。渥美半島内に居住したそれらの集団は，陸上資源と三河湾や外洋で得られる海産資源を混合して摂取していたことが示唆される。また，伊川津集団は，稲荷山集団よりも窒素同位体比が高い傾向があり，稲荷山集団よりは栄養段階の高い海産資源を摂取していたことが示唆される。

　近畿地域にある國府遺跡人骨の炭素・窒素同位体比は，ほかの地域とは全く異なる様相を示している（図2.10）。炭素同位体比は最も低く，C_3植物生態系に強く依存していることを示している。窒素同位体比もとても低く，C_3植物や陸上哺乳類と近い値を示している。炭素・窒素同位体比は相関しており，C_3植物から陸上哺乳類，淡水魚類までを結ぶライン上に位置している。このことから，國府人骨は，陸上・淡水生態系に強く依存した食生活をしており，海産物の摂取はとても限られていたことが分かった。

(6) 食性の地域間変異

　山陽地域と東海地域の炭素・窒素同位体比の個体のデータを重回帰分析によりまとめて比較すると，東海地域よりも山陽地域の窒素同位体比が平均して約 2.4 ‰高い傾向にあり，炭素同位体比には違いがみられなかった。この傾向は，炭素同位体比が高い範囲（> −18 ‰）において顕著であり，炭素同位体比が低い（−19 ‰）とあまり傾向はみられない（図 2.16）。このことは，山陽地域の人々が高い炭素・窒素同位体比を示す食物を摂取したことを示唆する。この食性の地域差については，どのような理由が考えられるだろうか。

　まず初めに，山陽地域の人々にとって，海産魚類や淡水魚類がより重要な食物資源だったことが考えられる。特に栄養段階の高い魚類の摂取によって，山陽地域の人々の窒素同位体比が高くなった可能性がある。淡水魚類も海産魚類と同じく重要な食物資源だったかもしれない。淡水魚類の炭素同位体比は海産魚類よりも低く，窒素同位体比は，陸上哺乳類と海産魚類との中間ぐらいを示す（Yoneda et al., 2004b; Dufour et al., 1999）。よって淡水魚類の摂取も山陽人骨の高い窒素同位体比に貢献したかもしれない。しかしながら，山陽人骨の同位体比の回帰直線の傾きは概して東海人骨のそれよりも大きく，海産魚類の摂取がより可能性の高い説明のように思う。いっぽうで，窒素同位体比の低い海産貝類のような資源が，より東海地域においては重要だったことが考えられる。このことは，縄文時代の生態環境と生業適応の地域差の研究と整合的である（Akazawa, 1999）。赤澤 Akazawa（1999）は，西日本の縄文時代人がより海産資源の摂取を行ったが，年中獲得できる資源には恵まれない生態環境に置かれていて，東日本においては内湾的な環境で年中魚介類を摂取することができたとしている。このことと合わせると，山陽地域の人々は季節的な食料不足をまかなうための海産貝類を十分な量得られることができず，東海地域においては春や夏においても十分な海産資源を摂取することができたと考えられる。くわえて，この傾向は，エナメル質減形成の研究（Temple, 2007）とも整合的である。西日本の縄文時代人においては，エナメル質減形成の頻度が高く，季節的な食料不足に陥っていた可能性がある。

　二つ目の可能性は，山陽地域と東海地域の食性の地域差が，海洋生態系の窒素同位体比の地域差に起因している可能性である。このことを確かめるためには，山陽地域と東海地域における海産魚類の炭素・窒素同位体比を詳細に比較検討する必要がある。しかしながら，本書で得られた魚類のデータは山陽地域のもののみである。動物遺存体における魚骨の窒素同位体比の地域差については，報告がある。瀬戸内

海の魚類は，日本海の魚類よりも 2 から 4 ‰ 高く（石丸ほか，2008），おそらく硝酸塩や溶存有機体などのベースラインの窒素同位体比に違いがある可能性があり，同じ魚類でも栄養段階が異なる可能性もある。もしこのような違いが太平洋と瀬戸内海においてもみられるならば，山陽地域と東海地域における窒素同位体比の違いを説明できるかもしれない。現生の魚類の比較によると，太平洋の魚は瀬戸内海よりも約 1 ‰ 低い同位体比を示す。そのような海洋生態系による窒素同位体比の違いについても考慮に入れておく必要がある。山陽地域と東海地域における窒素同位体比の違いは約 2.4 ‰ であり，海洋生態系における同位体比の違いが 1 ‰ だとしても，残りの 1.4 ‰ の違いについてはほかの理由を探す必要がある。

　山陽地域の人骨は縄文時代中期から後・晩期に属し，東海地域の人骨は後期から晩期に属する。このような時期差だけで，観察された食性の地域差を説明することはできない。後・晩期に属する津雲人骨は，同時代の吉胡人骨や稲荷山人骨よりも高い窒素同位体比を示した。後・晩期の時代だけで比較してみても同位体比の地域差は観察されることが明らかである。将来的には，東海地域の縄文時代中期の人骨についても比較することで，より詳細な食性の地域差の検討が必要である。

　炭素同位体比には地域差がみられなかったため，陸上資源の摂取については大きな地域差はなかったと考えることができる。この全体的な傾向は，東日本と西日本においてむし歯率に違いがみられないことと一致する傾向である（Temple, 2007, 2008）。しかし，植物に炭水化物が多く含まれタンパク質はあまり含まれなので，植物質食料への依存については歯のエナメル質や骨のハイドロキシアパタイトの炭素同位体比を調べる必要がある。というのも，骨コラーゲンは食物タンパク質の値をよく反映するのに比べて，アパタイトは炭水化物や脂質も含めた食物全体のエネルギー源を反映するからである（Ambrose and Norr, 1993）。この点については，次章にて詳しく解説していこう。

COLUMN

コラム

2 江戸時代人の食性

　日本の歴史時代における海産資源利用の状況についても，古人骨の同位体分析によって調べることができる。京都府の伏見城跡遺跡から，江戸時代に帰属する墓地が発掘され，多数の人骨が出土した。江戸時代伏見に居住した町人の食性についての知見を得るために，炭素・窒素食性解析を実施した。分析することができた人骨 27 個体分の炭素・窒素同位体比と，食物資源の同位体比を比較した図 C2.1 を示す。伏見人骨の窒素同位体比は淡水魚や海産魚類や貝類と同じくらい高く，炭素同位体比は C_3 植物や陸上哺乳類，淡水魚と同じくらい低い。このような同位体比の傾向は，コメなどの C_3 植物や淡水魚や海産物を組み合わせて摂取する食性を示唆する。古記録によると，江戸時代には一般に肉食の禁忌視が広がっており，鳥獣の肉を摂取する割合はごくわずかなものだったと考えられている。また，伏見は内陸に立地し，コイやフナなどの淡水魚を摂取したと考えられるが，江戸時代の伏見は河港都市，商業都市であり，大阪からの海産物も流通していたと考えられる。内陸に位置する京都においても，主食であるコメに加えて，海産物がタンパク質源として大きな役割を果たしていたと推測される。

　また，京都府京都市上京区の同志社大学の構内において，相国寺の墓地とみられる地点より人骨が出土した。発掘調査の結果，中世から近世にかけて形成された遺跡と推定されている。木棺，骨壺，甕に入った状態で人骨が発見されており，9 遺構から 9 個体の人骨が確認されている。木棺から出土した人骨は，火葬されていない一次葬であるので，骨コラーゲンや歯のエナメル質の安定同位体分析が可能であった。京都市内における近世人骨の出土例は稀であり，生前の食生活を推定することを目的に，今回出土した人骨の骨コラーゲンの炭素・窒素安定同位体比とエナメル質の炭素・酸素安定同位体分析を行った。また，ヒトの食物の同位体比を知るために，同時に出土した動物骨の炭素・窒素同位体比も分析した。資料の年代は，共伴する土器によって，人骨は 17 世紀後半に，動物骨は 16 世紀後半から 19 世紀に帰属すると推定されてい

る。人骨と動物骨コラーゲンの炭素・窒素同位体分析の結果を図 C2.1 に示した。人骨 1 個体は $\delta^{13}C$ = −20.5 ‰と $\delta^{15}N$ = 12.1 ‰であった。動物骨では，シカとイノシシ／ブタにおいて，草食動物に典型的な値であった。ネコとイヌは窒素同位体比が高く，人に餌を与えられていた可能性や，人の食物残滓を食べていた可能性を示唆する。いっぽう，イヌ／オオカミは低い窒素同位体比を示し，ネコのように家畜化された食性ではなく，野生状態に近い雑食の食性であったことを示唆する。鳥類では，ニワトリとカモ類およびガン類に相当する大きさのカモ科が低い炭素同位体比を示し，陸上・淡水生態系で採餌していたことを示す値である。いっぽう，カモ科に分類されるハクチョウ属は高い炭素同位体比を示し，海洋沿岸域で採餌していたことを示唆する。ガン・カモ類，ハクチョウ類は渡り鳥であり，移動中の採餌場所の環境を反映した可能性が考えられる。また海産魚類の中では，マグロ属やブリ属と比べて，マダイの窒素同位体比は高く，13.9 ‰の高い値を示す個体は，瀬戸内海などの窒素同位体比が高い海産であると推測される（石丸ほか，2008）。いっぽう，ブリ属は，窒素同位体比が低いので瀬戸内海産の可能性が低いと推測される。

　相国寺墓地の人骨の同位体比は，比較的低い炭素同位体比と，高い窒素同位体比を示し，さまざまな種類の動物骨の値の中間に位置する（図 C2.1）。これは，淡水魚類や淡水性の鳥類に強く依存した食生活，もしくは，コメなどの C_3 植物や草食獣，鳥類，淡水魚類，海産魚類を組み合わせた食生活だったことを示唆する。古記録によると，江戸時代初期の食生活は，主としてコメ，野菜，魚介類から成るようになり，鳥獣の肉が食生活の中に占める割合はごく小さなものとなったとされる（原田，1992）。こういった記録を考慮に入れると，後者の食生活像が支持される。実際，当遺跡において，16 世紀から 19 世紀までの町屋跡に伴うゴミ穴から，多数の海産の貝殻や魚骨が出土していることとも矛盾しない。

　また，京都市伏見城跡より出土した人骨の同位体比と，相国寺墓地の人骨の値を比較すると，ほぼ同じ同位体比を示し，同位体比から判別できる食性には違いがなかったと言える。相国寺墓地の人骨は，武士階級もしくは富裕層に属する人だったと推定されている。いっぽうで，江戸時代の伏見は河港都市，商業都市であり，伏見人骨は副葬品から町人層と推定されている。このように相国寺墓地に埋葬された人と伏見の人々の間では，遺跡の性格は異なっているが，同位体比に現れるような食性の差違はなかった可能性がある。

　歯のエナメル質と骨のアパタイトは，食物中のエネルギー源を反映すると考えられている。また，ヒトの第一大臼歯は，生後 0 歳くらいに形成され始め，3 歳くらいに

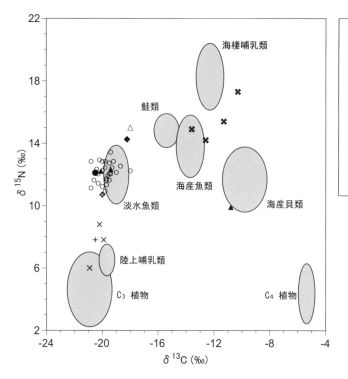

図 C2.1. 伏見人骨・相国寺人骨の安定同位体比

形成が終わる。第二大臼歯は，3歳くらいに形成され始め，8歳くらいに形成が終わる。よって，歯のエナメル質の同位体比は，幼少期に摂取した食物エネルギー源を示唆することになる。歯のエナメル質の炭素・酸素同位体分析の結果，$\delta^{13}C = -14.2 \pm 0.4$‰ と $\delta^{18}O = -6.8 \pm 0.5$‰ であった（図 C2.2）。今回，動物骨の炭素同位体比は測定していないが，一般に草食動物のエナメル質の炭素同位体比は，-12‰程度であり，魚類のアパタイトの炭素同位体比は，-4‰程度である。それらを摂取すれば同様の値に近づいていくことが想定される。本書の結果得られた炭素同位体比は，とても低い値であり，幼少期の食物エネルギーは C_3 生態系の植物や動物に傾倒し，海産物の摂取割合は低かったことが示唆される。アワやヒエなどの C_4 植物の摂取量はかなり少なかったことが分かる。また，第一大臼歯は，0歳から3歳にかけて形成されるので，母乳の摂取による同位体比の影響がある可能性もある。第一大臼歯では炭素同位体比が，-14.5‰程度なのに対し，第二大臼歯では -13.7‰ と高くなっている。これらの異なる歯種の炭素同位体比の相違は，離乳によって生じたと推測すること も

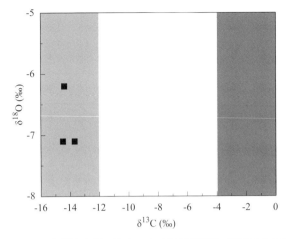

図 C2.2. 相国寺人骨の歯のエナメル質の炭素・酸素同位体比

できる。しかし，母乳の摂取が歯のエナメル質の炭素同位体比に与える影響は明らかにされておらず，断定することは困難である。酸素同位体比については，飲み水の値を反映していると考えられるが，参考値として報告するに留める。

このように，古人骨の安定同位体分析によって，江戸時代における海産物消費の傾向が見てとれる。京都の内陸に位置する伏見においても，沿岸部同様に流通した水産資源が摂取されていた。本州の内陸部の遺跡においても同等に高い窒素同位体比が報告されており，海産物の流通が広く行われていたことが古人骨からも分かる。今後は，武士や農民など身分による食物摂取の違いがどの程度なのかについて明らかにしていく必要がある。また都市部や農村部において，雑穀の消費がどの程度行われていたのかについても不明な点が多い。特に江戸時代においては主食であるコメの同位体比を見積もることが重要となる。江戸時代には，魚肥や糞尿が肥料として作物の生産に用いられていた。このような肥料は，高い窒素同位体比を田畑に添加することになるので，農作物の窒素同位体比の上昇を招く可能性がある。実験下においては，牛糞を肥料として用いて栽培した穀物では，窒素同位体比が 3 ‰ 以上高くなるという報告がある (Bogaard et al., 2007)。さらに同位体分析の解釈を確かにするためには，江戸時代のコメの窒素同位体比に対する肥料の影響を評価していくことが必要である。また，古人骨の同位体比を解釈する際には，動物遺存体や文献資料のデータも合わせて解釈していくことによって，より実証的な歴史の復元を行っていくことができると考えられる。

第3章

食性の新たな側面に光りを照らす

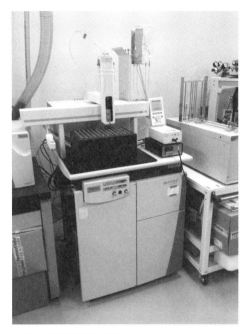

——総合地球環境学研究所のGasBench II-IRMS——

ここでは，これまで行われてこなかった歯のエナメル質の炭素同位体分析を開発した経緯と結果について見てみよう。歯のエナメル質の炭素同位体比から何が分かるのか。それを縄文人骨の食性の解明に応用した事例を示す。それによって，沿岸部に居住した縄文時代人でも植物質食料を多く摂取していたことが明らかとなる。

1. 歯のエナメル質の炭素同位体比を測る

(1) 炭酸塩と生物アパタイト

　炭酸塩鉱物は海洋や淡水，熱水などの水環境を含めさまざまな地球環境に分布する鉱物であるため，膨大な研究がなされている。特に炭酸塩の酸素同位体比は温度の関数であることから，早くから同位体地質温度計として注目されてきた（Urey, 1947）。炭酸塩鉱物の炭素と酸素の同位体分析法は，マッククレア McCrea（1950）が無水リン酸を用いた分解手法を報告して以来，さまざまな分野の研究に適用されている（Hobson, 1999; Lachniet, 2009; McDermott, 2004; Veizer and Hoefs, 1976; Veizer et al., 1999）。たとえば，古海洋や古気候の研究には地質時代に堆積した海生炭酸塩の酸素同位体比が（Emiliani, 1955; Shackleton, 1967; Zachos et al., 2001），熱水鉱床の成因研究には熱水性炭酸塩の炭素や酸素の安定同位体比（Ohmoto, 1972; Rye and Ohmoto, 1974; Peter and Shanks III, 1992）が利用されている。炭酸塩研究の進展とともに，簡便で高精度な同位体分析法が開発されており，現在では周辺装置と一体になった炭酸塩の自動分析が可能になっている。

　動物の骨や歯を構成するハイドロキシアパタイト（リン酸カルシウムを主成分とする鉱物のこと。以下では，生物アパタイトとも呼ぶ）も炭酸塩を3％程度含んでおり，その酸素同位体比を用いた古気候の復元（Ayliffe and Chivas, 1990; Kohn and Cerling, 2002; Longinelli, 1984），炭素同位体比を用いた食性解析などの研究が行われている（Cerling et al., 2004; Uno et al., 2011）。生物アパタイトの酸素同位体比は，哺乳類の骨や歯では表層水の値と相関することが知られている（Iacumin and Longinelli, 2002; Longinelli, 1984; Huertas et al., 1995）。哺乳類の歯は上部から形成されるので，連続サンプリングした歯冠の酸素同位体比から，気温や湿度の季節変化を追跡できる（Balasse et al., 2002; Koch et al., 1989）。このため，最近ではヒトやヒト族化石の骨や歯の生物アパタイトが高い関心を集めている（Cerling et al., 2013; Knudson, 2009; White et al., 2004）。このように生物アパタイト中の炭酸塩は，地球科学だけでなく環境学，生態学，人類学などの分野にも適用できるが，ヒトや小型哺乳類の歯は，鹿などの歯に比べて小さい。このため，生物アパタイト中の微量炭酸塩に対する炭素・酸素同位体分析手法の確立が必要になってきた。上述のような文献調査を進めるうちに，この手法を用いることで縄文時代人の食性のうち，新たな側面であるエネルギー源を明らかにすることができるのではないか，エネルギー源はタンパク質

源とは異なる結果を生むのではないか，という確信に近い仮説が筆者の胸の内にふつふつと生じていた。

炭酸塩の炭素と酸素の同位体比は，次式のように無水リン酸との反応（Walters et al., 1972）により発生した二酸化炭素ガスの同位体比から求める。

$$CaCO_{3(solid)} + H_3PO_{4(liquid)} \rightarrow CaHPO_{4(solid)} + H_2CO_3$$
$$H_2CO_3 \rightarrow H_2O + CO_{2(solution)}$$
$$CO_{2(solution)} \rightarrow CO_{2(gas)}$$

反応式の中で，炭酸の酸素のうちの一つが取れているため，この反応で酸素同位体分別が生じる。この反応は常温では遅いため，同位体比測定を迅速に行うには高温での反応が望ましい。しかし反応温度により同位体分別係数が異なることで，酸素同位体比の測定値に変動が生じてしまうため，分析に最適な温度条件を設定する必要がある。炭酸塩の中で最も広く産出する方解石（カルサイト）については，酸素同位体分別係数の温度依存性が詳細に研究されている（Friedman and O'Neil, 1977; Sharma and Clayton, 1965; Swart et al., 1991）。いっぽう両同位体比の分別係数は，温度に加えて炭酸塩の結晶構造や化学組成によっても変化することが知られている（Sharma and Clayton, 1965）。生物アパタイトは次のような結晶構造と化学組成を示している（図 3.1; Elliot, 2002）。

$$Ca_{8.86}Mg_{0.09}Na_{0.29}K_{0.01}[(HPO_4)_{0.28}(CO_3)_{0.41}(PO_4)_{5.31}][OH_{0.70}Cl_{0.08}(CO_3)_{0.05}]$$

生物アパタイトに少量含まれる炭酸塩の炭素・酸素同位体を用いた研究を推進するためには，化学組成などの影響も考慮して最適で簡便な分析条件を設定する必要がある。パシー Passey ほか（2007）は，エナメル質の炭酸塩の酸素同位体分別係数の温度依存性がカルサイトと異なることを報告しているが，ほかの研究例はない。また現在では，酸素同位体比の測定に用いる前処理装置も数種類あり，ガスベンチのようなマルチループのガス導入システムと連続フロー型質量分析装置が広く利用されるようになってきた。試料を入れる標準の 12 ml バイアルを 4.5 ml バイアルに変更する方法が報告されていて（Breitenbach and Bernasconi, 2011），小さいバイアルを使用することで，少量の生物アパタイトの炭酸塩の炭素・酸素同位体比を測定できる。しかしながら，ガスベンチを使用した場合の炭酸塩の炭素や酸素の同位体比の分析精度の検討，特に酸素同位体分別係数の温度依存性に関する報告例はこれまでなかった。

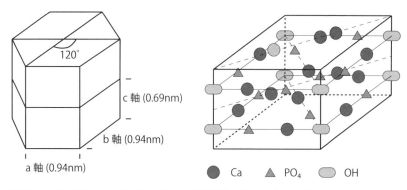

図 3.1. ハイドロキシアパタイトの結晶構造（左は六方晶の模式図。右は単位胞。須田ほか編, 2007 を参考に作図）

ここから，ガスベンチを使用した場合の生物アパタイトの反応温度と酸素同位体比の関係を明らかにするために，筆者が実際に行った実験を，詳細な方法とともに紹介する。実験に用いた炭酸塩は，方解石とアパタイトに含まれる炭酸塩に分けられる。方解石は，炭素と酸素の同位体比が異なる 2 種類の国際標準試料（NBS19 [$\delta^{13}C$ = 1.95 ‰, $\delta^{18}O$ = −2.2 ‰] と LSVEC [$\delta^{13}C$ = −46.6 ‰, $\delta^{18}O$ = −26.7 ‰]）および同位体比が未知の石灰岩と合成カルボネイトを用いた。石灰岩は，産業技術総合研究所，地質調査総合センター（GSJ：Geological Survey of Japan）から配布されている岩石標準試料の JLs-1（北海道峩朗産石灰岩）を用いた。合成カルボネイトは，Merck 社が販売している試薬（Suprapure, Calcium carbonate, Lot. B0391759 034, Merck）を使用した。これら試料の鉱物は，いずれも方解石（$CaCO_3$）である。

アパタイトは現代人および古人骨の歯のエナメル質を用い，その中に含まれる炭酸塩を分析対象にした。現代人の歯のエナメル質をデンタルドリルを用いて約 0.6 g を削りだし，ミキサーミル（CryoMill, MM400, Retsch Co., Ltd.）を用いて粉砕した。さらに 36 % H_2O_2 を加えて 2 日間反応させることで有機物を取り除き，乾燥させた後，300 μm の篩いをかけて分析試料を作成した。縄文人の歯は，縄文時代の遺跡（稲荷山貝塚）より出土した人骨の歯 4 本を用いた。歯のエナメル質を 10 % H_2O_2 で 24 時間反応させ，0.1 mol/L の酢酸緩衝溶液と 10 分反応させることで，続成作用に由来する炭酸塩を除去した。

炭素・酸素同位体比の分析は，総合地球環境学研究所（京都）に設置されている，PAL オートサンプラー（CTC GC PAL autosampler）とガスベンチ（GasBench II, Thermo Fisher Scientific）を接続した質量分析計（DELTA V Plus, Thermo Fisher Scientific）を

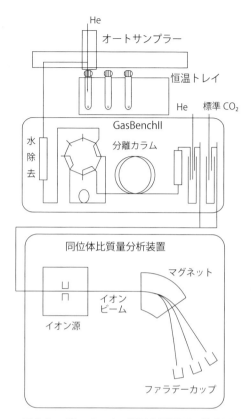

図 3.2. ガスベンチ - 質量分析装置の模式図

用いて行った（図 3.2）。標準の 12 ml バイアルの代わりに，4.5 ml バイアル（948W, 4.5 ml Borosilicate Vials – Round Bottomed, Labco Limited）を用いた。サンプルは，銀カップ（3.5 × 4 mm, Flat Bottom Smooth Wall Ag cupsules, Ludi Swiss）の中で，ウルトラマイクロ天秤（UMX2, Mettler Toledo）を用いて秤量した。銀カップは，無水リン酸と反応せず，微量の硫黄をトラップする役割がある。He ガスを 80 ml/min の流量で 240s フラッシュすることで，サンプルバイアル中の大気を He で置換した。

サンプルには，シリンジを使って手動で無水リン酸を 5 滴から 8 滴ほど加えた。無水リン酸（ortho-phosphoric acid 99 %, Merck）はあらかじめ液体窒素で微量の水を除去したものを使用した。無水リン酸反応の温度と時間は，25 ℃ 24 時間，50 ℃ 3 時間，70 ℃ 1 時間の 3 種類に設定して実験を行い，発生した二酸化炭素を質量分析装置に導入して同位体比を測定した。

炭素・酸素の安定同位体比測定は，1サンプルごとにレファレンスガスピークを四つ，サンプルガスピークを四つ導入し，1測定440sに設定して行った。VPDBスケールで値付けされたレファレンスガスの同位体比に対して，サンプルガスの同位体比を計算した。四つのサンプルガスピークの平均値と標準偏差を計算した。

　同位体比が未知の試料（JLs-1, RIHN-MC, RIHN-TE）と同時にNBS19とLSVECの二種類の国際標準試料の炭素と酸素同位体比を測定し，その二点検量によってサンプルの両同位体比を補正することで，値付けを行った。同位体比はVPDBスケールを用いたデルタ表記によって示した。

(2) 炭素・酸素同位体比と酸素同位体分別係数

　測定結果を表3.1に示す。縄文人の歯試料を除き，各試料の炭素同位体比および酸素同位体比の分析誤差は，それぞれ$0.05 \sim 0.13$‰および$0.08 \sim 0.21$‰であり，反応温度による有意な違いはみられなかった。試料に応じて特徴的な炭素・酸素同位体比を示すが，各試料の炭素同位体比の平均値は温度によって0.1‰~ 0.5‰変化し，酸素同位体比の場合は0.5‰~ 3‰と数倍大きい。このことは，炭酸塩の酸素同位体分析では反応温度による分析条件の設定が重要なことを示している。

　炭酸塩と無水リン酸によって生じる二酸化炭素ガスとの間での同位体分別係数は次式で表される。

$$\alpha = \frac{({}^{18}O/{}^{16}O)_{CO2}}{({}^{18}O/{}^{16}O)_{Carbonate}} \tag{1}$$

この式が示すように，同位体分別係数を求めるには炭酸塩の酸素同位体比を測定する必要があるが，本書ではスワルトSwartほか（1991）の方法と同様，次式のように25℃の同位体分別係数との比較によって各温度での同位体分別係数を求めた（Swart et al., 1991）。

$$\alpha_T = \frac{\left(\dfrac{\delta^{18}O_T}{1000}+1\right) \times \alpha_{25}}{\dfrac{\delta^{18}O_{25℃}}{1000}+1} \tag{2}$$

ここで，α_{25}はカルサイトが25℃で反応した時の同位体分別係数（=1.01025）であり，α_Tは試料の炭酸塩がT℃で反応した時の同位体分別係数である。$\delta^{18}O_{25℃}$と$\delta^{18}O_T$は，

サンプルが 25 ℃ と T ℃ で反応した時の酸素同位体比である。生物アパタイトの炭酸塩の α_{25} はカルサイトの値と同じと仮定した（Swart et al., 1991; Passey et al., 2007）。各試料に対して求めた同位体分別係数の測定誤差は，縄文人試料の 70 ℃ の場合を除いて 0.0001 以下であった。

測定の結果は，図 3.3 と表 3.1 に示している。方解石のうち，国際標準物質である NBS19 と LSVEC の炭素同位体比と酸素同位体比は大きく異なる。50 ℃ での酸素同位体分別係数（α_{50}）は 1.00977 ± 0.00003（Mean ± 1SE）と 1.00963 ± 0.00005，70 ℃ では 1.00889 ± 0.00004 と 1.00898 ± 0.00009 であった。この結果は，炭酸塩の同位体比に比べて，測定した CO_2 の同位体比が，50 ℃ では約 9.7 ‰ 高くなり，70 ℃ では約 8.9 ‰ 高くなっていることを意味している。つまり，反応温度が高いと同位体分別は小さくなっている。同位体分別係数の誤差が 0.0001 である場合，$\delta^{18}O$ 値には 0.2 ‰ 程度の変化として現れる。NBS19 と LSVEC の間で，酸素同位体分別係数に有意な違いは認められないと言える。

JLs-1 と RIHN-MC の酸素同位体分別係数は，50 ℃ では 1.00970 ± 0.00008 と 1.00955 ± 0.00006，70 ℃ では 1.00872 ± 0.00006 と 1.00886 ± 0.00006 であった。国際標準試料の酸素同位体分別係数に比べて，RIHN-MC では 50 ℃ の場合，JLs-1 では 70 ℃ の場合にそれぞれ 0.0001 程度低いが，全体としては狭い範囲に入っている。ガスベンチで測定した場合の方解石の酸素同位体分別係数は次式のようになる。

$$\alpha_T = 1.00480 \, (\pm 0.00038) + \frac{490 \, (\pm 38)}{T^2} \tag{3}$$

現代人の歯のエナメル質である RIHN-TE の酸素同位体分別係数（α_T）は，α_{50} = 1.00916 ± 0.00009 と α_{70} = 1.00849 ± 0.00007 であった。この値は，パシー Passey ほか（2007）が密閉管（Sealed vessel）を用いて求めた現代人の歯のエナメル質の同位体分別係数（α_{50} = 1.00921 と α_{70} = 1.00852）とほぼ同じである。本書で得られたデータから，ガスベンチで測定した場合の現代の歯のエナメル質の同位体分別係数は次式のようになる。

$$\alpha_T = 1.00305 \, (\pm 0.00010) + \frac{639 \, (\pm 10)}{T^2} \tag{4}$$

いっぽう縄文時代のヒト 4 個体の歯のエナメル質の酸素同位体分別係数は，α_{50} = 1.00908 ± 0.00009 と α_{70} = 1.00724 ± 0.00024 であった。ガスベンチにおける縄

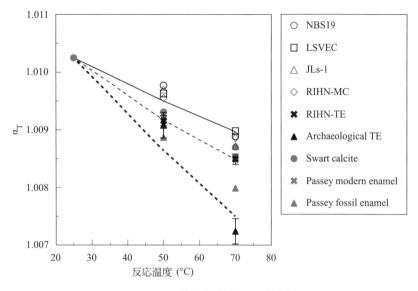

図 3.3. 同位体分別係数の温度変化

カルサイトは Swart et al., 1991 より，現代と化石のエナメル質の値は Passey et al., 2007 より引用した。

文人の歯のエナメル質の同位体分別係数は次式のようになる。

$$\alpha_T = 0.99853\ (\pm 0.00110) + \frac{1057\ (\pm 112)}{T^2} \qquad (5)$$

パシー Passey ほか（2007）は化石の歯のエナメル質についても，密閉管方式で酸素同位体分別係数を求めている（α_{50} = 1.00887 と α_{70} = 1.00799）。その結果と比べると，本書のガスベンチのほうが 50 ℃では 0.00021 ほど高く，70 ℃では 0.00075 ほど低い。この違いは，方解石試料間での変化に比べて有意に大きい。しかし現代人の歯では，ガスベンチでも密閉管でも同じような酸素同位体分別係数を示すことは，化石試料にみられる変動は，分析手法ではなく化学組成の違いによる可能性が高いことを示唆している。

(3) 酸素同位体比の温度依存性

図 3.3 に，各試料の各温度における酸素同位体分別係数を示す。この図を見ると，方解石（炭酸カルシウム）の酸素同位体分別係数は各温度において，生物アパタイ

表 3.1. ガスベンチによる標準物質とエナメル質の炭素・酸素同位体比の測定結果

T (℃)	反応時間 (分)	n	$\delta^{13}C$ (‰)	1σ	$\delta^{18}O$ (‰) of CO_2	1σ	α_T	1SE
NBS19 (Limestone)								
25	1440	8	1.91	0.11	7.89	0.21	1.01025	
50	180	6	2.39	0.06	7.41	0.08	1.00977	0.00003
70	60	6	1.90	0.07	6.53	0.10	1.00889	0.00004
LSVEC (Lithium carbonate)								
25	1440	8	−45.85	0.13	−16.01	0.11	1.01025	
50	180	6	−45.64	0.09	−16.61	0.11	1.00963	0.00005
70	60	5	−45.83	0.10	−17.25	0.20	1.00898	0.00009
JLs-1 (Limestone)								
25	1440	8	1.95	0.10	5.58	0.16	1.01025	
50	180	6	2.35	0.08	5.03	0.19	1.00970	0.00008
70	60	6	1.82	0.10	4.06	0.16	1.00872	0.00006
RIHN-MC (Calcium carbonate)								
25	1440	8	−46.60	0.05	−3.06	0.11	1.01025	
50	180	6	−46.29	0.08	−3.75	0.14	1.00955	0.00006
70	60	6	−46.56	0.06	−4.43	0.14	1.00886	0.00006
RIHN-TE (Modern tooth enamel)								
25	1440	8	−11.18	0.08	3.78	0.11	1.01025	
50	180	5	−10.91	0.11	2.70	0.21	1.00916	0.00009
70	60	4	−11.40	0.10	2.03	0.14	1.00849	0.00007
Jomon TE (Archaeological tooth enamel)								
25	1440	4	−11.13	1.47	4.95	0.21	1.01025	
50	180	4	−11.10	1.37	3.79	0.31	1.00908	0.00009
70	60	4	−10.88	1.51	1.95	0.45	1.00724	0.00024

トの炭酸塩に比べて明らかに高い。また，方解石炭酸塩もスワルト Swart ほか（1999）が報告した方解石の値（α_{50} = 1.00931 と α_{70} = 1.00870）に比べて高いことが分かる。方解石にみられた酸素同位体分別係数の違いの原因として，本書で用いたガスベンチにおける前処理手法と，スワルト Swart ほか（1999）の密閉容器を用いたコモンアシッド法との違いを挙げることができる。ガスベンチ法では，シリンジを用いてリン酸を手動で加えるため，バイアル内にリン酸を滴下した時点で反応温度が下がってしまっている可能性がある。しかし，現代人の生物アパタイトの炭酸塩にみられた酸素同位体分別係数の温度変化が，ガスベンチおよび密閉容器による測定法に関係しなかったこと（図3.3）は，このような分解法だけで説明できることを支持しない。

人の歯の生物アパタイトの炭酸塩の酸素同位体分別係数が方解石に比べて低いのは，結晶構造や化学組成の違いを反映していると考えられる。同じ温度でも，現代人より縄文時代人の試料のほうが低い酸素同位体分別係数を示し，変動も大きいことは，続成作用によって生物アパタイトの炭酸塩の組成が変化した可能性を示唆している。酸素同位体分別係数とフッ素濃度が相関すること（Passey et al., 2007）も，こうした可能性を支持している。続成作用の影響は個体ごとに異なる可能性があり，縄文時代のような若い年代の試料においても，こうした同位体分別係数の大きな変化に注意する必要がある。

　高温ほど同位体分別作用の影響は小さく反応も短時間で達成するが，化石の歯の場合，70℃でのδ^{18}O値は分析誤差が±0.5‰あり，25℃の場合の2倍ほど大きい。炭酸塩の同位体分析の誤差を少なくし，分析精度を向上させるためには，低温での反応がよいと考えられる。Jomon-TE の酸素同位体比の分析誤差が低温ほど低い傾向を示すことは，この考えを支持している。

　本書で求めた方解石の酸素同位体分別係数がスワルト Swart ほか（1991）が求めた値と異なる理由は不明であるが，ガスベンチなどの前処理方法に応じた補正が必要なことを示唆している。表3.2に，方解石と生物アパタイト炭酸塩の炭素と酸素の同位体比を，国際標準物質で値付けして求めた結果を示す。その結果，JLs-1 はδ^{13}C = 1.92 ± 0.06‰，δ^{18}O = −4.65 ± 0.09‰，RIHN-MC はδ^{13}C = −47.32 ± 0.06‰，δ^{18}O = −13.51 ± 0.08‰ であった。この補正により，δ^{13}C値とδ^{18}O値の温度による変化幅は，JLs-1 の場合には 0.53‰ から 0.11‰ および 1.52‰ から 0.17‰ とともに小さくなった。RIHN-MC でも，δ^{13}C値は 0.31‰ から 0.11‰，δ^{18}O値では 1.37‰ から 0.16‰ と小さくなった。酸素同位体だけでなく炭素同位体においても変動幅が小さくなったことは，標準試料の補正が分析精度の向上に不可欠なことを示している。標準試料を用いることで，方解石の場合はともに 0.2‰ の外部精度を達成できる。この精度は分析の内部精度（0.05‰）に比べて大きいものの，今回用いた各試料の各温度での変動幅に匹敵する。信頼度の高い同位体比を得るためには，方解石においても炭素・酸素同位体比に関する標準試料のより一層の充実が望まれる。

　いっぽう現代人の歯のエナメル質（RIHN-TE）は，δ^{13}C = −11.48 ± 0.11‰，δ^{18}O = −6.48 ± 0.18‰ であった。反応温度による変化も，δ^{13}C値では 0.49‰ から 0.21‰，δ^{18}O値では 1.75‰ から 0.34‰ と小さくなった。歯のエナメル質の場合でも，標準試料による補正で信頼度が向上することが分かる。しかし，酸素同位体比は反応

表 3.2. VPDB スケールに補正後の標準物質の炭素・酸素同位体比

	N	δ^{13}C (‰) vs. VPDB	1σ	δ^{18}O (‰) vs. VPDB	1σ	α_T	T (℃)
JLs-1 (Limestone)							
	8	1.98	0.10	−4.57	0.16	1.01025	25
	6	1.91	0.08	−4.63	0.19	1.00949	50
	6	1.87	0.10	−4.75	0.15	1.00896	70
	Mean	1.92	0.06	−4.65	0.09		
RIHN-MC (Calcium carbonate)							
	8	−47.37	0.05	−13.43	0.11	1.01025	25
	6	−47.26	0.08	−13.59	0.14	1.00949	50
	6	−47.34	0.06	−13.50	0.14	1.00896	70
	Mean	−47.32	0.06	−13.51	0.08		
RIHN-TE (Modern tooth enamel)							
	8	−11.36	0.08	−6.42	0.11	1.01025	25
	6	−11.50	0.11	−6.68	0.21	1.00917	50
	4	−11.58	0.10	−6.34	0.14	1.00848	70
	Mean	−11.48	0.11	−6.48	0.18		

温度による変化が大きい。生物アパタイト炭酸塩においては，方解石と同じような分析精度を達成するにはより詳細な検討が必要である。

　炭酸塩の炭素・酸素の安定同位体分析には，標準試料やワーキング試料の整備が欠かせないが，JLs-1 は GSJ から購入でき，合成カルボネイト（RIHN-MC）は要望があれば配布できる。いっぽう今回測定した現代人の歯は 0.6 グラムしかないため，生物アパタイト炭酸塩については，今後現代人や古代人の大量の歯を集め標準試料を作成することが必要である。

　これまでの分析方法の検討によって，炭酸塩がわずか 3％ ほどしか含まれない生物アパタイトでも，少量の試料で精度良く分析が可能であることが分かった。また，測定に必要な標準物質の炭素・酸素同位体比の値付けをすることができた。次に，この分析方法を，縄文人の歯のエナメル質に応用した例を見てみよう。

2. 歯のエナメル質はエネルギー源の記録

　歯のエナメル質の炭素同位体比の分析は，これまで行われてこなかった新しい分析手法である。前述した通り，歯のエナメル質は幼少期に形成されて，その後リモ

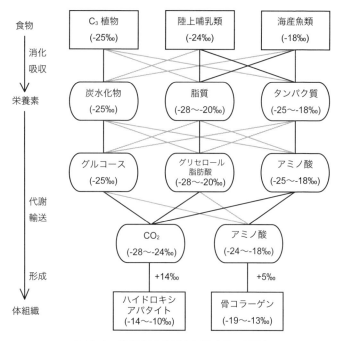

図 3.4. 栄養素の代謝と同位体比の関係

デリングすることがない。そのため，その炭素同位体比は幼少期に摂取された食物に由来する。これまで分析したのは第三大臼歯であるため，9〜13 歳に摂取された食物に由来するシグナルを保持しているはずである (Hillson, 1999)。エナメル質は結晶が大きく密であるため，続成作用の影響をほとんど受けない (Budd et al., 2000)。よって歯のエナメル質の炭素同位体分析は，先史時代人骨 (Knudson, 2009) や，哺乳類化石 (Cerling et al., 2011; Uno et al., 2011) に対して行われている。骨や歯のハイドロキシアパタイト中の炭酸塩は，血中に溶けている二酸化炭素に由来し，さらには細胞内における栄養素の代謝によって生じた二酸化炭素に由来する（図 3.4)。エネルギー生産に関わる栄養素は炭水化物・脂質・タンパク質の全てを含む。よって，ハイドロキシアパタイト中の炭酸塩の炭素同位体比は，食物中の全ての栄養素の値を反映する (Ambrose and Norr, 1993; Tieszen and Fagre, 1993)。いっぽうで，骨コラーゲンの炭素同位体比は，食物中のタンパク質の値をよく反映している。食物中のタンパク質が，体内で代謝されて，骨コラーゲン合成に使用される割合が高いということであり，骨コラーゲン中のおおよそ 60 ％ の炭素がタンパク

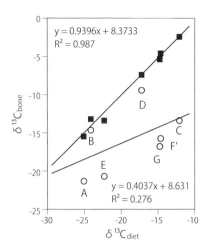

図 3.5. ラットに与えた食事に対するアパタイト（■）とコラーゲン（○）の炭素同位体比（Ambrose and Norr, 1993 より筆者作図）

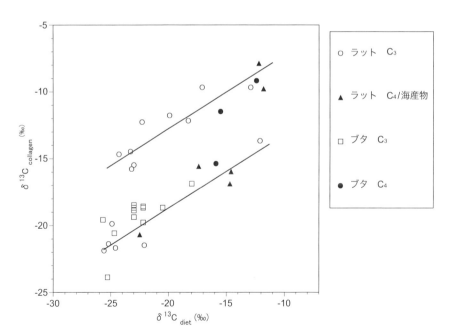

図 3.6. 動物実験における食事と骨コラーゲンの炭素同位体比の関係（Froele et al., 2010 より）回帰直線の傾きがおおよそ 0.6 となっている。

質を起源とする（図 3.5, 3.6; Froehle et al., 2010）。

　つまり，先史時代の食性を知るためには，食事とアパタイト炭酸塩の間の同位体分別の値を知る必要がある。ラットの飼育実験によると，骨の炭酸塩の炭素同位体比は食事に比べて 9.5 ‰（9.1–10.9 ‰ の範囲）高くなっていた（Ambrose and Norr, 1993）。ほかのラットの値では，9.4 ‰ と 9.7 ‰ が報告されている（DeNiro and Epstein, 1978）。大型草食動物の場合は，同位体分別は 12 から 14 ‰ ほどであり（Lee-Thorp and van der Merwe, 1987; Passey et al., 2005），リーソープ Lee-Thorp ほか（1989）によると，12 ‰ である。大型草食動物の場合は，14 ‰ の同位体分別の値が報告されている（Cerling and Harris, 1999）。

　前節によって古人骨の歯の炭素同位体比を測定することができるようになったので，実際に縄文人骨の分析へ応用した。縄文人骨の歯のエナメル質は約 3 mg をデンタルドリルを用いて削った。それらの試料は GasBenchII を接続した質量分析装置を用いて炭素同位体比を測定した。

　縄文時代人骨の歯のエナメル質の炭素同位体比は，−13.9 ‰ から −9.4 ‰ の変動を示した（図 3.7）。遺跡ごとに見てみると，大田貝塚人骨のエナメル質の炭素同位体比は，−12.1 ± 0.4 ‰ であり，−13.0 ‰ から −11.5 ‰ の変動を示した。津雲貝塚人骨のエナメル質の炭素同位体比は，−11.6 ± 0.7 ‰ であり，−13.2 ‰ から −9.4 ‰ の変動を示した。吉胡貝塚人骨のエナメル質の炭素同位体比は，−11.0 ± 1.2 ‰ であり，−13.9 ‰ から −9.6 ‰ の変動を示した。稲荷山人骨のエナメル質の炭素同位体比は，−11.0 ± 1.2 ‰ であり，−13.2 ‰ から −9.6 ‰ の変動を示した。集団間で炭素同位体比を比較すると，集団間で同位体比が異なることが分かった（ANOVA, $F = 8.14$, $P < 0.01$）。大田人骨のエナメル質の炭素同位体比が稲荷山人骨と吉胡人骨よりも低く，津雲人骨は他集団と有意な違いはなかった（Tukey's HSD test, $P < 0.01$）。炭素同位体比の変動は，吉胡・稲荷山集団で大きい傾向にあった。

　縄文時代中期に属する大田人骨は，後・晩期に属するほかの遺跡の人骨よりも低い炭素同位体比を示した。時代で比較すると，食物資源は，中期の陸上資源に強くエネルギー源を依存する食生活から，後・晩期の海産物をより取り入れる食生活へと変化したことが示唆される。後・晩期の遺跡間で比較すると，津雲人骨に比べて，吉胡・稲荷山人骨は，より海産物へ傾倒した食生活をしていた。山陽地域よりも東海地域において，より海産物を摂取していたことが示唆される。

　吉胡貝塚から出土した動物骨も測定した。ニホンジカの歯のエナメル質の炭素同位体比は，−12.2 ± 1.0 ‰ であり，ニホンジカの骨の炭素同位体比は，−12.2 ±

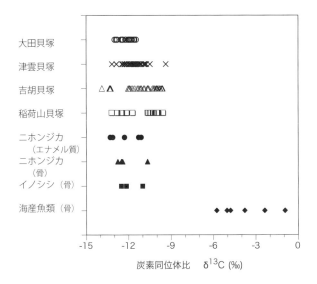

図 3.7. 歯のエナメル質の炭素同位体比の分析結果

表 3.3. エナメル質とコラーゲンの炭素同位体比による海産物依存度の推定結果

遺跡	海産物依存度（%、エナメル質）				海産物依存度（%、コラーゲン）			
	平均値	SD	最小値	最大値	平均値	SD	最小値	最大値
大田貝塚	1.2	4.8	−9.5	8.3	48.6	10.9	18.1	61.8
津雲貝塚	7.1	8.3	−11.9	33.3	49.6	12.9	17.4	70.5
吉胡貝塚	14.3	14.3	−20.2	31.0	50.7	18.2	17.3	81.0
稲荷山貝塚	14.3	14.3	−11.9	31.0	51.0	14.2	32.2	72.7

0.9 ‰ であった。イノシシ骨の炭素同位体比は、−11.9 ± 0.8 ‰ だった。魚骨の炭素同位体比は、−3.8 ± 1.8 ‰ だった。ニホンジカは、反芻動物でメタン生成を行う (Metges et al., 1990)。このような反芻動物の場合、食物とエナメル質の間の同位体分別は、14 ‰ という高い値である (Cerling and Harris, 1999)。実際に、縄文時代の C_3 植物の推定値が −25.4 ‰ であり (Yoneda et al., 2004b)、ニホンジカの歯の値は −12.2 ‰ であるので、同位体分別は −13.5 ‰ と計算される。将来的には、ヒトにおける歯のエナメル質と食物の間の関係を調べる必要がある。

縄文時代人骨の歯のエナメル質の炭素同位体比は、比較的小さい変動を示し、ニホンジカの値に近かった。ニホンジカの歯の値 −12.2 ‰ が 100 % C_3 植物食であり、魚骨の値 −3.8 ‰ が 100 % 海産物食であると仮定した線形混合モデルによると、大

田は1％海産物食，津雲は7％，吉胡・稲荷山集団は14.3％の海産物食と計算される（表3.3）。このように，エネルギー消費に占める海産物の割合はとても低かったことがうかがえる。

いっぽうで，骨コラーゲンの炭素同位体比から海産物依存度を計算することもできる。ニホンジカの歯の値 −21.3‰ が 100 ％C_3 植物食であり，魚骨の値 −11.7‰ が 100 ％ 海産物食であると仮定すると，どの集団においても 50 ％ 程度の海産物食となる。骨コラーゲンの炭素同位体比の変動は，エナメル質の炭素同位体比の変動よりも大きく，推定される海産物依存度の変動を大きくしている。コラーゲンから計算される海産物依存度と比較すると，歯のエナメル質の炭素同位体比から計算される割合は低い傾向にある。このことは，コラーゲンが食物中のタンパク質源を高い割合で反映するのに対し，エナメル質の炭酸塩が食物中のエネルギー源を主に反映することに由来すると考えられる（Ambrose and Norr, 1993）。魚介類はタンパク質の割合が高く炭水化物の割合は低いため，エネルギー源とはなりにくい。よって，海産物を多く摂取すると，骨コラーゲンのほうにそれが現れやすいということになる。

第2章で述べた骨コラーゲンの炭素同位体比と歯のエナメル質の値を比較した。骨コラーゲンとエナメル質の炭素同位体比は，どの集団においても有意に相関していた（図3.8）。骨コラーゲンの窒素同位体比とエナメル質の炭素同位体比は，稲荷山集団を除いて，有意に相関していた。このことは，子どものころの食性と成人期の食性が似ていることを意味する。つまり，子どものころに海産物を多く摂取していた個体は，大人になってからも海産物を多く摂取していたと言うことができる。しかし，これは各個体において，子ども期と大人期に食性の変化がなかったという前提に立っている。この点について，年齢段階による同位体比の変化を調査したが，有意な傾向は見いだせなかった。よって，子どものころの食性と大人になってからの食性は概して似ていたと言うことができる。

津雲人骨と稲荷山人骨の炭素同位体比は，性別と抜歯型式に関係していた（図3.9; 表3.4）。津雲人骨においては，2C 系の男性が高い炭素同位体比を示す傾向にあり，4I 系の女性が低い炭素同位体比を示す傾向にあった。ただし，骨コラーゲンにはこの傾向がなく，なぜ子ども期のみに食性の違いが現れたのかが問題である。

稲荷山集団においては，4I 系男性の炭素同位体比が低く，2C 系男性と 4I 系女性の炭素同位体比が高い傾向にあった。骨コラーゲンにおいても，性別と抜歯型式に関連した食性の違いが見つかっている。歯のエナメル質は子ども期の食性を示して

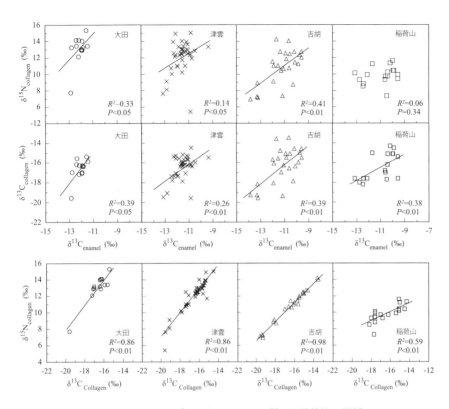

図 3.8. 骨コラーゲンと歯のエナメル質の同位体比の関係

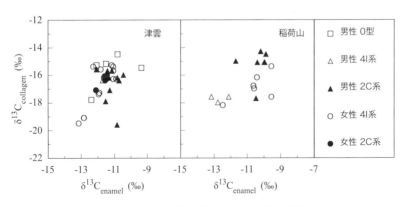

図 3.9. 歯のエナメル質と骨コラーゲンの炭素同位体比

第3章 食性の新たな側面に光を照らす

いて，骨コラーゲンは成人期の食性を示している。成人期も子ども期も，4I系男性は，陸上資源に依存する傾向にあり，2C系男性は海産物に依存する傾向にあったと考えられる。子ども期と成人期で食性に共通の傾向があることから，4I系男性は4I系男性同士で，2C系男性は2C系男性同士で，食事をともにしていたと考えられる。もし4I系の子どもと2C系の男性が食事をともにしていたとすると，歯のエナメル質と骨コラーゲンの炭素同位体比の説明をすることができないからである。このように，食性は，性別や抜歯風習と密接に関連しており，縄文時代の社会組織の複雑さを示唆する。

縄文時代人の歯のエナメル質の炭素同位体比は，シカやイノシシの歯のエナメル質と同じくらい低い値を示した。この低い同位体比は，C_3植物や陸上哺乳類をよく摂取しており，海産資源をあまり利用していないことを示唆する。線形混合モデルにより陸上資源に対する海産資源の摂取割合を評価すると，大田人骨において海産物依存度の平均値は1％，津胡人骨においては7％，吉胡人骨と稲荷山人骨においては14％と計算された。これは筆者の想定以上に低い数値であった。この値を初めて計算した時に，何度も検算してどこかに間違いがないか確かめた。しかしやはり間違いではなく，低い数値で正しいのだろうと思い，その理由を考察した。この低い数値は何故生じたのだろうか。

これまで縄文時代人の食生態は，骨コラーゲンを用いて評価されてきた。骨コラーゲンはタンパク質であり，食物中のタンパク質源の値をよく反映している。食物中のタンパク質は，陸上哺乳類の肉や海産魚類・貝類の肉が主である。C_3植物のタンパク質の濃度は低く，炭水化物の濃度が高い。歯のエナメル質の炭素同位体比は，このC_3植物の炭水化物の影響をより強く受けている可能性があり，これによって低い炭素同位体比が記録されていると考えられる。縄文時代人のエネルギー源としては，やはり植物質食料が重要な位置を占めており，タンパク質源としては哺乳類や魚介類の肉が重要だったと考えられる。古人骨の骨だけでなく，歯のエナメル質も分析することで，このような新しい知見がもたらされるのである。

歯のエナメル質と骨コラーゲンの炭素同位体比の差のことを，イプシロン値（$\varepsilon^{13}C_{enamel-collagen}$ [‰]）と呼ぶ。$\varepsilon^{13}C_{enamel-collagen}$ は 5.0 ± 1.2 ‰ であり，その分布の範囲は 1.9 〜 8.9 ‰ と大きい（図3.10）。この値は，陸上や海洋に生息する草食動物において高い値を示し，肉食動物ほど低い値を示すことが経験的に知られている（Clementz et al., 2009）。縄文時代人の ε 値とコラーゲンの窒素同位体比は有意に相関しており，栄養段階の高い魚の摂取が ε 値を低くしていることが分かる。この値

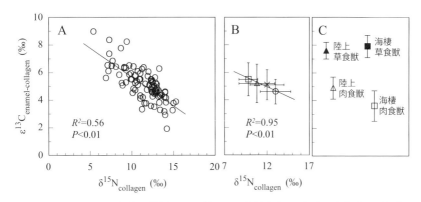

図 3.10. A は ε 値と窒素同位体比の関係。B は稲荷山人骨（□），吉胡人骨（△），津雲人骨（×），大田人骨（○）である。C は Clementz et al. (2009) より。

表 3.4. 性別と抜歯系列によって分けた縄文人骨の炭素同位体比の要約統計量

	大田貝塚 N	平均値	SD	津雲貝塚 N	平均値	SD	吉胡貝塚 N	平均値	SD	稲荷山貝塚 N	平均値	SD
全個体	23	−12.1	0.4	38	−11.6	0.7	38	−11.0	1.2	17	−11.0	1.2
性別												
男性	13	−12.0	0.1	18	**−11.3**	0.7	22	−11.1	0.3	10	−11.1	0.4
女性	10	−12.2	0.1	19	**−11.7**	0.6	16	−11.0	0.2	6	−10.5	0.5
抜歯系列												
0 型	-	-	-	5	−11.2	1.2	2	−10.4	0.3	-	-	-
4I 系	-	-	-	16	**−11.8**	0.7	19	−11.2	1.2	9	−11.3	0.4
2C 系	-	-	-	15	**−11.3**	0.5	16	−10.9	1.2	8	−10.6	0.4
無抜歯	-	-	-	2	−11.9	0.5	-	-	-	-	-	-
性別と抜歯系列												
男性, 0 型	-	-	-	5	−11.2	1.2	2	−10.4	0.3	-	-	-
男性, 4I 系	-	-	-	1	−11.7	-	12	−11.1	1.3	3	**−12.7**	0.5
男性, 2C 系	-	-	-	10	**−11.2**	0.5	7	−11.1	1.6	7	**−10.4**	0.6
女性, 4I 系	-	-	-	14	**−11.8**	0.7	16	−11.5	1.0	6	**−10.5**	1.1
女性, 2C 系	-	-	-	5	−11.6	0.3	9	−10.8	0.7	-	-	-

※太字はグループ間で有意差が見つかった（$P<0.05$）。

で集団間を比較してみると，最も高いのが稲荷山集団であり，その次に，吉胡，津雲，大田集団という順番で ε 値が低くなっていった。このことは，稲荷山集団が最も栄養段階の低い資源の摂取に傾いており，大田集団のほうは栄養段階の高い食資源に傾いていることを示唆している。ε 値を用いることの利点は，各集団の周辺の

生態系における炭素同位体比の変動を消すことができる点にある。エナメル質の炭素同位体比とコラーゲンの炭素同位体比の両方を測定することで，このような新しい知見が得られる。

3. 混合モデルによる食物摂取割合の復元

(1) 同位体混合モデル

　ここまでで，複数の同位体分析方法を組み合わせることで，縄文時代人が摂取していたタンパク質源やエネルギー源が明らかとなってきた。さらに同位体混合モデルを考えることで，縄文時代人の食物の摂取割合を復元してみよう。そのために，ここでは基本的な同位体混合モデルについての解説を行う。

　まず生物 Y が 2 資源の餌 A と B を食べる場合を考えてみる（Phillips, 2012）。同位体比は一次元の δ^{13}C である。それらを摂取する割合を f_a と f_b とすると，下記の計算式になる。

$$f_a + f_b = 1$$
$$\delta^{13}\mathrm{C}_y = \delta^{13}\mathrm{C}_a \times f_a + \delta^{13}\mathrm{C}_b \times f_b$$

餌資源と生物の同位体比を測定すれば，方程式が二つで未知数が二つであるため，解を導くことができる。このモデルを線形混合モデル（LMM）と呼ぶことにしよう。ここでは問題を単純化しているため，餌と生物の間の同位体分別とその誤差を考慮していない。また，餌資源や生物そのものの同位体比の誤差も考慮していない。餌資源の炭素濃度は，二つの資源の間で同一であると仮定している。ここで図 3.11 のように，餌資源 A が −12 ‰ であり，餌資源 B が 2 ‰ であるケースを考える。生物 X の体組織が −8 ‰ を示すとしよう。この場合は，生物 X は餌資源 A と B をどれくらいの割合で摂取したのだろうか。答えは，餌資源 A を 71 %，餌資源 B を 29 % であるので，計算してみてほしい。

　次に，3 資源の餌 A と B と C の場合を考えてみる。同位体比は，δ^{13}C と δ^{15}N の二つを用いる。生物 Y の同位体比は，下記の計算式の関係となる。

$$f_a + f_b + f_c = 1$$
$$\delta^{13}\mathrm{C}_y = \delta^{13}\mathrm{C}_a \times f_a + \delta^{13}\mathrm{C}_b \times f_b + \delta^{13}\mathrm{C}_c \times f_c$$
$$\delta^{15}\mathrm{N}_y = \delta^{15}\mathrm{N}_a \times f_a + \delta^{15}\mathrm{N}_b \times f_b + \delta^{15}\mathrm{N}_c \times f_c$$

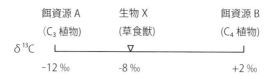

図 3.11. 線形混合モデルと同位体比の関係

　ここでも餌資源と生物 Y の同位体比が分かっていれば，摂取割合を求めることができる。ここでもやはり，同位体分別とその誤差，餌資源や生物 Y の同位体比の誤差，餌資源の炭素・窒素濃度を考慮していない。

　さらに 3 資源の場合を発展させて，餌資源の炭素・窒素濃度を考慮した場合を考える（Phillips and Koch, 2002）。このとき，それぞれの餌資源の炭素濃度と窒素濃度を求めて考慮に入れるため，計算式は一気に複雑になるので，詳細は Phillips and Koch（2002）をご覧いただきたい。ここではそれを視覚的に表現した図 3.12 を示す。アラスカのクマの同位体比と，餌資源として C_3 植物（餌資源 A），陸上肉類（餌資源 B），サーモン（餌資源 C）が表されているが，あくまで考え方の例としてクマの同位体比を図の混合ラインから外れた左上のほうにプロットしている。ここで顕著なのは，C_3 植物の窒素濃度が低いことによって，C_3 植物とサーモンの間の混合曲線が大きくカーブしていることである。これは，C_3 植物に比べてサーモンの窒素濃度，つまりはタンパク質の濃度が高いため，クマの同位体比は少量のサーモン摂取でも，サーモンの窒素同位体比に近づいてしまうということである。言い換えると，C_3 植物を大量に摂取しないと，クマは C_3 植物に近い同位体比を示さないということである。各食物資源の炭素や窒素の濃度が大きく異なる場合，元素濃度を考慮に入れることが重要であることを示唆する。

　ここで，もう一度，津雲人骨と吉胡人骨の炭素・窒素同位体比の結果を見てみよう。炭素同位体比と窒素同位体比には正の相関関係があり，きれいな混合モデルでその分布が説明できることが分かる。炭素・窒素同位体比がどちらも低い陸上資源と，それらが高い海産資源の両方が混合モデルの端点であり，それらを摂取する割合が異なることによって，縄文人骨の分布が決まっている。津雲貝塚の人骨では，窒素同位体比が高いところに分布しており，窒素同位体比の高い海産資源を摂取していたと考えられる。特に津雲人骨の場合，炭素同位体比が低い −19 から −20 ‰ のところで，窒素同位体比だけが大きく変化している。これは食物の濃度を考えた場合，窒素濃度の低い陸上 C_3 植物の大量の摂取と，少量の陸上哺乳類もしくは海

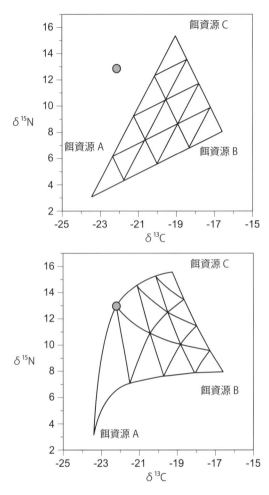

図 3.12. 混合モデルと同位体比の関係（Phillips and Koch, 2002 を参考に筆者作図。下の図は濃度を考慮している。）

産資源の摂取による分布であると解釈できる。縄文人骨の場合，混合モデルで解釈することにより，炭素・窒素同位体比の分布自体が集団の食性の特徴を示してくれる。実はこのようなきれいな相関関係をみせる生物は珍しく，海産資源を利用する人類に典型的な同位体比の分布と捉えることができる。

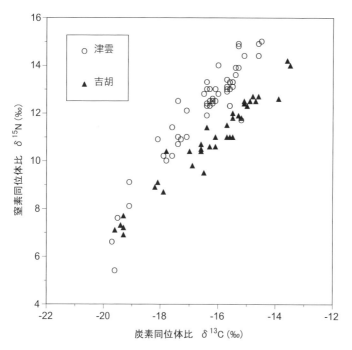

図 3.13. 津雲・吉胡人骨の炭素・窒素同位体比

(2) 食物摂取割合の復元

　先史時代集団の食生態を考える場合，炭素・窒素同位体分析では，食資源の同位体比と人骨の同位体比を比較して，食物摂取を推定することになる。たとえば，人の食物資源が三つあり，二つの同位体比が分かっていれば，それらを摂取した割合を計算することができる。しかし，これが四つの食物資源になると容易には計算ができなくなる。この定量的な食物資源の割合を計算するために，さまざまな手法が用いられてきた (Phillips et al., 2005)。モンテカルロ法，IsoSouce，FRUITS などである。モンテカルロ法 (Minagawa, 1992) や IsoSouce (Phillips and Gregg, 2003) の手法では，食物資源の同位体比の誤差や，同位体分別の誤差の評価がなされていない。ベイズ統計を用いるパーネル Parnell ほか (2010) の手法では，食物資源の誤差の評価なども考慮されているが，栄養素の経路が考慮されていない。FRUITS (Fernandes et al., 2014) はベイズ統計を用いて，栄養素の経路が考慮されているという利点がある。それらのソフトウェアには長所と短所があり，研究の目的に沿った適切な使用を行い，得られた結果の解釈にも十分な注意を払うことが必要である

(Phillips et al., 2014)。

　そもそも生物であるヒトは食物を摂取し，代謝を行うことで生きている。マクロ栄養素として，炭水化物・タンパク質・脂質がある。炭水化物は，ヒトの1日の消費エネルギーの60％を占め（香川，2010），消化管で単糖類に分解されて吸収される。脂質は，胆汁で乳化されグリセリンと脂肪酸になり，リンパ管で輸送される。タンパク質は，消化管でアミノ酸に分解され，窒素や硫黄源として重要である。必須アミノ酸は体内で合成できないため食物から摂取する必要がある。非必須アミノ酸は体内で合成できる。この合成される反応過程において同位体分別が生じ，体内の窒素同位体比が高くなる。

　前述した通りタンパク質である骨コラーゲンは，食物中のタンパク質の同位体比をよく反映している。歯のエナメル質や骨のハイドロキシアパタイト中の二酸化炭素は，血中の二酸化炭素に由来し，それは各細胞でエネルギー生産のための代謝によって生じた二酸化炭素に由来する。よって，それらの炭素同位体比は，エネルギー源となった食物の値をよく反映している。つまり，歯のエナメル質の炭素同位体比には，炭水化物や脂質の同位体比がより反映されやすいということである。このことを，縄文人骨の骨コラーゲンと歯のエナメル質の炭素同位体比の研究にも応用した。骨コラーゲンにはタンパク質源となった海産資源の値がよく反映されているのに対し，歯のエナメル質にはエネルギー源となった陸上資源の値がよく反映されていた。このようなマクロ栄養素の合成経路も考慮した同位体比混合モデルが報告されている（Fernandes et al., 2014, 2015）。本書の目的は，このFRUITSを用いて縄文人骨の食性の定量的な復元を試みることである。

　ベイズ混合モデルであるFRUITSを用いて，各食物の摂取割合を計算した（Fernandes et al., 2014）。FRUITSを利用すると，各食物をどのような割合で摂取したのか，それぞれの食物がどのような割合で骨コラーゲンの同位体比へ寄与したのかについて計算することができる。骨コラーゲンへの海産物依存度の推定を行うことができるので，放射性炭素年代測定の海産物依存度の校正に使用できる利点がある。

　モデルの設定は，フェルナンデス Fernandes ほか（2014）の設定を基本にして行い，いくつかのパラメータを縄文時代人に当てはめるために新たに設定した。食性の指標として，$\delta^{13}C_{coll}$, $\delta^{15}N$, $\delta^{13}C_{enamel}$ を用いた。すべての個体について $\delta^{13}C_{enamel}$ を得られた訳ではなかったので，それを測定できなった個体については，回帰直線の方程式から推定した（$\delta^{13}C_{enamel} = 0.42 \times \delta^{13}C_{coll} - 4.33$）。

　代表的な食物資源として，C_3 植物，陸上哺乳類，海産魚類，海産貝類の四つを

使用した。食物分画として，バルク（食物全体のこと），タンパク質，エネルギー（炭水化物と脂質のこと）の三つを設定した。食物と体組織の間の同位体分別の値として，表3.5にある値を用いた（Minagawa and Wada, 1984; Howland et al., 2003; Fernandes et al., 2012; Ambrose and Norr, 1993; Tieszen and Fagre, 1993; Jim et al., 2004; Warinner and Tuross, 2009）。窒素同位体比の同位体分別は，3.4‰を用いた（Minagawa and Wada, 1984）。

各食物資源の炭素・窒素同位体比は公表済みのデータセットから引用した（表3.6; Yoneda et al., 2004b）。

マクロ栄養素の分画の濃度は，縄文時代人が摂取したと考えられる代表的な食物を選び，日本の食品成分データベースから引用した（文部科学省, 2010；表3.7）。

ベイズ推定の事前情報として，タンパク質の炭素の寄与率は食物全体の10から35％と設定した。エスキモーのような極北の狩猟採集民だと57％というデータもあるが，狩猟採集民の食事では通常15から20％の炭素寄与率が得られている（Fernandes, 2015）。

また，FRUITSの結果と比較するために，骨コラーゲンの炭素同位体比のみを用いた線形混合モデル（LMM）による海産物依存度の推定も行った。陸上資源の値を−20.7‰とし，海産資源の値を−9.6‰とする二つの端点（エンドメンバー）を設定した。

同位体混合モデルFRUITSにより縄文人骨の安定同位体比から定量的な食性復元を行った（表3.8, 図3.14）。その結果，四つの食物資源の摂取割合を計算することができた。図3.14にはその確率分布とボックスプロットを示している。大田・津雲・吉胡・稲荷山人骨の食物資源の摂取割合の計算結果を表3.8に示している。各集団の炭素・窒素同位体比の平均値を基に計算した場合，C_3植物の摂取割合の平均値は，63から65％と高い値が得られた。縄文時代人の食料資源は，植物質食料が重要であったことが示唆されている（山内, 1964; 渡辺, 1975; 西田, 1980）。すり石や石皿は堅果類をすりつぶすのに使用され，貯蔵穴にみられる堅果類の利用の証拠がある。ツルマメやヤブツルアズキなどは縄文時代に栽培化されていったと考えられている。計算の結果，歯のエナメル質の炭素同位体比への植物の寄与率は，平均値で63から65％を示した（表3.8）。このことはエネルギー源として植物が半分以上を占めていたこと表している。これらのように，同位体混合モデルの計算結果によって，植物質食料の消費は縄文時代人にとって重要なエネルギー源だったことが分かる。

第3章　食性の新たな側面に光りを照らす——103

陸上哺乳類の摂取割合は，10 から 12 ％であり，魚介類の摂取割合は 22 から 26 ％だった。陸上哺乳類よりも海産資源の摂取割合が高いことは，縄文時代に海産資源が重要な食物資源だったことを示唆する。特に骨コラーゲンの炭素同位体比への寄与率を計算した結果，食事全体の計算結果よりも陸上哺乳類や海産資源の寄与率が増える。このことは，タンパク質の含量の多い陸や海の肉から，骨のタンパク質であるコラーゲンが合成されていることを意味している。この結果は，マクロ栄養素の濃度と同位体比を設定し，コラーゲンは食物タンパク質から合成される割合が高いということを，FRUITS のパラメータとして入力したことにより出力された結果である。モデルで与えた前提に沿った形で，寄与率が計算されたということである。

　第 2 章から考察してきた通り，各集団内の食性の変異が大きいことが，沿岸部に居住した縄文時代人の特徴である。集団の平均値だけを比べるとこのことが分からないため，吉胡人骨から 3 個体を抽出して，食性の変異を検討することにした。窒素同位体比が低い個体から高い個体まで抽出した吉胡貝塚人骨 3 個体の計算の結果，特に植物資源は平均値で 58 ％から 83 ％までの大きな変動を示した。陸上哺乳類は 4 ％から 10 ％とあまり変動を示さなかった。海産魚類は 2 ％から 25 ％までの変動を示し，海産貝類も 5 ％から 18 ％までの変動を示した（表 3.9，図 3.15）。窒素同位体比が高い個体ほど，海産資源を摂取する割合が高く，陸上資源を摂取する割合が低かった。このように，骨コラーゲンの炭素・窒素同位体比に現れている大きな食の個人差を定量的に復元できることが，同位体混合モデルの利点である。歯のエナメル質の炭素同位体比も考慮に入れており，解析結果は，より食事全体中の各資源の摂取割合に近い。

　集団内における食性の違いを調べると，大田貝塚人骨において男女による食性の差違が見つかった。このことを，混合モデルにより検討することにより，その違いを定量的に考察することにした。大田貝塚の男性と女性の同位体比について，食物資源の摂取割合を計算したのが図 3.16 と表 3.10 である。海産魚類の摂取割合が男性の場合 20 ％なのに比べて，女性では 13 ％である。海産貝類では逆に女性のほうが 3 ％ほど高くなっている。これらは，男女の違いが骨コラーゲンの窒素同位体比に現れていたために，より窒素同位体比の高い資源である海産魚類の摂取割合の違いとして現れている。歯のエナメル質の炭素同位体比には大きな違いがなく，計算された C_3 植物の摂取割合には 1 ％ほどしか違いがない。食事全体のエネルギー源としては，男女でそれほど食性に違いがなかったとも言うことができる。大田

表 3.5. 混合モデルのための同位体分別と重要寄与率の値

	同位体分別	SE	重量寄与率						参考文献
			バルク	SE	タンパク質	SE	エネルギー	SE	
$\delta^{13}C_{collagen}$	4.8	0.5	0	0	74	4	26	0	Fernandes et al., 2012
$\delta^{15}N_{collagen}$	3.4	0.5	0	0	100	0	0	0	Minagawa and Wada, 1984
$\delta^{13}C_{enamel}$	10.1	0.5	100	0	0	0	0	0	Fernandes et al., 2012

表 3.6. 食物資源の分画ごとの同位体比の値

	分画	$\delta^{13}C_{coll}$	SE	$\delta^{15}N_{coll}$	SE	$\delta^{13}C_{enamel}$	SE
C₃ 植物	バルク	-	-	-	-	−25.0	1
	タンパク質	−27.4	1	1.2	1	-	-
	エネルギー	−24.9	1	-	-	-	-
陸上哺乳類	バルク	-	-	-	-	−25.9	1
	タンパク質	−22.8	1	6.3	1	-	-
	エネルギー	−28.8	1	-	-	-	-
海産魚類	バルク	-	-	-	-	−14.4	1
	タンパク質	−12.7	1	14.4	1	-	-
	エネルギー	−18.7	1	-	-	-	-
海産貝類	バルク	-	-	-	-	−18.8	1
	タンパク質	−14.3	1	8.3	1	-	-
	エネルギー	−20.3	1	-	-	-	-

表 3.7. 食物資源ごとの分画の濃度

	濃度						食物
	バルク	SE	タンパク質	SE	エネルギー	SE	
C₃ 植物	100	2.5	6	2.5	94	2.5	クリ，シイ，トチ
陸上哺乳類	100	2.5	62	2.5	38	2.5	ニホンジカ，イノシシ
海産魚類	100	2.5	72	2.5	28	2.5	マダイ，クロダイ，スズキ，フグ，マサバ
海産貝類	100	2.5	73	2.5	27	2.5	カキ，サザエ，ハマグリ

貝塚人骨の男性と女性の食性の違いには，主に海産魚類の摂取割合の違いが原因であった。

さらに，稲荷山人骨においては，性別のみならず抜歯系列に関係して食性が違っていた。4I 系男性，2C 系男性，4I 系女性ごとに摂取割合の違いを計算した。その

表 3.8. 各集団の食物摂取割合の計算結果

		大田		津雲		吉胡		稲荷山	
		平均値	SD	平均値	SD	平均値	SD	平均値	SD
食物摂取割合（%）		平均値	SD	平均値	SD	平均値	SD	平均値	SD
C_3 植物		63.9	7.4	63.6	7.2	63.5	7.4	64.9	8.4
陸上哺乳類		10.8	7.3	9.9	7.0	10.7	7.7	12.4	8.9
海産魚類		13.8	6.7	13.6	7.2	11.6	7.1	6.9	4.9
海産貝類		11.5	8.2	12.8	8.7	14.3	9.0	15.7	8.8
分画（%）		平均値	SD	平均値	SD	平均値	SD	平均値	SD
バルク		49.5	0.6	49.5	0.6	49.5	0.6	49.4	0.7
タンパク質		14.5	2.3	14.7	2.3	14.8	2.3	14.3	2.5
エネルギー		36.0	2.3	35.8	2.3	35.8	2.3	36.3	2.6
プロキシ（食物資源）（%）		平均値	SD	平均値	SD	平均値	SD	平均値	SD
$\delta^{13}C_{collagen}$	C_3 植物	46.8	8.4	46.5	8.2	46.5	8.5	48.5	9.9
$\delta^{13}C_{collagen}$	陸上哺乳類	14.8	9.8	13.7	9.4	14.7	10.5	17.2	11.9
$\delta^{13}C_{collagen}$	海産魚類	20.9	9.9	20.5	10.6	17.4	10.5	10.4	7.3
$\delta^{13}C_{collagen}$	海産貝類	17.4	12.2	19.4	12.9	21.5	13.2	23.9	13.0
$\delta^{15}N_{collagen}$	C_3 植物	13.7	6.5	13.6	6.4	14.0	6.7	15.9	7.9
$\delta^{15}N_{collagen}$	陸上哺乳類	22.5	14.0	20.7	13.7	22.2	15.3	26.4	17.3
$\delta^{15}N_{collagen}$	海産魚類	35.0	16.6	33.9	17.4	28.6	17.0	17.6	12.3
$\delta^{15}N_{collagen}$	海産貝類	28.9	19.8	31.8	20.6	35.3	21.0	40.1	20.7
$\delta^{13}C_{enamel}$	C_3 植物	63.9	7.5	63.6	7.2	63.5	7.4	64.9	8.5
$\delta^{13}C_{enamel}$	陸上哺乳類	10.8	7.3	9.9	7.0	10.7	7.7	12.4	8.9
$\delta^{13}C_{enamel}$	海産魚類	13.8	6.7	13.7	7.2	11.6	7.2	6.9	4.9
$\delta^{13}C_{enamel}$	海産貝類	11.5	8.2	12.8	8.8	14.3	9.0	15.8	8.9
プロキシ（食物資源）（%）		平均値	SD	平均値	SD	平均値	SD	平均値	SD
食事全体	海産物依存度	25.3	10.6	26.4	11.4	25.9	11.5	22.6	10.1
$\delta^{13}C_{collagen}$	海産物依存度	38.3	15.7	39.9	16.7	38.9	16.9	34.3	14.9

結果，4I 系の男性が海産資源を 16 % 摂取していたのに対して，2C 系の男性は 33 % 摂取していた（図 3.17）。これは大きく食性が違うということができる。4I 系女性は，男性グループと比較して中間的な値を示した。集団内においても抜歯系列と性別によって，これほど食性が異なるというのはたいへん面白い事例である。

各モデルの評価を行うため FRUITS と LMM の違いも検討した（表 3.11）。FRUITS は骨コラーゲンの炭素同位体への各食物資源の寄与率を計算することができる。その結果，食事全体への寄与率に比べて，骨コラーゲンの炭素同位体へは，植物資源の寄与率が若干低く，ほかの資源の寄与率が高い結果となっている。これは，骨コラーゲンは食物タンパク質から合成される割合が高く，食物資源のタンパク質含量は植物で低く，ほかの資源で高いことを反映している。いっぽうで骨コラ

表 3.9. 吉胡人骨の食物摂取割合の計算結果

食物摂取割合 (%)		341		295		281	
		Mean	SD	Mean	SD	Mean	SD
C_3 植物		58.4	3.3	65.9	7.5	82.6	9.2
陸上哺乳類		3.9	3.3	9.7	7.1	10.4	9.5
海産魚類		25.1	6.8	6.8	4.3	1.9	1.5
海産貝類		12.5	7.7	17.6	7.7	5.1	3.5
分画 (%)		Mean	SD	Mean	SD	Mean	SD
バルク		49.6	0.6	49.3	0.7	49.1	0.8
タンパク質		16.5	1.0	14.3	2.2	9.2	2.6
エネルギー		33.9	1.0	36.4	2.3	41.8	2.6
プロキシ (食物資源) (%)		Mean	SD	Mean	SD	Mean	SD
$\delta^{13}C_{collagen}$	C_3 植物	39.7	3.8	49.8	8.6	72.2	12.1
$\delta^{13}C_{collagen}$	陸上哺乳類	5.3	4.5	13.3	9.5	15.8	13.4
$\delta^{13}C_{collagen}$	海産魚類	36.6	9.6	10.2	6.4	3.2	2.6
$\delta^{13}C_{collagen}$	海産貝類	18.5	11.3	26.7	11.2	8.8	5.8
$\delta^{15}N_{collagen}$	C_3 植物	9.1	4.0	17.5	7.2	39.8	14.2
$\delta^{15}N_{collagen}$	陸上哺乳類	7.4	6.2	20.2	13.6	31.4	21.8
$\delta^{15}N_{collagen}$	海産魚類	55.3	14.4	17.3	11.1	7.9	6.6
$\delta^{15}N_{collagen}$	海産貝類	28.1	17.2	44.9	18.1	20.9	13.6
$\delta^{13}C_{enamel}$	C_3 植物	58.4	3.3	65.9	7.5	82.6	9.2
$\delta^{13}C_{enamel}$	陸上哺乳類	3.9	3.4	9.7	7.1	10.4	9.5
$\delta^{13}C_{enamel}$	海産魚類	25.1	6.8	6.8	4.3	1.9	1.5
$\delta^{13}C_{enamel}$	海産貝類	12.5	7.7	17.6	7.7	5.1	3.5
プロキシ (食物資源) (%)							
食事全体	海産物依存度	37.7	10.3	24.4	8.8	7.0	3.8
$\delta^{13}C_{collagen}$	海産物依存度	55.0	14.8	36.9	12.9	12.0	6.4

ーゲンの炭素同位体比のみを用いた線形混合モデル（LMM）の結果，陸上資源と海産資源の割合を求めることができた。この結果とFRUITSの結果を比較してみると，線形混合モデルのほうが若干海産資源の寄与率が高いことが分かる。このことは，炭水化物の摂取割合をよく反映している歯のエナメル質の炭素同位体比を計算に考慮していないことから生じていると考えられる。寄与率の違いは0から9.6％であり，モデル間の違いは大きくないことが分かった。

　以上のように，骨コラーゲンの同位体比だけではなく，歯のエナメル質の同位体比も組み合わせて，同位体混合モデルを用いることで，縄文時代人の食物摂取割合を計算することに成功した。

表 3.10.　大田・稲荷山人骨の食物摂取割合の計算結果

| | 大田 | | | | 稲荷山 | | | | | |
| | 男性 | | 女性 | | 男性 4I 系 | | 男性 2C 系 | | 女性 4I 系 | |
食物摂取割合（%）	Mean	SD	Mean	SD	Mean	SD	Mean	SD	Mean	SD
C_3 植物	63.4	6.6	64.6	7.8	66.9	9.4	60.7	4.5	66.5	8.9
陸上哺乳類	9.0	6.2	12.0	7.9	17.5	9.5	5.9	4.8	12.6	9.0
海産魚類	19.6	5.5	12.6	6.4	4.7	3.3	9.1	5.9	4.1	3.2
海産貝類	7.9	6.2	10.8	7.9	10.8	5.8	24.3	8.2	16.9	8.1
分画（%）	Mean	SD	Mean	SD	Mean	SD	Mean	SD	Mean	SD
バルク	49.5	0.6	49.5	0.6	49.4	0.7	49.4	0.6	49.3	0.7
タンパク質	14.7	2.1	14.3	2.4	13.5	2.7	16.0	1.4	13.9	2.7
エネルギー	35.8	2.0	36.3	2.4	37.2	2.7	34.6	1.4	36.7	2.7
プロキシ（食物資源）（%）	Mean	SD	Mean	SD	Mean	SD	Mean	SD	Mean	SD
$\delta^{13}C_{collagen}$　C_3 植物	45.9	7.2	47.9	8.9	51.4	11.0	43.0	5.0	50.6	10.5
$\delta^{13}C_{collagen}$　陸上哺乳類	12.4	8.3	16.6	10.5	24.5	12.4	8.0	6.4	17.4	12.0
$\delta^{13}C_{collagen}$　海産魚類	29.6	7.9	19.1	9.5	7.3	5.0	13.3	8.5	6.2	4.9
$\delta^{13}C_{collagen}$　海産貝類	12.1	9.3	16.5	11.8	16.8	8.8	35.8	11.8	25.7	11.8
$\delta^{15}N_{collagen}$　C_3 植物	12.5	5.5	14.5	6.8	18.3	8.7	12.1	4.7	18.0	8.5
$\delta^{15}N_{collagen}$　陸上哺乳類	18.5	11.8	25.3	15.1	38.6	17.1	11.5	9.0	27.0	17.4
$\delta^{15}N_{collagen}$　海産魚類	48.9	13.2	32.5	16.2	13.0	9.1	20.6	13.3	10.9	8.6
$\delta^{15}N_{collagen}$　海産貝類	20.0	15.4	27.7	19.4	30.1	16.0	55.8	18.0	44.1	18.9
$\delta^{13}C_{enamel}$　C_3 植物	63.4	6.6	64.6	7.8	66.9	9.4	60.7	4.5	66.5	8.9
$\delta^{13}C_{enamel}$　陸上哺乳類	9.0	6.2	12.0	7.9	17.5	9.5	5.9	4.8	12.6	9.0
$\delta^{13}C_{enamel}$　海産魚類	19.6	5.5	12.6	6.4	4.7	3.3	9.1	5.9	4.1	3.2
$\delta^{13}C_{enamel}$　海産貝類	7.9	6.2	10.8	7.9	10.8	5.8	24.3	8.2	16.9	8.2
プロキシ（食物資源）（%）	Mean	SD	Mean	SD	Mean	SD	Mean	SD	Mean	SD
食事全体　海産物依存度	27.5	8.3	23.4	10.2	15.6	6.7	33.4	10.1	20.9	8.8
$\delta^{13}C_{collagen}$　海産物依存度	41.7	12.2	35.6	15.1	24.1	10.1	49.1	14.6	32.0	12.8

表 3.11.　モデル間の海産物依存度推定結果の違い

| No. | FRUITS | | LMM | | 差 |
	Marine%	SD	Marine%	SD	
341	55.0	14.8	64.6	0	9.6
295	36.9	12.9	36.9	0	0.0
281	12.0	6.4	12.8	0	0.8

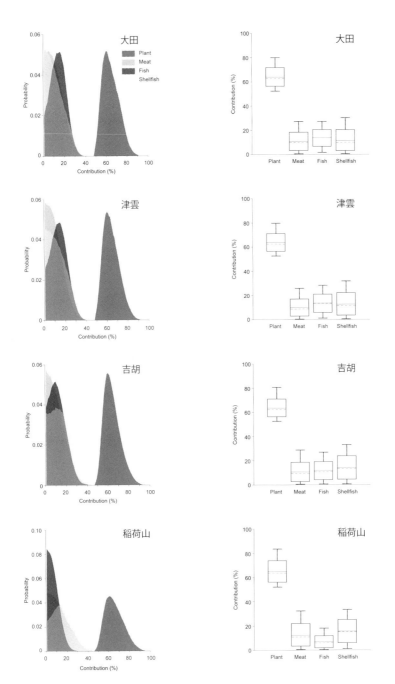

図 3.14. 縄文人集団の食物摂取割合の計算結果

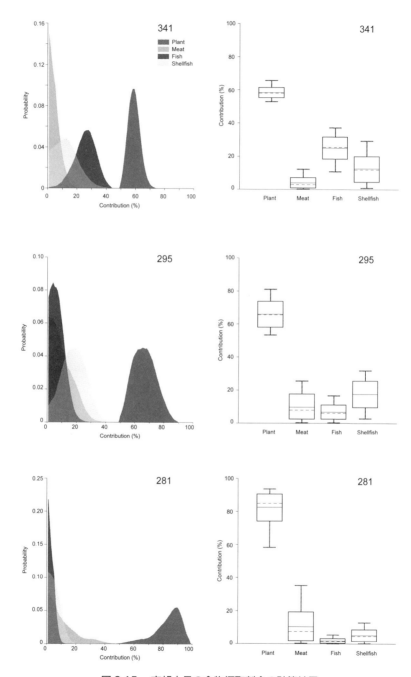

図 3.15. 吉胡人骨の食物摂取割合の計算結果

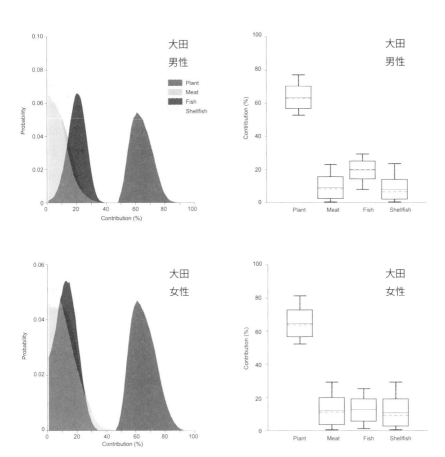

図 3.16. 大田人骨の性別ごとの食物摂取割合の計算結果

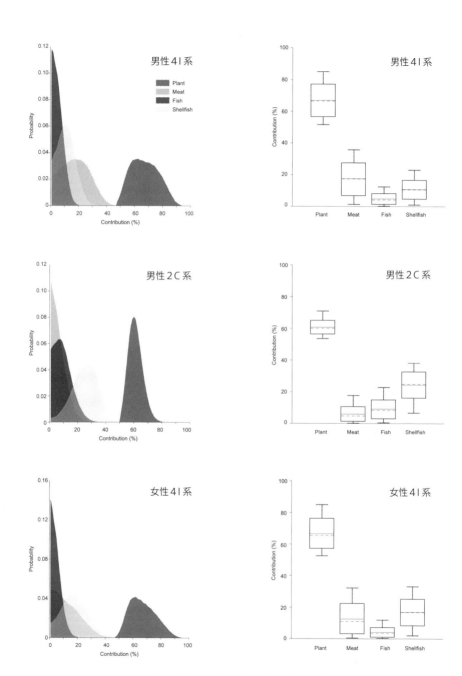

図 3.17. 稲荷山人骨の食物摂取割合の計算結果

コラム

3 現代人の食性

COLUMN

　ヒトは世界中に拡散し，その地域固有の食文化を発展させてきたが，食物の生産や分配のグローバル化によって，地球規模に食性パターンが均質化する可能性がある。(Hawkes, 2006: Phillips, 2006)。アジア諸国において都市化やライフスタイルが西洋化するとともに，食生活も西洋化する傾向にあった（Pingali, 2004）。西洋においては，肉のタンパク質や脂質，精製された炭水化物を多量に消費し，食物繊維の割合は少ない。しかし，最近ではグローバル化した食料品があるにも関わらず，地域の食物生産と，地域の文化に基づいた食料消費がなされることが認識されつつある（Martinelli et al., 2011）。たとえば，グローカライゼーションという言葉にみられるように，グローバル化した企業による食品生産が，各地域で生産された家畜・農産物を用いてなされることもある（Turner, 2003）。国境を越える食のグローバル化は人類の食生態を複雑に変化させつつある。

　日本においても食物のグローバル化は進みつつある（Kagawa, 1978; Lands, 1990; Pingali, 2004）。日本の食生活は戦後に急速に変化し，1950年から1975年ごろにかけて牛乳や肉，卵などの消費が増え，大麦やイモ類，コメの消費割合は減少した。1960年から1972年の高度経済成長期には，肉のタンパク質や脂質の消費量が急激に増加した。このころ，コールドチェーンと呼ばれる冷凍や冷蔵による食品の供給体制が整備され，いわゆるスーパーマーケットが増える。食の西洋化とともに，死亡原因として癌が増加するいっぽう，平均余命は増加する。1975年以降には，炭水化物摂取の減少とともに，タンパク質や脂質の摂取割合が増える。1975年ごろまで魚介類の消費量は増加するが，その後は増加せず，1990年ごろに輸入される魚介類の割合が増える。海外から輸入した食品は増加し，食物自給率は低下の一歩をたどっている。和食の栄養バランスは優れており，家畜のタンパク質や脂を多量に摂取する西洋化した料理とは異なる。1980年代の日本の食事は，タンパク質・脂質・炭水化物のバランスが理想的であったと考えられている。和食はユネスコ無形文化遺産に

113

登録されるなど，栄養バランスの優れた点からも見直されつつある。和食は，四季の移ろいを大切にして，日本でとれた多様で新鮮な農産物や海産物を調理することに特徴がある。現代の日本人の多くは伝統的な和食文化を摂取するいっぽうで，輸入された食料品と西洋化した料理も摂取している。しかし実際のところ，国産の商品や輸入食品が大量に流通しており，日本人の食の均質化がどの程度なのかについて調べることはとても難しい。

　髪の毛や爪の同位体分析は，現代人の食べ物の起源を推定することのできる重要な手法である。髪の毛や爪などのタンパク質は，摂取された食物から体内で合成されている。炭素・窒素同位体比の分析によって，現代人の食性も明らかにすることができる。これまで，アメリカ（Nardoto et al., 2006; Schoeller et al., 1986; Valenzuela et al., 2011），ブラジル（Nardoto et al., 2006），イギリス（Bol and Pfleiger, 2002; O'Connell and Hedges, 1999），ドイツ（Petzke et al., 2005），ほかのヨーロッパの国々（Buchardt et al., 2007; Valenzuela et al., 2012），アジアの国々（Thompson et al., 2010）の人々の髪の毛の同位体比が測定されてきた。トウモロコシ飼料などのC_4植物やそれを食べた家畜に依存しているアメリカと，C_3植物生態系に基礎を置くヨーロッパとでは，髪の毛の同位体比が異なることが明らかとなっている（Valenzuela et al., 2012）。1984 年から 1985 年に集められた日本人の髪の毛の値や（Minagawa et al., 1992），公衆衛生を目的として髪の毛と水銀濃度との関係も調べられている（Endo et al., 2013, 2015）。食生活のグローバル化への変化は著しく，近年における日本人の食性を調べることは重要である。また，縄文時代人の食性の変異と現代日本人の食性の変異を比較することも筆者らの興味を引いた。

　そこで，現代日本人 1305 人の髪の毛を，2007 年から 2010 年にかけて集めた。すべて匿名のボランティアの方々である。一人当たり，約 5 cm の髪の毛を数本切ってもらい，ビニールパック内で保管した。比較のために，韓国人 32 人，インド人 21 人，モンゴル人 10 人から髪の毛を提供してもらった。

　現代日本人の髪の毛の炭素・窒素同位体比は，各食物の同位体比の中間に位置しており，現代日本人の食性はそれらの食品の混合食であることを示唆する（図 C3.1）。髪の毛の炭素同位体比は，コメや野菜などのC_3植物の低い同位体比と，トウモロコシなどのC_4植物とそれらを飼料として与えられた家畜の高い同位体比の中間に位置する。また，窒素同位体比は，栄養段階の低い植物や家畜の低い同位体比と，栄養段階の高い海産魚類の高い同位体比の中間に位置する。主にこれらの三つの食物資源の混合によって，現代日本人の同位体比は決まっていると考えられる。南川 Minagawa

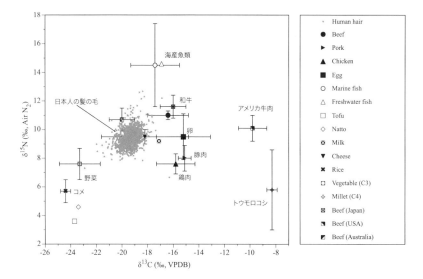

図 C3.1. 日本人の髪の毛と食物の炭素・窒素同位体比

(1992) によると，日本人の髪の毛を分析した結果，日本人の食性は，五つの食料資源からなるとしている。コメや野菜を含む C_3 植物，大豆など窒素固定をする植物，トウモロコシやアワを含む C_4 植物，陸上動物の肉やミルク，海産魚や淡水魚などの魚類である。南川 Minagawa (1992) の結果にみられるように，現代日本人の C_4 植物の摂取割合は低い。また，C_3 植物と窒素固定をする植物の同位体比は近く，ひとまとめにすることができる。よって，C_3 植物，家畜，海産物の三つの資源の混合によって，現代日本人の髪の毛の同位体比を解釈するのは妥当であると考えられる。

現代日本人の髪の毛の炭素・窒素同位体比の変動は，±0.6‰ と非常に小さく，食性の差がとても小さいことが分かる。都道府県ごとに同位体比を比較してみると，高い値を示す県と低い値を示す県の変動が見つかるが，その変動は 1‰ 以下ととても小さい。このことは，現代日本人の食物摂取の地域差がとても小さいことを意味するとともに，食料のグローバル化と食物流通の発展した日本において，日本人の食物摂取が均質化している現状を示唆する。このような髪の毛の同位体比の小さな変異は他国においても観察される。ヨーロッパの国々では，各国において炭素同位体比の変動が ±0.7‰ 以下であり，ヨーロッパ全体においても ±0.8‰ 以下である (Valenzuela et al., 2012)。その窒素同位体比の変動は，各国において ±0.6‰ 以下であり，ヨーロッパ全体においても ±0.5‰ 以下である。アメリカにおいては，炭素同位体比で

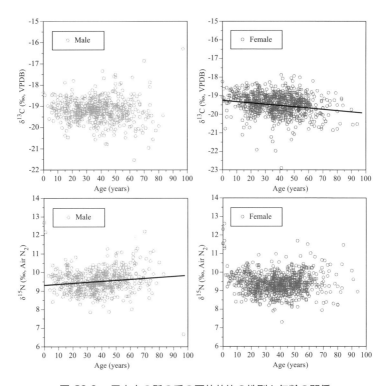

図 C3.2. 日本人の髪の毛の同位体比の性別と年齢の関係

±0.8 ‰ 以下であり，窒素同位体比では ±0.5 ‰ 以下と，ヨーロッパ同様に小さい。このように，産業化して食物の流通が発達した日本やヨーロッパ，アメリカ諸国においては，髪の毛の同位体比の変動が小さいようである。いっぽう，中国，インド，モンゴルにおいては，±1.0 ‰ 以上の大きな同位体比の変動が記録されている (Thompson et al., 2010)。たとえば中国では，北の地域では C_4 植物のアワなどを好み，南では C_3 植物のコメが好まれる (Leppman, 2005)。このようにアジアのほかの国々においてどの程度食性の変動があるのかについては，より詳細な研究が必要である。

現代日本人の髪の毛の同位体比を，性別や年齢で比較すると違いが見つかった（図C3.2）。成人男性は成人女性よりも炭素・窒素同位体比が高い傾向にあった。これは，成人男性が海産魚類や C_4 植物や肉類をより摂取するのに対して，成人女性が C_3 植物を摂取する傾向にあると考えられる。未成年個体においては，0歳から1歳の乳児において，高い窒素同位体比がみられた。これは母乳の摂取に伴う窒素同位体比の上昇

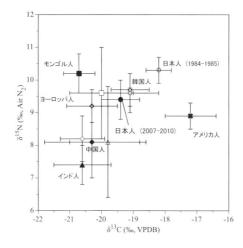

図 C3.3. 日本人と他国の人の髪の毛の同位体比の比較

であると考えられる（Fuller et al., 2006）。年齢で比較すると，年とともに女性は炭素同位体比が下がる傾向にあり，C_4 植物や肉類を摂取する傾向が減少していると考えられる。男性では，年とともに窒素同位体比が高くなる傾向にあり，より魚食の傾向に傾いていると考えられる。1984 年から 1985 年にかけての日本人の髪の毛の同位体比データにおいては，性差は見つかっていない（Minagawa, 1992）。他国においても，性差が見つかっていない集団と（Nardoto et al., 2006），非常に小さな性差が見つかっている集団がある（Petzke et al., 2005b）。本書のデータはサンプルサイズが大きいため，食性の性差がみられたと考えられる。

　本書で得られた現代日本人の髪の毛のデータを，1984 年から 1985 年にかけて各国の人々の髪の毛の同位体比を調べたデータ（Minagawa, 1992）と比較した（図 C3.3）。その結果，炭素・窒素同位体比とも 1980 年代に比べ低い値となっている。タンパク源の比率として魚の割合が下がったため，窒素同位体比が低くなった可能性がある。また米国産食品の輸入とともに C_4 生態系に由来する食品の摂取品目が増加し，近年では中国産の輸入品の増加とともに C_3 生態系に由来する食品の割合が増加していることも影響している可能性がある。このように食物自給率の低い現代日本においては，食品の輸入構造の変化が，髪の毛の同位体比の変動として記録されている。

　国別に比較すると，日本人の髪の毛の同位体比は，炭素同位体比では米国とヨーロッパの中間に位置する。米国が C_4 植物であるトウモロコシなどの穀類やそれらを飼

料とする家畜を摂取する食生活なため，炭素同位体比が高いと考えられる。いっぽう，ヨーロッパでは，C_3 植物を飼料とした家畜などを食べる傾向にあるため，炭素同位体比が低いと考えられる。現代日本人の髪の毛は，コメなどの C_3 植物と，C_4 植物を飼料とした家畜などを摂取するため，炭素同位体比は中間に位置すると考えられる。日本においては，アメリカやヨーロッパに比べて，肉を摂取する割合は低い（Speedy, 2003）。窒素同位体比は，海産物の摂取が最も関係していると考えられ，現代日本人の窒素同位体比は，米国やヨーロッパよりも高く，より栄養段階の高い海産物への依存度が高いと考えられる。

　また，中国やインドなどのアジア諸国と比べると，現代日本人の髪の毛の炭素同位体比は高い傾向にあることが分かる。中国，モンゴルやインドの食物は，C_3 生態系に由来すると考えられ，それによって低い炭素同位体比を示すと考えられる（Thompson et al., 2010）。現代日本人の窒素同位体比は，中国やインドやパキスタン人より高く，モンゴル人と同程度である。肉をほとんど食べないビーガンを含むインド人は，特に低い窒素同位体比を示す。いっぽうで，ほぼ毎日ヒツジの肉やミルクを食すモンゴル人においては，高い窒素同位体比を示している。アジア諸国の中でも，生態系と食生活の多様性によって，髪の毛の同位体比の変異が生じている。

　日本の縄文時代の人骨コラーゲンの安定同位体分析によると，地域間に食性の大きな変異があったことが明らかとなっている。縄文時代は狩猟採集漁労の生活をしており，他地域との食物の流通はほとんどなかったと考えることができる。本州と北海道の古人骨において，炭素同位体比は 8.2 ‰ の変動（−22.3 ‰ から −14.1 ‰ の範囲）を示し，窒素同位体比は 13.6 ‰ の変動（5.4 ‰ から 19.0 ‰）を示している（南川, 2001）。現代日本人の髪の毛では，炭素同位体比で 6.6 ‰，窒素同位体比では 6.0 ‰ の変動であり，変動が小さいことが分かる。集団内の変動を比べてみると，炭素同位体比では ±0.1 から 1.9 ‰（1 標準偏差），窒素同位体比では ±0.1 から 2.3 ‰ ととても大きな変動が報告されており（南川, 2001），これと比較して現代人の髪の毛の変動がとても小さいことが分かる。これらのことは，縄文時代は地域ごとの環境から得られる食物に適応した生業を行っていたのに対し，現代日本においては食物流通の発達とともに食性が均質化している現状を示唆する。髪の毛の安定同位体比から見れば，地域ごとに得られる食物への強い依存は失われてしまったと考えることができる。

　なおこの研究は，総合地球環境学研究所プロジェクト「日本列島における人間 - 自然相互間の歴史的・文化的検討」の一環として行われたものである。

第4章

縄文時代人の集団間移動を復元する

——総合地球環境学研究所の TIMS——

ここでは，ストロンチウムの同位体比の分析によって，どのようにして集団間の移動が分かるのか解説する。まず歯や骨への土壌に由来する続成作用について検討する。その後，ストロンチウム同位体分析を初めて縄文人骨に応用した事例を紹介する。あなたはあなたが住んでいた場所を記録している。そして古人骨は生きていた場所を語り始める。ただ黙々と。

1. ストロンチウム同位体分析のための溶解度プロファイル

古人骨の化学組成は埋葬されていた期間に生じる続成作用によって影響を受ける。ストロンチウム（Sr）同位体分析にとって，骨試料や歯から生物に由来するバイオロジカルなシグナルを得ることがたいへん重要である。もし続成作用に由来するSrが生物のハイドロキシアパタイトとは溶解度の異なる二次ミネラルに存在するならば，弱酸による連続的な試料の洗浄によって生物に由来するSrを得ることができる可能性がある（Sillen, 1986）。シレンSillen（1986）は，酢酸緩衝溶液（0.1 mol/L, pH = 4.5）を用いて1分間の洗浄を25回にわたって連続的に行い，生物由来のSrが回復されるか検討を行った。初めの6分間においてSr/Ca比が高く，最も溶解度の高い炭酸塩を含むアパタイトが溶出していた。20分から25分間においては最もCa/P比が安定しており，生物に由来するミネラルが溶出している可能性が高いことが明らかとなった。洗浄後の残渣はアパタイトにおける最も溶解度の低い成分を含んでおり，フロロアパタイトが残っていると考えられている。

続いてホップHoppeほか（2003）も，生物に由来するSrを得るために化石の骨試料と歯のエナメル質に対して溶解度プロファイルを用いて評価した。酢酸による洗浄後も大部分（80％）の続成作用に由来するSrは骨試料に残存しているのに対して，歯のエナメル質からは大部分（95％以上）の続成作用に由来する成分を取り除くことができたと報告している。ホップHoppeほか（2003）は完新世のアザラシ科の骨と中新世のクジラの骨を用いて，それらが海水のSrと同じ値を示すはずであることを利用した。いっぽう，トリケットTrickettほか（2003）は古人骨のエナメル質中のSrが続成作用によってどのような影響を受けるか調べ，エナメル質は生物由来のSrを保持している信頼できる部位であり，骨試料や歯の象牙質から生物由来の値を復元するのは難しいことを明らかにした（Budd et al., 2000; Trickett et al., 2003）。

考古学的な埋葬状況が異なれば古人骨に対する続成作用の影響の程度が異なる可能性があり，縄文時代の人骨に対しても溶解度プロファイルの有効性を検証した。

吉胡貝塚の人骨の中からランダムに1個体の歯（Y352）を選んだ。現代人の歯1本（MH1）も比較のために実験に用いた。歯のエナメル質と象牙質の試料（50 mg）をデンタルドリルを用いて削った。その時サンプルにどのような汚染も入らないように注意深く行った。それらに酢酸緩衝溶液（0.1 mol/L, pH = 4.5, 1 ml）を加え1分

間の洗浄を25回連続的に行った。サンプルに1 mlの酢酸緩衝溶液を加えた後，1分間撹拌し，その後10秒間遠心分離した後，上澄みの溶液を回収した。この25回分の上澄み溶液は，六つの溶液サンプルへとまとめた（Wash 1–2 min, 3–5 min, 6–10 min, 11–15 min, 16–20 min, 21–25 min）。この25回の洗浄の後，1 mlの酢酸緩衝溶液を加え，洗浄開始から4時間後，さらには8時間後に回収した。残渣のサンプルも分析に供した。別に分けていた洗浄していないサンプル（whole sample, 5 mg）も比較のために分析した。これらすべてのサンプルには硝酸（1 mol/L）を加え，元素分析とSr同位体比測定のための二つのサンプルへと分取した。

　同志社大学のICP-AES（ICPS-8100, SHIMADZU）を用いて，サンプル溶液中のカルシウム，リン，ストロンチウムの元素濃度を測定した。また総合地球環境学研究所の表面電離型質量分析装置（TIMS）を用いてSr同位体比を測定した。

　溶解度プロファイルによるCa/P比の測定結果を図4.1に示している。吉胡人骨の象牙質の最初の2分間の高いCa/P比は炭酸カルシウムの二次ミネラルを含んでいることを示唆する。すべてのサンプルでWash 6–15においてCa/P比がほぼ2.1であることは，生物由来のハイドロキシアパタイトの構成比に近く，生物由来のミネラルが溶出していることを示す。4 hourと8 hourのCa/P比が高くなっているが，これは溶出液中のCaとPの元素濃度が低いために生じた測定における誤差に由来する可能性がある（表4.1）。現代人の象牙質のCa/P比はWash 16においてほかとは異なる値を示しているが，これは試料のほとんどが15分までに溶出してしまったためである。

　溶解度プロファイルによるSr/Ca比の測定結果を図4.2に示している。現代人と吉胡人骨のエナメル質の値はどの溶出液においてもほぼ一定の値を示した。現代人の象牙質のSr/Ca比は最初の15分間において高く，16分から25分においてエナメル質は同じ値を示すようになる。吉胡人骨の象牙質の値はWash 1–5において非常に高い値であり，続成作用に由来するSrが溶出していることが示唆される。吉胡の象牙質の値は6分以降に平坦となるが，吉胡人骨のエナメル質の値よりは全体的に高い。

　すべてのサンプルのSr同位体比を図4.3に示している。現代人のエナメル質はほぼ一定の値を示したのに対し，象牙質はそれよりも高い値を示した。吉胡人骨のエナメル質のSr同位体比は，8時間までほぼ0.70907で一定の値を示し，残渣はやや高い0.70910を示した。吉胡人骨の象牙質は最初の15分間でやや低い0.70896から0.70897を示し，21分後にやや高くなったが，吉胡人骨のエナメル質よりは

第4章　縄文時代人の集団間移動を復元する────**121**

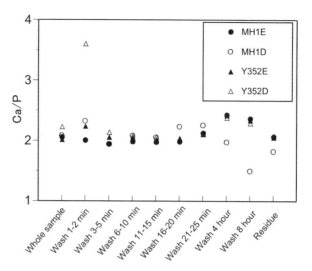

図 4.1. 現代人と吉胡人骨の Ca/P 比の測定結果

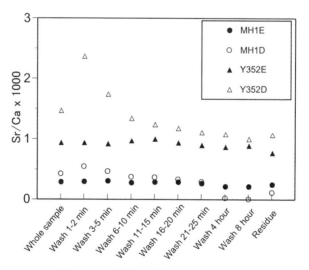

図 4.2. 現代人と吉胡人骨の Sr/Ca 比

0.00006 程度低い値を保った。

　生体内では人のエナメル質と象牙質は同じような Sr 濃度を示す（Budd et al., 2000）。ある個体が歯の形成時期に移動をせず食物を変化させることがなければ、歯のエナメル質と象牙質の Ca/P 比，Sr/Ca 比，Sr 同位体比は基本的に同一の個体

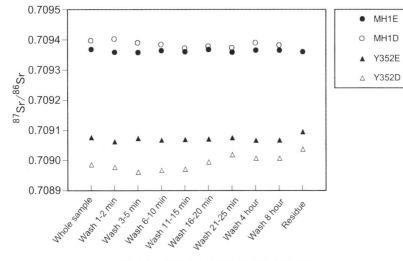

図 4.3. 現代人と吉胡人骨の Sr 同位体比

内では同じ値であると仮定することができる。この仮定については現代人の測定データによって支持される。現代人の歯のエナメル質と象牙質のそれらの値は基本的に同じ値であった。一部高い Ca/P 比や Sr/Ca 比が象牙質の Wash 1–2 にみられ、象牙質の Sr 同位体比はエナメル質よりもやや高い傾向にある。いっぽうで、吉胡人骨のエナメル質と象牙質は大きく異なる値を示した。吉胡人骨の象牙質の Wash 1–2 における Ca/P 比は高く、炭酸カルシウムが溶出していると解釈ができる。吉胡人骨の象牙質の Wash 1–2 における Sr/Ca 比も高く、Wash 3–10 にかけて高い値が続く。Wash 1–20 を通して吉胡人骨の象牙質の Sr 同位体比はエナメル質の値よりも低い。これらの結果は、溶解度の高い続成作用に由来するミネラルが、最初のほうに溶け出していることを意味している。

Wash 21 以降に吉胡人骨のエナメル質と象牙質の Sr/Ca 比と Sr 同位体比は一定の値を示すようになる。このことは溶出しているミネラル成分の溶解度が一定であることを示唆する。吉胡人骨のエナメル質と象牙質は Wash 21 から 8 hour にかけて異なる値を示すようになる。これは吉胡人骨の象牙質に続成作用に由来する Sr が存在し、それはより低い Sr 同位体比をもっていたことを示唆する。吉胡人骨のエナメル質と象牙質における Wash 21–25 の間の Sr/Ca 比を比較すると、象牙質の 19 % の Sr が続成作用に由来すると計算される。これが象牙質の Sr 同位体比を 0.00006 だけ低くしている可能性がある。この結果はやはり酢酸による洗浄を行っ

表 4.1. 現代人と吉胡人骨の溶解度プロファイルの結果

Sample	Sequence name	$^{87}Sr/^{86}Sr$	Ca (ppm)	P (ppm)	Sr (ppm)	Ca/P	Sr/Ca × 1000
MH1E	Whole Sample	0.709367	60	29.2	0.017	2.05	0.28
	Wash 1-2 min	0.709358	60.8	30.4	0.018	2	0.29
	Wash 3-5 min	0.709357	55.8	28.8	0.017	1.94	0.3
	Wash 6-10 min	0.709363	76.9	38.8	0.021	1.98	0.27
	Wash 11-15 min	0.709359	59.8	30.4	0.017	1.97	0.28
	Wash 16-20 min	0.709366	48.8	24.7	0.014	1.98	0.28
	Wash 21-25 min	0.709358	45.3	21.3	0.012	2.12	0.26
	Wash 4 hour	0.709364	8.2	3.4	0.002	2.42	0.21
	Wash 8 hour	0.709364	9.2	3.9	0.002	2.36	0.21
	Residue	0.709359	62.4	30.3	0.015	2.06	0.24
MH1D	Whole Sample	0.709396	45.4	21.9	0.019	2.08	0.42
	Wash 1-2 min	0.709401	47.7	20.6	0.026	2.32	0.54
	Wash 3-5 min	0.709389	88.8	45.8	0.041	1.94	0.46
	Wash 6-10 min	0.709383	145.9	70.3	0.054	2.08	0.37
	Wash 11-15 min	0.709371	73.5	35.8	0.027	2.05	0.36
	Wash 16-20 min	0.709377	28.9	12.9	0.009	2.23	0.33
	Wash 21-25 min	0.709372	8.3	3.7	0.002	2.25	0.29
	Wash 4 hour	0.709389	0.9	0.5	0	1.97	0.02
	Wash 8 hour	0.709381	0.3	0.2	0	1.49	0
	Residue	-	1.3	0.7	0	1.82	0.11
Y352E	Whole Sample	0.709077	56.4	27.9	0.053	2.02	0.94
	Wash 1-2 min	0.709063	41.6	18.6	0.039	2.24	0.94
	Wash 3-5 min	0.709074	47.6	23.2	0.044	2.06	0.92
	Wash 6-10 min	0.709068	68.5	33.4	0.066	2.05	0.97
	Wash 11-15 min	0.70907	56.3	27.9	0.056	2.02	1
	Wash 16-20 min	0.709072	46.6	22.9	0.044	2.04	0.94
	Wash 21-25 min	0.709076	42.6	20.2	0.038	2.11	0.9
	Wash 4 hour	0.709067	8.2	3.4	0.007	2.42	0.87
	Wash 8 hour	0.709068	9.1	3.9	0.008	2.34	0.89
	Residue	0.709096	52.7	25.6	0.041	2.06	0.77
Y352D	Whole Sample	0.708986	48.2	21.6	0.071	2.23	1.47
	Wash 1-2 min	0.708977	40.6	11.3	0.096	3.6	2.37
	Wash 3-5 min	0.708961	61	28.5	0.106	2.14	1.74
	Wash 6-10 min	0.708967	101.2	48.5	0.136	2.08	1.34
	Wash 11-15 min	0.708971	73.7	35.8	0.091	2.06	1.24
	Wash 16-20 min	0.708995	53.8	26.3	0.063	2.04	1.18
	Wash 21-25 min	0.709019	40	18.9	0.044	2.12	1.11
	Wash 4 hour	0.709007	6.4	2.7	0.007	2.38	1.08
	Wash 8 hour	0.709007	5.4	2.3	0.005	2.29	1
	Residue	0.709037	73.1	35.1	0.078	2.08	1.07

ても象牙質から生物に由来する Sr 同位体比を復元することが困難なことを指し示す。

まとめると，溶解度プロファイルの結果，吉胡人骨のエナメル質は続成作用による影響が無視できるほど小さく，象牙質には続成作用に由来する Sr が多量に含まれていることが明らかとなった。弱酸による洗浄によっても象牙質から続成作用に由来する Sr を完全に取り除くことはできない。先行研究（Budd et al., 2000; Trickett et al., 2003）と同様に，縄文時代の人骨のエナメル質については生物に由来する Sr 同位体比を測定することが可能であるが，象牙質から同様のことは困難であることが分かった。

2. 縄文人骨の Sr 同位体分析

ストロンチウム同位体分析のために用いたのは，試料数が十分に確保できる山陽・東海地域の貝塚から出土した人骨である（表4.2）。分析には，116 点の歯の第三大臼歯，16 点の肋骨，114 点の現代の植物（山陽地域から 42 点，東海地域から 72 点）を用いた。大田人骨のストロンチウム同位体分析には，歯のエナメル質は 23 個体，5 個体分の肋骨を用いた。津雲人骨のストロンチウム同位体分析には，37 個体の歯のエナメル質と，7 個体の肋骨の試料を用いた。吉胡人骨のストロンチウム同位体分析には，39 個体分の第三大臼歯と，37 個体分の肋骨試料を用いた。稲荷山人骨のストロンチウム同位体分析には，抜歯系列の分かる 17 個体の第三大臼歯と肋骨を用いた。

骨と歯の試料は，純水中で超音波洗浄を行った後，乾燥させた。ダイアモンドカーバイドバーもしくはタングステンカーバイドバーを装着したデンタルドリルを用いて，歯や骨から試料を削った。土壌に由来する混入を除去するために，サンプル表面を薄く削った後，約 5 mg のエナメル質試料を削った。骨も肋骨の緻密骨の部分から約 5 mg のサンプルを削った。

ストロンチウム同位体分析の前処理は次のようなプロトコルで総合地球環境学研究所のクリーンルーム内にて行った（図4.4）。続成作用に由来する成分を除去するために，酢酸緩衝溶液（0.1 mol/L, pH = 4.5, 1 ml）による洗浄を行った（Sillen, 1986; Hoppe et al., 2003; Trickett et al., 2003）。サンプルは，酢酸緩衝溶液中に 10 分間浸し，遠心分離した後に上澄み溶液を捨てた。この作業を 2 回行った後，10 分間の洗浄をさらに行い，その上澄み溶液を測定に用いた。植物サンプルは，乾燥させた後に 0.5 g を燃焼炉に入れて 650 度で 24 時間加熱することで灰化した。そのサンプルを

表 4.2. 同位体分析に用いた試料数

遺跡名	エナメル質	骨	地域	時期
大田貝塚	23	5	山陽地域	中期
津雲貝塚	37	7	山陽地域	後・晩期
吉胡貝塚	39	37	東海地域	後・晩期
稲荷山貝塚	17	17	東海地域	晩期

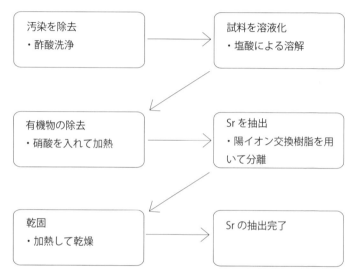

図 4.4. ストロンチウム同位体分析の前処理手法

遠心チューブに入れ，超純水 10 ml を加えて一晩放置した。それを遠心分離した後，上澄み溶液を乾固して分析に用いた。この手法は，溶解度プロファイルの結果に基づいて設定したものである。

すべての溶液は，テフロンバイアルの中に入れて乾固させた。その後，硝酸（14 mol/L）を加え，200 度のホットプレート上にて密封して加熱することで，有機物を分解した。それを乾固した後にさらに 2 mol/L の塩酸を加え，陽イオン交換樹脂（DOWEX® 50Wx8, 200–400 mesh）を通すことでストロンチウムを単離した。

ストロンチウムをタングステンフィラメント上に塗布し，表面電離型質量分析装置（TRITON, Thermo Fisher Scientific K.K.）を用いて同位体比を測定した。サンプルの $^{87}Sr/^{86}Sr$ は，測定中の NIST SRM 987 の測定値と，推奨値 0.710250 との差を

補正することで行った（Faure and Mensing, 2005）。

大田と津雲人骨の Sr 同位体比の測定時，100 回のイオンカウントの内部誤差は，
± 0.000004 から 0.000008（= 1 standard error）だった。6 ヶ月間にわたる NIST SRM
987（n = 48）による外部誤差は，± 0.000005（= 1 standard deviation [SD]）であり，
平均値は，0.710257 だった。

吉胡人骨の Sr 同位体比の測定時に，100 回のイオンカウントの内部誤差は，
± 0.000003 から 0.000010 だった。6 ヶ月間にわたる NIST SRM 987（n = 48）によ
る外部誤差は，± 0.000007 であり，平均値は，0.710256 だった。

稲荷山人骨の Sr 同位体比の測定時に，100 回のイオンカウントの内部誤差は，
± 0.000002 から 0.000007 だった。2 ヶ月間にわたる NIST SRM 987（n = 25）によ
る外部誤差は，± 0.000007 であり，平均値は，0.710284 だった。

これらは試料のストロンチウム同位体比の測定が安定して精度良く行われたこと
を示している。小数点以下 4 桁目で値が異なれば，十分に違う値であると言うこと
ができる。

3. 大田人骨の分析結果

まず山陽地域の地質について解説し，その後でストロンチウム同位体比の地理的
な分布について検討する。古生代の後期からジュラ紀にまたがる付加体とそれらの
変成岩が西南日本の内帯を形成している。舞鶴帯（ペルム紀の泥岩と玄武岩）と丹波
帯（ジュラ紀の付加体）が大田貝塚の周辺には分布している（図 4.5A）。遺跡の北部
には，舞鶴帯の泥岩と玄武岩が分布しており，この玄武岩の Sr 同位体比が報告さ
れている（0.704–0.707; Koide et al., 1987）。丹波帯の泥岩は南西部に多く分布している。
白亜紀から新第三紀の花崗岩や火成岩が付加体に貫入している。白亜紀後期の花崗
岩タイプ III が広く分布しており，その Sr 同位体比は 0.7107 という報告がある（Kagami
et al., 1988）。白亜紀後期の高田流紋岩の Sr 同位体比も報告されている（0.706–0.709;
Matsumoto et al., 2001）。それらの岩石より風化した Sr が生物圏を循環し，Sr 同位
体比の地域差を形作っていると思われる。

この研究フィールドから Sr 同位体比の地理的な分布を明らかにするために植物
試料を採取した。植物試料（n = 42）は Sr 同位体比の平均値が 0.70909 ± 0.00090
（mean ± 1SD）であり，その範囲は 0.71071 から 0.70696 であった。植物の Sr 同位
体比の分布は地域勾配を示した。研究フィールドの西では高い Sr 同位体比を示し，

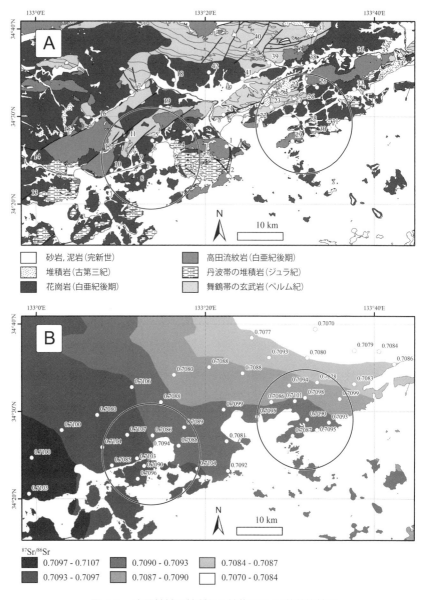

図 4.5. 山陽地域の地質図と植物の Sr 同位体比地図

(A) 遺跡周辺の地質図。20 万分の 1 地質図（産業総合技術研究所地質調査総合センター, 2005）を改変。丸印は植物をサンプリングした地点とサンプル番号。OH6 と OH28 は大田貝塚と津雲貝塚。(B) 植物の Sr 同位体比地図。ArcGIS（ESRI, Inc.）を用いてクリギングという計算手法により地域差を図示した。カラー版は口絵 iii にある。

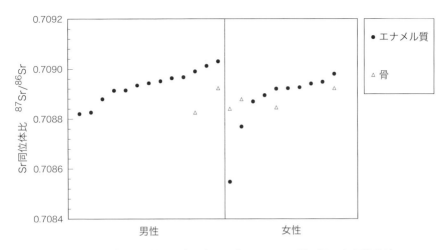

図 4.6. 性別により分けた大田人骨の歯のエナメル質と骨の Sr 同位体比
同一の個体から得られた歯と骨の Sr 同位体比は同じ x 軸上に図示している。

東では低い Sr 同位体比を示した（図 4.5B）。この傾向は，表層の地質とよく相関している。というのも白亜紀後期の花崗岩（0.7107）はフィールドの西に多く分布しており，舞鶴帯の泥岩や玄武岩（0.704–0.707）は東と北によく分布している。

　大田人骨の歯のエナメル質（n = 23）の Sr 同位体比は，0.70891 ± 0.00010（mean ± 1SD）であり，その範囲は 0.70855 から 0.70903 だった（図 4.6）。骨試料（n = 5）の Sr 同位体比は 0.70886 ± 0.00004 であり，その範囲は 0.70882 から 0.70892 だった。骨試料の Sr 同位体比の範囲は，エナメル質の値の範囲より狭いことが分かる。

　大田人骨中の移入者を判別するために，生物の利用可能な Sr 同位体比を評価することが必要である。二つの主要な Sr の供給源は海産資源と陸上資源である。炭素・窒素同位体分析によれば，個人ごとに大きな変異はあるが，大田集団はかなりの量の海産資源を摂取したことが分かる。海産資源を摂取すると，人骨中の Sr 同位体比は，海水の Sr 同位体比である 0.7091 から 0.7092（2 標準偏差の範囲 Faure and Mensing, 2005）に近づいていく。いっぽうで，大田貝塚から 10 km 以内の植物の Sr 同位体比の平均値は，0.70950 ± 0.00081（n = 11）だった。狩猟採集民の遊動域は集落から 10 km 程度なので（Binford, 2001），遺跡から半径 10 km の範囲における植物の値を，大田貝塚の在地の集団が摂取した Sr 同位体比とみなした。しかし，この平均値は大田人骨の歯のエナメル質の Sr 同位体比より高く，海水の Sr 同位体比よりも高い。この場合，大田集団が摂取した陸上資源の Sr 同位体比と現代の植

表 4.3.　大田人骨の全個体と在地者のデータセットにお
　　　　ける Sr 同位体比の要約統計量

統計値	全個体	在地者
個体数	23	22
平均値	0.70891	0.70892
標準偏差	0.00010	0.00006
最大値	0.70903	0.70903
最小値	0.70855	0.70877
中央値	0.70893	0.70893
歪度（標準誤差）	−2.31（0.48）	−0.72（0.49）
尖度（標準誤差）	7.28（0.93）	0.67（0.95）
変動係数	0.01402	0.00884

物の Sr 同位体比が一致していない可能性もある。後で考察するように，大田人骨
の Sr 同位体比からは，0.7086 程度の陸上資源の Sr 同位体比を摂取したことが示唆
される。

　移入者を判別するために，歯のエナメル質の Sr 同位体比の統計的分布を調べた。
大田集団の中の在地者はある一定の食物資源を摂取したと仮定すると，歯のエナメ
ル質の Sr 同位体比は正規分布に近づくはずである。たとえば，先行研究において
も分布の外れ値から移入者を判別した例がある。マヤ文明のティカル遺跡から出土
した人骨の歯のエナメル質の Sr 同位体比は正規分布を示すが，いくつかの統計的
な外れ値を示す個体が検出され，かれらは移入者として判別されている（Wright,
2005）。表 4.3 に本書の測定結果から統計値の要約を示している。全てのサンプル
の Sr 同位体比は，負の歪度と正の尖度を示す。図 4.7 にすべてのデータ（n = 23）
についてのヒストグラムと，比較のため正規分布のカーブを描画している。すると，
一つの個体（No. 697）が明らかな外れ値として見えてくる。それは，すべてのサン
プルの平均値から 2 標準偏差離れたところに位置する。シャピロ−ウィルクによる
正規性の検定によると，すべてのサンプルが正規分布を示すことが棄却された（W
= 0.7918, P = 0.0003）。図 4.8 は平均確率プロット（Q–Q plot）であり，測定値と正
規分布するとした場合の期待値を示すが，ここでも 0.70855 を示す個体は外れ値と
して顕著である。ショーブネの基準によって，あるデータポイントが分布から外れ
値であるか否かを検出することができる（Taylor, 1982）。これによると，最も低い

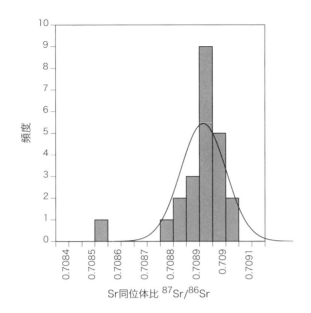

図 4.7. 大田人骨の歯のエナメル質の Sr 同位体比のヒストグラム
比較のため正規分布のカーブを加えている。

点は 3.6 標準偏差分だけ平均値から離れた外れ値として検出された。すなわち，複数の統計的な手法によって No. 697 の個体は移入者として判別された。

表 4.3 は，在地者のデータセット（n = 22）における Sr 同位体比の統計的要約も示している。外れ値を示す個体を除いているので，このデータは標準偏差が小さく，歪度や尖度が小さい。シャピロ–ウィルク検定によると，在地のデータが正規分布であるという仮説を棄却できなかった（$W = 0.9590$, $P = 0.4688$）。Sr 同位体比の統計的な評価によって，大田貝塚集団において 1 個体の移入者とほかの在地者を判別した。それらの在地者の中においては男性と女性の Sr 同位体比を比較しても有意差はみられなかった（$t = 0.9672$, $P = 0.3450$）。

大田貝塚の在地者の Sr 同位体データは，1 個体の移入者を除くと，正規分布を示した。ライト Wright（2005）は，集団の大多数が在地で産まれ育ち，すべての個体が同じ土壌で育った食物を食べるような妥当な理由があるならば，考古遺跡における人骨集団の Sr 同位体比は正規分布を示すことが期待されると述べている。ある遊動域において食物獲得を行い集団内において食物分配がなされたはずなので，

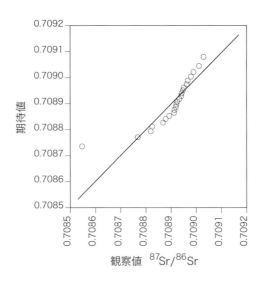

図 4.8. 大田人骨の Sr 同位体比の正規確率プロット

縄文時代人集団の Sr 同位体比も正規分布を示すことが期待される。大田人骨の炭素・窒素同位体分析によると，大田集団は陸上資源と海産資源をどちらも摂取していた（第 2 章）。植物や貝類など栄養段階の低い食物に Sr は多量に含まれるために（Shoeninger and Peebles, 1981），そのような食物がより人々の Sr 同位体比に影響を与えた可能性がある。海水の Sr 同位体比は 0.7091 〜 0.7092 を示すので（Faure and Mensing, 2005），海産資源の摂取は人々の Sr 同位体比を，海水の値に近づけたはずである。大田集団の在地者の Sr 同位体比の平均値は 0.7089 であり，もし陸上資源と海産資源が同程度に人々の Sr 同位体比に寄与しているならば，陸上資源の Sr 同位体比は 0.7086 程度であることが示唆される。陸上資源と海産資源という二つの重要な食物供給源が，人々の Sr 同位体比に大きな影響を与えた結果，Sr 同位体比は正規分布を示すと考えられる。

　古人骨集団中の移入者を判別する上で，在地的な Sr 同位体比の範囲を設定することは常に問題となる（Price et al., 2002）。本書では，遺跡周辺から集めた現代の食物の値を用いて在地の Sr 同位体比を設定することを試みた。しかしながら，大田貝塚の周辺 10 km から集めた植物の Sr 同位体比の平均値は 0.7095 を示した。この値は，人骨の Sr 同位体比の測定値から期待される陸上資源の値である 0.7086 とは異なっている。この不一致は，植物の Sr 同位体比の地域内における変動に起因

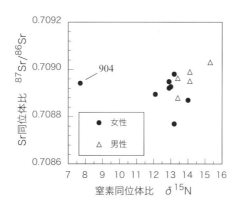

図 4.9. 大田人骨における歯のエナメル質の
Sr 同位体比と骨コラーゲンの窒素同位体比

する可能性がある。植物試料のサンプル数が少ないために，大田集団が摂取した陸上資源の Sr 同位体比とは平均値が異なってしまったとも考えられる。別の可能性としては，大田集団が遺跡周辺の特定の地域の食物を摂取していたことも考えられる。クリやドングリといった樹木が森林に不均質に分布し，低い Sr 同位体比を示すような地域から食物を採取していたのかもしれない。

子ども期後期から青年期にかけて移入者が育った場所についてエナメル質の Sr 同位体比は教えてくれる。1 個体の移入者 (No. 697) は，0.7085 という Sr 同位体比を示した。最も低い Sr 同位体比であるため海産資源をあまり摂取していなかったことが示唆される。そしてその出身地としては，舞鶴帯の泥岩 (0.704–0.707) や高田流紋岩 (0.706–0.709) が露出している地質帯が挙げられる。くわえてフィールドの西に分布する白亜紀後期の花崗岩 (0.7107) の地質帯ではない可能性がある。

大田人骨の炭素・窒素同位体分析によって，大田集団の成人期の食性が性別によって異なっていたことが明らかとなった (第 2 章)。男性のほうがより海産資源に依存し，女性のほうが陸上資源に依存していた。もしこのような性別による食性の違いが子ども期からのものであれば，男性と女性の間で Sr 同位体比も異なっている可能性がある。しかしながら，Sr 同位体比に性差はみられなかった。このことは，成人期における食性の違いは生業の性的分業にあり，子どもたちは子育てをする男性と女性と食物を分かち合っていたことが示唆される。大田集団の子どもたちは，性別に応じて特定の生業に従事するようなことがなかったと考えられる。

ほかの可能性としては，性別による食性の違いは外婚的な父方居住婚に起因して

おり，女性が炭素・窒素同位体比の低い内陸的な食性をしており婚姻移入してきたということである。ある女性の個体（No. 904）は，特に低い炭素・窒素同位体比を示すため内陸からの移入者である可能性も考えられる（図 4.9）。しかしながら，Sr同位体比によるとその個体は在地の Sr 同位体比を示し，明らかな移入者ではないようである。すなわち，大田集団において食物の変動については外婚的な移入によって説明することが難しいということである。

大田人骨の骨の Sr 同位体比（0.7088–0.7089）は，在地者の歯のエナメル質の Sr同位体比（0.7088–0.7090）よりも狭い範囲を示した。骨を酢酸にて洗浄を行って同位体比を測定することで続成作用を評価した研究によると，骨の Sr 同位体比は続成作用の影響をたいへん受けやすいことが分かっている（Hoppe et al., 2003）。骨は埋葬中に地下水中の Sr の付加や地下水との Sr 交換が行われ，骨の Sr 同位体比は地下水の値と平衡状態になっていることがあり得る（Bentley, 2006）。地下水における Sr の供給源は，風化したミネラルと土壌である。ほかにも 0.7091 から 0.7092の値をもつ海水は，海水飛沫や降雨によって陸へ運ばれて地下水に影響を与えるかもしれない（Bentley, 2006, Whipkey et al., 2000）。さらに現代の雨の Sr 同位体比の平均値は 0.7089 であり，その範囲は 0.7065 から 0.7100 を示す（Nakano et al., 2006）。このような Sr 供給源の同位体比が，骨の Sr 同位体比に続成作用として影響を与えている可能性がある。

4. 津雲人骨のSr同位体比の測定結果

津雲人骨の歯のエナメル質の Sr 同位体比は，0.70889 ± 0.00016（n = 37）であり，その範囲は 0.70849 から 0.70925 だった（図 4.10）。骨試料の Sr 同位体比は，0.70880 ± 0.00008（n = 7）であり，その範囲は 0.70871 から 0.70897 だった。津雲人骨の Sr 同位体比の分布は歪んでおらず正規分布に近いようにみえる（表 4.4）。シャピロ－ウィルク検定を行うと，津雲人骨の Sr 同位体データが正規分布を示すという仮説を棄却できなかった（$W = 0.9664, P = 0.3189$）。

津雲人骨中の移入者を判別するために，彼らが摂取した生物の利用可能な Sr 同位体比を調べることが重要である。海産資源を多量に摂取すると，人骨の Sr 同位体比は海水の値である 0.7091 から 0.7092 に近づくはずである。津雲貝塚から10 km の範囲から集めた植物の Sr 同位体比は，0.70922 ± 0.00068（n = 11）であり，海水の値と平均値は変わらなかった。しかしながら，津雲人骨の歯のエナメル質の

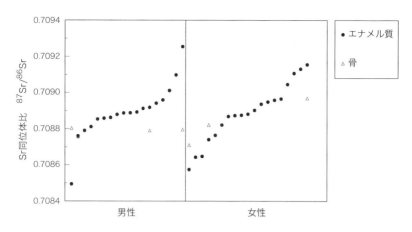

図 4.10. 性別によって分けた津雲人骨の歯のエナメル質と骨の Sr 同位体比

表 4.4. 津雲人骨の歯のエナメル質の Sr 同位体比の統計的要約

統計値	全個体
個体数	37
平均値	0.70889
標準偏差	0.00016
最大値	0.70925
最小値	0.70849
中央値	0.70889
歪度（標準誤差）	−0.18 (0.39)
尖度（標準誤差）	0.86 (0.76)
変動係数	0.02196

Sr 同位体比の平均値は，0.7089 だった。津雲集団が海産資源と陸上資源の両方から Sr を摂取していたと考えると，津雲の在地の人々はより低い値である 0.7086 程度を示す陸上資源を摂取していたと考えられる。すると 1 個体（No. 164）は 0.7093 という海水よりも高い Sr 同位体比を示すので，移入者と判別することができる。この個体は，海水よりも高い Sr 同位体比を示す陸上資源をたくさん摂取していたと考えられる。

　津雲人骨の歯のエナメル質の Sr 同位体比を性別や抜歯系列ごとに分けたグルー

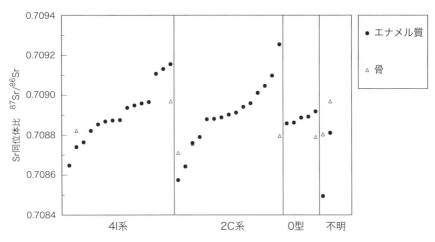

図 4.11. 抜歯系列ごとに分けた津雲人骨の歯のエナメル質と骨試料の Sr 同位体比

プ間で比較した。その結果，男性と女性の間で有意な Sr 同位体比の違いはなかった（図 4.10）。抜歯系列の間で比較しても有意な Sr 同位体比の違いはみられなかった（図 4.11）。

津雲人骨の Sr 同位体比は正規分布を示し，津雲集団への Sr 供給源は一定だったことが示唆される。Sr の重要な供給源の一つは海産資源であり，それは海水と同じ 0.7091 から 0.7092 の値を示す。もう一つの重要な資源は陸上資源である。津雲人骨の歯のエナメル質の同位体比の平均値は 0.7089 であり，0.7086 程度の値を示す陸上資源を摂取していたと考えられる。津雲貝塚の周辺 10 km より集めた植物の Sr 同位体比より，彼らが取り込んだ Sr を推定することを試みた。しかし，その平均値は 0.7092 であり，エナメル質の値から期待される 0.7086 とは異なっていた。このような，推定値の不一致は植物の Sr 同位体比の地域多様性によって生じてしまった可能性もあるし，低い Sr 同位体比を示す特定の地域から集めた植物質食料を摂取していた可能性も考えられる。

ある 1 個体（No. 164）は，0.7093 という高い Sr 同位体比を示した。この個体は陸上資源として海水よりも高い Sr 同位体比を示す食物を摂取していたと考えられるので，移入者の可能性がある。

抜歯系列は集団内における在地者と移入者を表すシンボルとして以前は考えられてきた（春成，1979）。本書で判別された 1 個体は 2C 系の女性である。この結果は，2C 系が移入者で 4I 系が在地者であるということと対応しなかった。O 型の個体は，

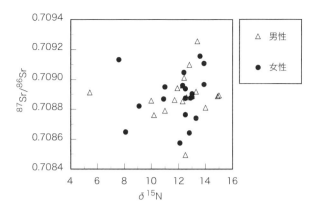

図 4.12. 津雲人骨の歯のエナメル質の Sr 同位体比と骨のコラーゲンの窒素同位体比

値の分布が非常に狭く在地的な値を示している。このことは，従来の仮説どおり，0 型の抜歯の個体がその土地で生まれ育って成人期に達した個体であると考えても良いのだろう。それでは抜歯系列が半族を示すという仮説（田中，1998；春成，2013）についてはどうだろうか。4I 系列と 2C 系列の個体の Sr 同位体比には有意な違いがみられない。だいたい同じ値の範囲を示していることは，二つのグループの食物獲得の場所や移動性が同程度なことを示唆しており，それぞれが半族の関係にあることを否定するデータではない。

　津雲人骨の炭素・窒素同位体比はとても大きな変動を示した（第 2 章）。この変動の一つの説明としては，外婚的な婚姻パターンによって食性の変異が生じているとういことである。たとえば内陸部に産まれ育った人が，沿岸部の津雲集団へ移入して婚姻を行ったとすると，居住した期間が短いうちに死亡すると骨には内陸的な低い同位体組成が残ったままになっているはずである。そこで歯のエナメル質の Sr 同位体比と骨コラーゲンの窒素同位体比を比較すると，男性 1 個体と女性 3 個体が特に低い窒素同位体比（< 10 ‰）を示したが，歯のエナメル質は在地的な値を示した（図 4.12）。すなわち，津雲集団の食性の変異は内陸部からの人の移動によっては説明ができなかった。

　本書でフィールドにした山陽地域の地質構造においては，古人骨集団中の移入者の判別は難しいのかもしれない。というのも地質構造が一様ではなく変異に富んでおり，地域の Sr 同位体比の多様性が非常に大きいためである。津雲人骨と大田人

骨の Sr 同位体比は，0.7087 から 0.7092 において重複している。このような場合，二つの集団間で人の移動が生じていたとしても Sr 同位体比では判別が不可能ということになる。もちろん二つの遺跡の時代が異なるので，この二つの遺跡間において直接の移動が起こったことは考えられない。しかし，Sr 同位体比では判別できない移入者が含まれている可能性については常に考慮しておく必要がある。

　津雲人骨の骨試料の Sr 同位体比（0.7087–0.7090）は，在地者のエナメル質の Sr 同位体比（0.7085–0.7092）よりも狭い範囲を示した。骨試料は続成作用の影響をとても受けやすいので（Hoppe et al., 2003），このような結果になったと考えられる。大田人骨について考察したように，地下水や雨水や風化した鉱物，土壌などに由来する Sr が続成作用の要因の候補として考えられる。

5. 吉胡人骨の Sr 同位体比の結果

　東海地域の地質図と植物の Sr 同位体比の地理的な分布を図 4.13 に示している。その地形と地質に基づいて研究地域を五つのサブエリアに分割した。渥美半島，弓張山地，三河高地，西三河平野，知多半島の五つである。それらの地域における植物の Sr 同位体比はとても大きな変動を示し，フィールドの北部で 0.7142 ほどの高い値があり，フィールドの東部では 0.7056 ほどの低い値が示された。渥美半島や知多半島における植物の Sr 同位体比はそれらの中間的な値であった。

　観察された植物の Sr 同位体比の変動は，表層の地質ときれいな相関を示した。岩石の種類とその Sr 同位体比に相関があることは重要である。地球のリソスフェア（地殻とマントル上部）ではその成因によって Sr 同位体比の範囲が実証的に知られている。花崗岩質な大陸地殻においては，0.712 以上を示し，海成起源の鉱物は 0.707 から 0.709 を示す（Bentley, 2006）。年代の若い火山岩においてはそれらより低い Sr 同位体比を示す。渥美半島は秩父帯の石灰岩やチャートから構成され，その植物は 0.70908 ± 0.00030（表 4.5）を示した。弓張山地は秩父帯の石灰岩やチャート，ほかにも三波川帯の変成岩が重なっており，0.70862 ± 0.00115 を示した。三河高地は領家帯の花崗岩から成り，その地域の植物は 0.71114 ± 0.00184 を示した。いっぽうで，西三河平野は鮮新世の砂岩や泥岩から成り，その植物は 0.70955 ± 0.00024 を示した。知多半島は中新世や鮮新世の海成堆積物から成り，その地域の植物は 0.70922 ± 0.00086 を示した。

　植物の Sr 同位体比の平均値は，五つの地域間で比較すると有意に異なっていた

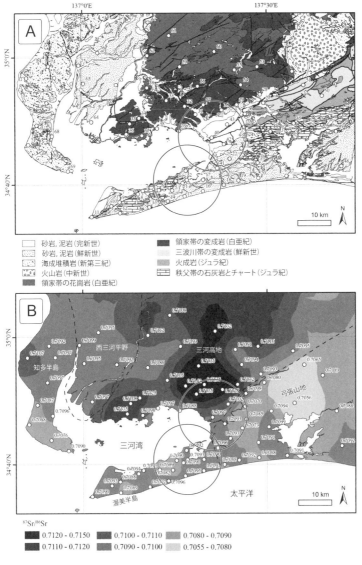

図 4.13. 東海地域の地質図と植物の Sr 同位体比地図

(A) 遺跡周辺の地質図。20 万分の 1 シームレス地質図より作成した（産業総合技術研究所地質調査総合センター，2005）。丸印は植物を採取した地点と資料番号を示しており，AP2 の地点が吉胡貝塚，AP40 の地点が稲荷山貝塚であり，遺跡から半径 10 km の円を描いている。(B) 植物の Sr 同位体比の地理的な分布。地理情報システム ArcGIS（ESRI, Inc.）を用いてその地理的な分布を示し，クリギングという計算手法で地域差を図示した。カラー版は口絵 iv にある。

第 4 章 縄文時代人の集団間移動を復元する —— 139

表 4.5.　五つのサブエリアにおける植物の Sr 同位体比の
統計的要約

地域名	試料数	Sr 同位体比 $^{87}Sr/^{86}Sr$	
		平均値	標準偏差
渥美半島	17	0.70908	0.00030
弓張山地	20	0.70862	0.00115
三河高地	25	0.71114	0.00184
西三河平野	5	0.70955	0.00024
知多半島	9	0.70922	0.00086

表 4.6.　五つのサブエリアにおける Sr 同位体比の差の絶対値とスチューデント
の t 検定（ペアでない変動の異なるデータ間の検定）の結果

	弓張山地	三河高地	西三河平野	知多半島
渥美半島	0.00046 $P=0.2728$	0.00206 $P<0.0001*$	0.00048 $P=0.4626$	0.00014 $P=0.7844$
弓張山地		0.00252 $P<0.0001*$	0.00094 $P=0.1431$	0.00061 $P=0.2378$
三河高地			0.00158 $P=0.0130$	0.00192 $P=0.0002*$
西三河平野				0.00033 $P=0.6393$

*, $P < 0.05$.

（one-way analysis of variance, $P < 0.0001$）。スチューデントの t 検定によると，三河高
地の Sr 同位体比は渥美半島や弓張山地や知多半島の Sr 同位体比よりも有意に高い
傾向にあった（表4.6）。西三河平野の植物の Sr 同位体比の平均値はほかの地域と
比較して有意に異なることはなかった。

　植物の Sr 同位体比に海水飛沫効果が観察された（図4.13）。研究地域の北部にお
いても，内陸部よりも沿岸部のほうの Sr 同位体比が低い傾向にあった。最も低い
値は，フィールド東部の内陸部に観察された。渥美半島はおそらく海水飛沫効果の
影響が強く，植物の Sr 同位体比は海水の値に近づき，変動も小さくなっていると
考えられる。

　農業の肥料は現代の植物の Sr 同位体比に影響を与えている可能性がある（Bentley,
2006）。渥美半島においては，古生代の石灰岩やチャートは 0.709 よりも低い Sr 同

位体比を示すことが想定される。理論的には，植物の Sr 同位体比は，風化したミネラルと海水に由来する Sr の二成分の混合によって説明できるが，その場合0.7080 から 0.7092 の値をとるはずである。しかしいくつかの渥美半島の植物は0.7092 を超える値を示し，それらは可能性の一つとして高い値を示す肥料などの影響が考えられる。分析した植物は平野部や丘陵地域における自然に生息している植物のみを集め，栽培した植物を集めて分析してはいない。よってその肥料などの影響は低レベルだと考えられるがその割合については不明である。そのような人為に由来する Sr の影響があるにも関わらず，植物の Sr 同位体比は地域の地質に対応した値を示したことから，植物の Sr 同位体比は地質構造に対応した地域差を示しており，縄文時代人の移動を考察する上においても有効であると考えられる。

　古人骨中の移入者を判別する上において，生物の利用可能な Sr 同位体比と続成作用の Sr 同位体比への影響を考慮することがとても重要である。埋葬環境における交換可能な Sr の影響を調べるために，土壌の溶出液の Sr 同位体比を測定した。これが地域の食物連鎖において利用されているならば，生物の利用可能な Sr の参考値としても重要である。イルカの歯のエナメル質と象牙質についても Sr 同位体比を測定した。エナメル質は続成作用に対する耐性があり，イルカのエナメル質は海水と同じ Sr 同位体比を示すはずである。それに比べて歯の象牙質は続成作用に対する耐性が弱く，その影響によって生前の Sr 同位体比が変質している可能性がある。人の摂取した Sr 同位体比を調べるためにニホンジカとイノシシの Sr 同位体比も測定した。しかし，肉における Sr の濃度は植物などに比べてたいへん低いため，人に対しては植物のほうがその Sr 同位体比に影響を与えていることが期待される。いっぽうで，ニホンジカやイノシシの歯のエナメル質の Sr 同位体比は，動物が生息していた地域を示唆する。

　吉胡貝塚の 5 点の土壌溶出液を分析に用いた。吉胡貝塚より出土したイルカの歯3 個体，ニホンジカの歯 8 個体，イノシシの歯 10 個体も分析に用いた。イルカの歯 3 個体とニホンジカの歯 1 個体は愛知県田原市教育委員会より提供していただいた。そのほかのサンプルについては，京都大学理学研究科自然人類学研究室に所蔵されていた。

　土壌サンプル（1 g）に純水を加えて一晩放置した。それらに遠心分離を行い，上澄み溶液を回収し，乾固させた。イルカの歯のエナメル質と象牙質（5 mg）をデンタルドリルで削った。ニホンジカとイノシシの歯のエナメル質も同様に削った。Srの精製と同位体比測定は前述の通りである。

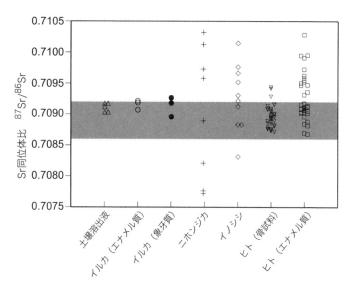

図 4.14. 吉胡貝塚における土壌溶出液，イルカ，ニホンジカ，イノシシ，ヒトの骨と歯の Sr 同位体比
灰色の範囲は吉胡集団における在地の Sr 同位体比。

　吉胡貝塚のすべてのサンプルの Sr 同位体比の測定結果を附表 C4 に示している。土壌溶出液は平均値が 0.70911 ± 0.00007 だった。イルカのエナメル質は平均値が 0.70915 ± 0.00008 であり，象牙質は 0.70913 ± 0.00016 だった。ニホンジカのエナメル質の平均値は 0.70904 ± 0.00105 であり，イノシシのエナメル質の平均値は 0.70927 ± 0.00016 であった。

　すべてのサンプルの測定結果について，後述する吉胡人骨の骨試料と歯の Sr 同位体比と比較した（図 4.14）。土壌溶出液の Sr 同位体比は 0.70911 であり，続成作用の Sr の指標として考えることができる。この値は海水の値に近く，吉胡集団の在地の Sr 同位体比として設定した 7086 から 0.7092 の範囲に収まる。

　イルカのエナメル質の Sr 同位体比は 0.70915 であり，海水と完全に一致する値である。これはやはりエナメル質が生物に由来する Sr を保持していることの証左である。イルカ 1 個体のエナメル質（YD3E, 0.70906）は海水よりも低い値を示したが，この原因は不明である。イルカの歯のエナメル質も海水と近い値を示したが，エナメル質よりも大きな標準偏差を示した。これは象牙質に続成作用に由来する Sr が混入しているため生じている可能性がある。

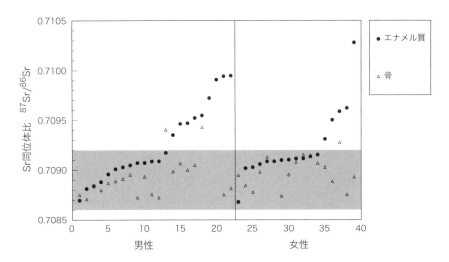

図 4.15. 吉胡人骨の歯のエナメル質と骨試料の Sr 同位体比
同じ個体から採取されたエナメル質と骨試料の値は同じ X 軸に示しており，性別によって分けている。灰色の値の範囲は，在地の Sr 同位体比である 0.7086–0.7092 である。

　ニホンジカやイノシシの Sr 同位体比は，吉胡集団における狩猟された動物の生息場所を指し示す可能性がある。ニホンジカは草食であり，イノシシは雑食である。彼らの Sr 同位体比は，歯が形成された当時に摂取された食物を通じて居住していた場所の情報を示す。それを調査地域における植物の Sr 同位体比の地理的な分布と照らし合わせることで，生息していた場所を推定できる可能性がある。吉胡貝塚から半径 10 km の範囲で採集した植物の値は 0.7082 から 0.7096 の変動を示す。ニホンジカ 3 個体とイノシシ 7 個体の値はこの範囲に収まり，吉胡貝塚周辺にて生息していた個体の可能性もある。いっぽうニホンジカ 3 個体とイノシシ 3 個体は高い Sr 同位体比を示し（0.7097–0.7103），歯が形成された時期に，三河高地において生息していた個体と考えることができる（図 4.14）。ほかのシカ 2 個体は低い Sr 同位体比（0.7077, 0.7078）を示し，弓張山地に生息していたと推測できる。このことから吉胡貝塚の人々が獲得した陸上動物は，遺跡から 10 km 以上の場所で生息しており，20 km ほど遠くで生息していた獲物を獲得したと考えることができる。

　吉胡人骨の歯の Sr 同位体分析の結果，エナメル質の Sr 同位体比は 0.70925 ± 0.00036（平均値 ± 1 標準偏差）であり，その値の範囲は 0.70868 から 0.71028 を示した（図 4.15）。吉胡人骨の骨試料の Sr 同位体比は 0.70895 ± 0.00018 であり，その値の範囲は 0.70871 から 0.70943 を示した。歯のエナメル質の Sr 同位体比の平

第 4 章　縄文時代人の集団間移動を復元する —— 143

均値は骨試料の平均値よりも高く，その変動も大きかった。Sr 同位体比の最小値はエナメル質と骨試料でほとんど同じであったが，その最大値はエナメル質のほうが高かった。

　一般に骨のハイドロキシアパタイト中の Sr 同位体組成が続成作用の影響を受けやすいことは，Sr 同位体分析の解釈にとって重要である（Sillen, 1986; Hoppe et al., 2003; Trickett et al., 2003）。これは，骨組織が多孔質な構造をもっているためである。特に，本書で使用した肋骨の緻密骨は，長骨の緻密骨よりも多孔質であるかもしれない。続成作用による Sr の付加によって，骨試料の Sr 同位体比の変動が小さくなり，その平均値は下がっている可能性もある。骨試料の Sr 同位体比は，地下水の値と平衡状態になる可能性がある（Bentley, 2006）。地下水における Sr の供給源は，風化した鉱物と土壌であり，それらは地域の地質によると低い Sr 同位体比（<0.709）を示すことが期待される。もう一つの Sr の供給源は海水である。海水は 0.7092 という同位体比を示すが，沿岸部においては海水飛沫効果や蒸発した水蒸気を含む降雨によって海水由来の Sr 同位体比の影響が高くなる（Bentley, 2006, Whipkey et al., 2000）。さらに，現代日本における海水の平均値は 0.7089 であり，その範囲は 0.7065 から 0.7100 というばらつきを示す（Nakano et al., 2006）。それらの混合物が続成作用の Sr として古人骨の Sr 同位体比に影響を与えている可能性がある。この続成作用の影響によって，骨試料はほとんどの個体において 0.7086 から 0.7092 の値の範囲を示すと考えられる。このように，骨試料の Sr 同位体比は生前に摂取した食物の値だけではなく，埋葬後の続成作用に由来する Sr の影響も受けていると考えられる。いくつかの例外的な個体は 0.7092 よりも高い Sr 同位体比を示したが，彼らは移入したあと数年の間に死亡し，骨の値が地域の Sr 同位体比に完全に置き換わることがなかったためにそのような値を示すことが考えられる。

　このデータセットに対し在地の Sr 同位体比を設定することで，移入者と在地者を判別することができる。吉胡人骨における生物の利用可能な Sr 同位体比を把握するために，陸上資源と海産資源という二つの Sr の供給源を考察することが重要である。吉胡人骨の炭素・窒素同位体分析の結果によると，吉胡貝塚の人々はかなりの量の海産物を摂取したと考えられる。もちろんその海産物摂取の割合には個人ごとに大きな変動がある。吉胡人骨の 3 個体について放射性炭素年代測定を行い，その際に海産物依存度を計算すると 12 から 65 ％ という結果だった。海産資源を多く摂取すると，古人骨の Sr 同位体比は海水の Sr 同位体比である 0.7092 の値に近づいていくことが予想される。上述の考察のように，吉胡集団が摂取した陸上資

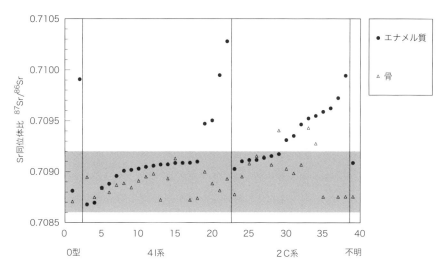

図 4.16. 抜歯系列ごとに分けて示した吉胡人骨の歯のエナメル質と骨試料の Sr 同位体比

源の Sr 同位体比は，遺跡周辺の植物の値や地域の地質によると 0.7086 である。実際に，遺跡から半径 10 km より集めた植物の値は 0.70907 ± 0.00037 であり，0.7086 よりもやや高い値を示した。これは海水飛沫などの影響によるものと考えられる。興味深いことに，0.7086 から 0.7092 の範囲において歯のエナメル質の値は連続的な推移を示し，特に 0.7088 から 0.7092 の範囲においてその傾向は顕著である（図 4.15）。このような傾向は海水よりも高い値の範囲においてはみられない。陸上資源と海産資源という二つの Sr 供給源の混合の結果としてこのような傾向が観察されると考えられる。このように，吉胡集団の在地の Sr 同位体比は 0.7086 から 0.7092 であると仮定した結果，39 個体中 25 個体の在地者を判別した。また，39 個体中 14 個体は，歯のエナメル質の値が 0.7092 以上を示す移入者であり，彼らは高い Sr 同位体比を示す陸上資源を子ども期に摂取していたと考えられる。歯のエナメル質中の高い Sr 同位体比は渥美半島において得られる可能性は低く，彼らは吉胡集団への移入者である可能性が高い。

図 4.16 に，抜歯系列ごとに分けた各個体の Sr 同位体比を示している。表 4.7 は移入者の数を性別や抜歯系列，副葬品の有無によって計算した結果を示している。これらの結果を用いて，抜歯系列に関する仮説を検証する。

吉胡人骨の Sr 同位体分析の応用の結果，4I 系が在地者であり，2C 系が移入者であるという仮説（春成，1979）は支持されなかった。在地の Sr 同位体比が 0.7086

表 4.7. 考古学的属性によって分けた吉胡人骨の移入者の数と割合

特徴		全個体数	在地者数	移入者数（割合％）
全個体		39	25	14 (36)
性別				
	男性	22	13	9 (41)
	女性	17	12	5 (29)
抜歯系列				
	0 型	2	1	1 (50)
	4I 系	20	16	4 (20)
	2C 系	16	7	9 (56)
	不明	1	1	0 (0)
副葬品				
	あり	9	4	5 (56)
	なし	30	21	9 (30)

から 0.7092 であるという基準を用いると，4I 系の人骨 20 個体中，4 個体（20％）が移入者と判別され，2C 系の 16 個体中 9 個体（56％）が移入者として判別された（表 4.7）。すべての 2C 系の個体が移入者ではなく，4I 系の個体にも移入者が含まれているという結果となった。さらに，0 型の個体は結婚していない在地者と考えられていたが，2 個体中 1 個体は移入者だった。

4I 系の個体は副葬品とともに埋葬される割合が高く，2C 系の個体よりもより優位な立場にあった在地者であろうと推測されていた（春成，1979）。しかしながら，副葬品とともに埋葬されたグループと，副葬品のなかったグループのどちらも移入者を含んでいた（表 4.7）。つまり副葬品の有無と吉胡集団の移動との間に関係は見つからなかった。

2C 系の個体は 4I 系の個体よりも高いエナメル質の Sr 同位体比を示した（Wilcoxon test: $P = 0.019$）。この結果は，2C 系の個体がより高い Sr 同位体比を示す場所の食物を子ども期に摂取していたことを示し，4I 系よりもより多くの移入者を含んでいる可能性を示唆する。4I 系の移入者の割合は 20％であるのに比べて，2C 系の移入者の割合は 56％である。移入者の割合は 2C 系のグループのほうが高かった可能性がある。毛利と奥（1998）は，吉胡人骨の頭蓋非計測項目を分析し，4I 系の個体同士の類似度のほうが 2C 系の個体同士よりも高いことを報告している。彼らの頭蓋非計測項目の分析結果と，Sr 同位体分析の結果は同様の傾向を示しており，2C 系のほうに移入者が多く含まれている蓋然性が高い。

移入者の歯のエナメル質の Sr 同位体比にはいくつかのクラスターが観察される。一つ目のクラスターは 0.7094 から 0.7097 の値の範囲であり，4 個体の男性と 3 個体の女性を含んでいる（図 4.15）。二つ目のクラスターは 0.7099 から 0.7100 の値の範囲であり，3 個体の男性である。それらの結果は，移入者の地理的な起源，つまりは出身地にいくつかの候補の可能性があるということである。本書では，高い Sr 同位体比を示すそれらの個体は，海水の Sr の影響の少ない内陸部の地域の出身であると想定している。

　調査フィールドにおける地理的な Sr 同位体比の分布の明確な地域差によって，吉胡集団における移入者の出身地を推測することができる（図.4.13）。特に，本書によって明らかとなった吉胡集団への移入者は，三河高地の出身である可能性がある。それらの地域の植物の Sr 同位体比はとても高いため，移入者の歯のエナメル質の Sr 同位体比と整合的である。また，後に考察する稲荷山貝塚集団の出身である可能性も否定することはできない。

　吉胡人骨の Sr 同位体比には，0.7087 において連続的な推移に明らかな分断がみられ，それは女性において顕著である（図 4.15）。男性 1 個体（No. 345）と女性 1 個体（No. 540）は移入者である可能性を残している。それらの同位体比から彼らは弓張山地の内陸部の出身であることが示唆される。しかしながら，それらの値は吉胡貝塚における陸上資源に強く依存した食性によっても実現可能な値であるため，本書では移入者として判別はしなかった。しかし興味深いことに，彼らは上顎切歯に叉状研歯をもっている。ほかの女性（No. 310）も叉状研歯が施されているが，在地的な 0.7091 というエナメル質の Sr 同位体比を示している。叉状研歯の施された個体は集団の統率者的な特別な地位にいたと考察されている（Harunari, 1986）。叉状研歯の施された 2 個体が最も低い Sr 同位体比を示すことはたいへん興味深く，何らかの特別な地位と結びついた結果によるものかもしれない。

　渥美半島の後・晩期の縄文時代にはいくつかのほかの貝塚も存在しており，川地貝塚，保美貝塚，伊川津貝塚などがある。渥美半島においては植物の Sr 同位体比に明瞭な地域差がみられないため，たとえ渥美半島内において人が移動したとしても Sr 同位体分析による検出は困難であろうと考えられる。つまり本書で得られた在地者の中にも検出不可能な移入者が含まれている可能性があり，吉胡集団における移入者の数は最小の推定値であろうと言うことができる。

　本書では，吉胡集団における高い割合（36％）の移入者が検出された。近藤

Kondo（1994）によると，吉胡貝塚や近隣集団における頭蓋形態の地域内変異は，渥美半島と千葉北部地域との地域間変異と同等に大きいことを報告している。歯冠計測値や歯の非計測項目においても地域間の類似性が指摘されている（Matsumura, 1989, 2007）。ごく一般的に言えば，人の移動・交流が高いほど遺伝的に多様で，形態的にも変異が大きく，集団間では違いがなくなる。また，孤立した集団になるほど，遺伝的浮動によりほかの集団とは特徴のある形態を示すようになるはずである。縄文時代集団における形態的な類似は，吉胡集団でみられるような高い集団間移動の結果生じていた可能性もある。

　いくつかの狩猟採集民の集団は非常に流動的な集団構成をもち，個人単位や家族単位での集団間の移動がさまざまな時期に起こる。一年のサイクルを通して集団サイズには大きな変動がある（Binford, 2001）。多くの民族誌的な記録にみられるように（たとえば，Kelly, 1995），縄文時代人もさまざまな理由によって集団間を移動していたと考えられる。狩猟採集民は資源不足や社会的なストレスの緩和，結婚のために集団を移動した。本書の Sr 同位体比のデータは，そのような結婚のために吉胡集団に移入してきた個体も含まれているかもしれないし，家族ごと集団へ加入した場合も含まれているのかもしれない。このような理由を特定できる手法があればよいのであるが，現状では困難である。

6. 稲荷山人骨の分析結果

　稲荷山人骨の歯のエナメル質の Sr 同位体比の平均値は 0.70925 ± 0.00081，であり，0.70658 から 0.71074 の範囲を示した（図4.17）。骨試料の Sr 同位体比の平均値は 0.70914 ± 0.00010 であり，その値の範囲は 0.70903 から 0.70939 だった。歯のエナメル質の Sr 同位体比の変動は骨試料よりも大きく，エナメル質の値に対する続成作用による影響が小さく，他地域からの移入者を含んでいることが示唆される。

　骨のハイドロキシアパタイトの Sr 同位体は概して続成作用による変質を受けやすい。というのも骨のハイドロキシアパタイトが多孔質であり結晶が小さいために続成作用に弱いのである（Sillen, 1986; Hoppe et al., 2003; Trickett et al., 2003）。続成作用によって埋葬初期の Sr 同位体組成は地下水の Sr 同位体と平衡状態になる（Bentley, 2006）。植物はその生育場所における土壌水と同じ Sr 同位体比を示す（Nakano et al., 2001）。稲荷山貝塚周辺の植物の Sr 同位体比は，0.7100 ほどの高い Sr 同位体比

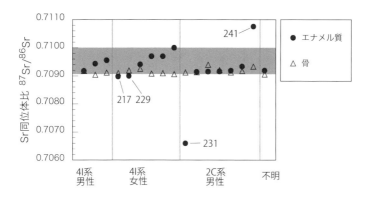

図 4.17. 稲荷山人骨の歯のエナメル質と骨試料の Sr 同位体比
同じ個体のデータは同一 X 軸に示してあり，性別と抜歯系列にて分類している。
灰色の水平線は在地の Sr 同位体比である 0.7091–0.7100 を示している。

を示す三河高地に由来する変成岩の堆積物が多く供給されていることを示し，東の弓張山地からは変成岩や石灰岩など 0.7086 程度の低い値を示す堆積物の供給も示唆される。ほかの Sr 供給源は海水であり 0.70918 (Faure and Mensing, 2005) を示す。沿岸部は海水飛沫効果や蒸発した海水に由来する影響が Sr 同位体比に強く表れる (Whipkey et al., 2000; Bentley, 2006)。中野 Nakano ほか (2006) による現代降雨の値は 0.7089 という海水に近い値を示す。続成作用による Sr はそのような Sr 供給源の混合として理解することができ，その結果として骨の Sr 同位体比は，0.7090 から 0.7094 を示していると考えられる。このように，本書では骨試料は続成作用の影響を強く受けてしまっているとみなした。

人骨に対する続成作用の影響を見積もるために，青年期の人骨のエナメル質と骨試料の Sr 同位体比を比較した。エナメル質は子ども期後期から青年期にかけて摂取した食物に由来する値を示すはずであり，骨試料は死亡前 10 年程度に摂取した食物に由来する値を示すこととなる。このことを利用すると，青年期の人骨においては，エナメル質と骨試料は同じ時期の食物に由来すると仮定することができる。4 個体の青年期の人骨のうち，ある個体 (No. 236) は歯のエナメル質と骨試料がほとんど同じ値を示し，続成作用の影響は非常に小さいこと，もしくは続成作用の Sr がエナメル質と同じ値であったことを示唆した (図 4.18)。ほかの 1 個体 (No. 228) は骨の値 (0.7091) が明らかにエナメル質 (0.7097) よりも低かった。同様に，ほかの 2 個体 (No. 210, 253) はエナメル質よりも骨試料のほうが 0.0001 と 0.0002

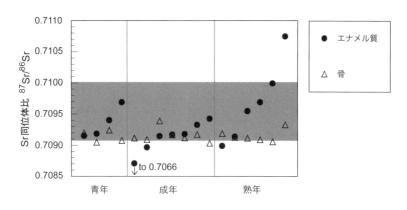

図4.18. 死亡年齢ごとに分けた稲荷山人骨の歯のエナメル質と骨試料のSr同位体比

だけそれぞれ低かった。このような結果によると，続成作用の影響は低いSr同位体比をもたらしているのかもしれない。

集団の中の在地者から移入者を判別するために，在地のSr同位体比の範囲を設定する必要がある。稲荷山人骨の炭素・窒素同位体分析によると，個人差は大きいものの彼らは海産資源を多く摂取していた。海産資源を摂取すると古人骨のSr同位体比は海水の値である0.70912から0.70924（2標準偏差の範囲；Faure and Mensing, 2005）に近づいていくはずである。稲荷山貝塚の周辺10 kmから収集した植物のSr同位体比は0.7100 ± 0.0022だった。狩猟採集民の遊動域は集落から10 km程度なので（Binford, 2001），本書では在地の稲荷山集団が利用した陸上資源のSr同位体比としてこれを選んだ。これら二つの食物資源の混合の結果として，在地の生物の利用可能なSr同位体比の範囲は0.7091から0.7100であると設定した。実際に多くの個体の歯のエナメル質や骨試料のSr同位体比はこの範囲に収まる（図4.17）。今回分析した17個体のうち，歯のエナメル質のSr同位体比がこの在地の値の範囲に収まる13個体は在地者であると判別された。

そこでSr同位体比から4I系の個体と2C系の個体の海産物依存度を評価した。4I系の在地者の歯のエナメル質のSr同位体比は0.7096 ± 0.0003であり，2C系の在地者の値である0.7092 ± 0.0001より有意に高かった（Wilcoxon-test, χ^2 = 6.63, P = 0.0100）。このことは4I系の在地者が2C系の在地者よりも，より陸上資源に依存していたこを示唆している。

7. 稲荷山人骨の結果についての考察

　歯のエナメル質の Sr 同位体比と骨コラーゲンの窒素同位体比を比較するとより詳細に生前の集団間移動と食性について明らかにできる可能性がある（図 4.19）。骨コラーゲンの窒素同位体比は生前の 10 年程度の食性を記録しており，陸上資源や海産資源にどの程度依存していたのかについて明らかにすることができる。2C 系の男性（No. 241）は稲荷山貝塚周辺の植物の値よりもかなり高い Sr 同位体比を示し，この男性が移入者であることを示唆している（図 4.19 の左上の個体）。これについては，2C 系の男性個体の骨コラーゲンの窒素同位体比が，非常に低い値を示し，陸上資源に強く依存した食生活をしていたことが示唆される。これら Sr 同位体比と窒素同位体比が示唆するのは，この男性が北の三河高地出身であり，稲荷山集団に移入した後 10 年以内に死亡して埋葬されたということである。移入後，短期間のうちに死亡したために骨コラーゲンの窒素同位体比は移動前の食性のシグナルを保持していると考えられる。これとは対象的に，ある 2C 系の個体（No. 231，図 4.19 の右下の個体）は 0.7066 というとても低い Sr 同位体比を示し，稲荷山貝塚の出身ではなく東の弓張山地の出身である可能性が高い。この個体は子ども期に弓張山地のような非常に低い Sr 同位体比を示す地域の植物を摂取していたことが示唆される。この個体の骨コラーゲンの窒素同位体比は，ほかの 2C 系の在地者と同程度であり，稲荷山集団内において成人期にほかの 2C 系の個体と同じ食性をしていた可能性が高い。このような 2C 系の 2 個体は稲荷山集団への明らかな移入者であると考えることができる。

　稲荷山貝塚のほかの 2 個体（No. 217, 229）は海水の値よりもエナメル質の Sr 同位体比（0.7090）が低いために移入者である可能性が高い（図 4.19）。この 2 個体は，渥美半島の東端にある吉胡貝塚における在地の Sr 同位体比の範囲である 0.7086 から 0.7092 と重なるため，吉胡貝塚出身という可能性も考えられる。しかし，稲荷山人骨の骨試料の Sr 同位体比の最も低い値と重なるため，彼らが在地者という可能性も否定することはできない。骨試料の Sr 同位体比は成人期の食性に由来し，続成作用の影響も受けている複雑なシグナルであるため解釈は難しい。

　稲荷山人骨の Sr 同位体分析の結果について，埋葬位置との関係を検討した（図 4.20）。埋葬位置には三つの主要な埋葬小群があり，4I 系と 2C 系の人骨がそれぞれ別の埋葬小群に埋葬されていると指摘されている（春成，1979）。北の埋葬小群は主

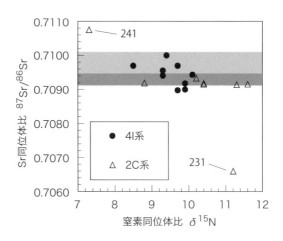

図 4.19. 稲荷山貝塚における歯のエナメル質の Sr 同位体比と骨コラーゲンの窒素同位体比
濃い灰色の範囲は海水の Sr 同位体比である 0.7091-0.7092 の範囲であり，薄い灰色の範囲は在地の Sr 同位体比である 0.7091-0.7100 の範囲。

に 4I 系の個体からなり，中央の埋葬小群は 2C 系の個体からなる。南の埋葬小群には 4I 系と 2C 系が埋葬されており，さらにその中で北の 4I 系の個体と南の 2C 系の個体というように分類されている。Sr 同位体分析の結果を見てみると，すべての埋葬小群に在地者が含まれていることが分かる。おそらく移入者と考えられる 2 個体（No. 217, 229）は，北に埋葬されており，もう 2 個体の明らかな移入者（No. 241, 231）は南の埋葬小群に埋葬されている。このことから稲荷山貝塚においては移入者が在地者と同じ埋葬小群に埋葬されているということができる。

稲荷山人骨の Sr 同位体分析の結果によると，4I 系の個体が在地者であり 2C 系の個体が移入者であるという仮説は必ずしも支持されなかった。稲荷山貝塚の在地者には 4I 系も 2C 系も含まれていた。しかし，明らかな移入者である 2 個体は 2C 系の抜歯が施されており，このことは吉胡貝塚でもみられた傾向である。つまり 2C 系のすべての個体が移入者であるわけではないが，4I 系の個体よりも 2C 系の個体に多く移入者が含まれているという可能性がある。

吉胡人骨と稲荷山人骨の Sr 同位体比を比較すると，この二つの集落間での人の移動を検出できる可能性がある。吉胡貝塚の帰属年代は縄文時代後期後葉と晩期である。稲荷山貝塚の帰属年代は晩期の中葉である。二つの遺跡からは同じ型式の土

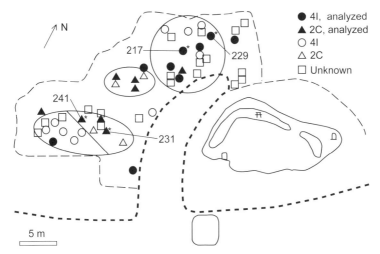

図 4.20. 稲荷山貝塚における埋葬位置（春成，1979 と清野 1969 を改変）
分析した個体の埋葬位置にそれを示している。移入者はアスタリスクとサンプル番号にて示している。大きな丸は埋葬小群を表している。

器も見つかっており，ある個体は集団間を移動していたかもしれない。図 4.21 に吉胡人骨と稲荷山人骨の Sr 同位体比を比較して示している。吉胡人骨の在地の Sr 同位体比の範囲は 0.7086 から 0.7092 であり，稲荷山人骨の在地の Sr 同位体比の範囲は 0.7091 から 0.7100 と設定した。それらの在地の Sr 同位体比は遺跡ごとに大きく異なるが，海水の値である 0.7091 から 0.7092 において重複している。吉胡貝塚における移入者の大部分は 0.7093 から 0.7100 のエナメル質の同位体比を示し，稲荷山貝塚出身である可能性もある。吉胡貝塚の女性の移入者は歯のエナメル質の値が 0.7103 を示すが，稲荷山貝塚出身であると考えることはできない。いっぽうで，稲荷山人骨においては移入者の可能性がある 2 個体（0.7090）は吉胡貝塚の出身と考えることもできる。また明らかな移入者である 2 個体は，吉胡の在地の Sr 同位体比からは外れているため，吉胡貝塚の出身であると推定することはできない。このように，複数の遺跡における古人骨の Sr 同位体比によって，集団間の人の移動を個体ごとに検討することができるが，今後それら個人の帰属年代の同一性を検討することが課題である。

　Sr 同位体分析によって 4I 系の在地者の Sr 同位体比は 2C 系の在地者の値よりも高いことが明らかとなった。4I 系の在地者の値は陸上資源（0.7100）と海産資源（0.7091）の間にあり，2C 系の在地者の値はより海産資源の値に近かった。このこ

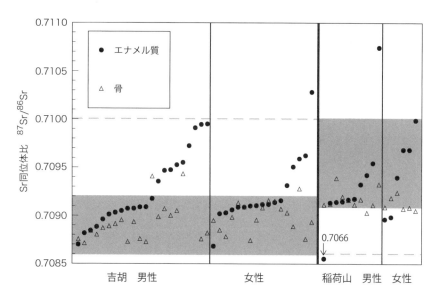

図 4.21. 吉胡人骨と稲荷山人骨の歯のエナメル質の Sr 同位体比
灰色の範囲はそれぞれの遺跡における在地の Sr 同位体比の範囲。

とは 2C 系の在地者のほうが海産資源に依存していたことを示唆する。2C 系の在地者よりも 4I 系の在地者の値の変動がばらついており，その海産物への依存度が個体ごとに異なり，陸上資源の Sr 濃度なども変異が大きいことに由来する可能性がある。それらの結果により，4I 系の在地者がより陸上資源から Sr を摂取していて，2C 系の在地者のほうが海産資源より Sr を摂取していることが分かる。このように稲荷山人骨においては抜歯型式と食性分化が結びついていたようである。

男性の個体の中では，4I 系の男性が 2C 系の男性よりも高い Sr 同位体比を示している（図 4.17）。このことは男性の中で食性分化が生じていたことが示唆される。いっぽうで，分析したサンプル中すべての女性は 4I 系であり，女性内における抜歯系列と食性との関係を調べることはかなわなかった。しかし，4I 系の抜歯の施された在地の男性と女性は，2C 系の男性よりも高い Sr 同位体比を示しており，4I 系の男性と女性は同様の食生活を送っていたことが示唆される。

在地者の Sr 同位体比をコラーゲンの窒素同位体比と比較した（図 4.19）。すると，4I 系の在地者は Sr 同位体比が陸上資源の摂取を示し，窒素同位体比も低いことから成人期の食性も陸上資源に依存していたことが示唆された。2C 系の在地者は Sr 同位体比が海産資源の摂取を示し，窒素同位体比は高いことから成人期はより海産

資源に依存していたことが示された。このような傾向は，4I系の在地者は子ども期も成人期も陸上資源に依存していたのに対し，2C系の在地者は子ども期も成人期も海産資源へ依存していた可能性を示唆している。これは縄文時代の生業や社会，縄文時代人のライフヒストリーを考察する上においてとりわけ興味深い結果である。

コラム

4　古人類の食性

　安定同位体分析によって，化石哺乳類の食性や行動を調べることも可能である。
1978年に M. デニーロと S. エプステインは，骨のハイドロキシアパタイトやコラー
ゲンなどの炭素同位体比を測定し，哺乳類の体組織に食性の情報が記録されているこ
とを明らかにした（DeNiro and Epstein, 1978）。しかし，化石骨のハイドロキシア
パタイトは，続成作用を受けやすく，食性の情報を完全には保持していない。いっぽう，
歯のエナメル質の同位体比は，地質学的な年月を経ても元のシグナルを保存している
ことが明らかにされ，1990年代より歯のエナメル質を対象とした研究が行われるよ
うになった。

　植物は，光合成回路に応じて異なる炭素同位体比を示す。前述のように多くの双子
葉類が含まれる C_3 光合成をする植物と違い，熱帯の草本やスゲ類の多くは，C_4 光合
成を行うので，C_3 植物と C_4 植物は炭素同位体比によって明瞭に区別することができる。
アフリカでは草本類のみが C_4 植物であるので，哺乳類の食性を C_3 植物の木の葉食
（browsing）と C_4 植物の草食（grazing）へと区分することが可能となる。古土壌（堆
積物中の炭酸塩）や哺乳類の歯の分析から，後期中新世に C_4 植物が世界的に広がった
ことが明らかとなっている。また，後期中新世以降，東アフリカの古人類遺跡において，
森林の被覆率は 40％以下だったと古土壌の同位体比から推定されている（Cerling
et al., 2011）。

　ケニアには，中期中新世以降の豊富な化石があり，スグタ Suguta 盆地にはナカリ
Nakali（1000万年前 = 10 Ma）とナムルングレ Namurungule（9.6 Ma）があり，
トゥルカナ盆地には 700万年前以降の堆積がある。それらの哺乳類化石について，炭
素同位体分析が行われた。多くの哺乳類において中期中新世以降，C_3 食性から C_4 食
性への変化が起こった（Uno et al., 2011）。たとえば，後期中新世（10 Ma）のウマ
科に最も早く C_4 植物を利用する個体が現れ始め（図C4.1），9.6 Ma にはサイ科にも
C_4 食性の個体が現れる。7.4 Ma までには，ウシ科やカバ科も C_4 食性を示し始める。

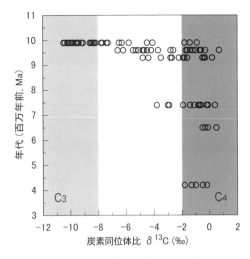

図 C4.1. ケニアにおけるウマ科化石の炭素同位体比の時代変化（Uno et al., 2011 より）

イノシシ科は、6.5～4.2 Ma に C_4 食性に変化していく。ゴンフォテリウム科やゾウ科は卓越した C_3 食性だが、6.5 Ma には C_4 植物に適応していく。いっぽうで、ディノテリウム科やキリン科は、C_3 食性を維持している。このように後期中新世から鮮新世にかけて、東アフリカの草食哺乳類においては、純粋な C_3 食性から、$C_3 \cdot C_4$ 植物の混合食や C_4 食性へと変化していった。

1990 年代より、東アフリカや南アフリカのヒト亜科（hominins）の化石も分析されてきた（図 C4.2）。エチオピアのアルディピテクス（Ar）・ラミダス（4.4 Ma）も分析され、ヒト亜科の中では最も C_4 植物の利用が少ない傾向にあり、90 % 程度の C_3 食性であることが明らかとなった（White et al., 2009）。また、中央アフリカのチャドのコロ・トロ遺跡から出土したアウストラロピテクス（Au）・バールエルガザリ（3.5～3 Ma）は、60～80 % の C_4 食性であり、C_4 植物が卓越する開けたサバンナ環境だったと考えられる。南アフリカの Au. アフリカヌス（3～2.5 Ma）は、C_4 植物が 40 % の $C_3 \cdot C_4$ 混合食である。Ar. ラミダスとは異なり、アウストラロピテクスは明らかに草本やスゲ類などの C_4 植物を好んで食べていたことが分かる。森林に生息する現代の類人猿は C_3 食性なので、アウストラロピテクスと当時の類人猿は異なるニッチ（生態的地位）を利用し始めていたと推測される。しかし、南アフリカの Au. セ

ディバ（2 Ma）は，純粋な C_3 食性であり，アウストラロピテクスの食性は多様であった。南アフリカの Au. ロブスタス（2 〜 1.5 Ma）は，頑丈な顎の形態をもっており，C_4 植物が 40 ％の混合食である。Au. アフリカヌスから Au. ロブスタスの時代にかけて森林環境から草原環境へと変化したと考えられているが，Au. アフリカヌスと Au. ロブスタスの食性にはほとんど違いがない。さらに，歯のエナメル質の成長線に沿ってレーザーサンプリングにより連続分析した結果によると，Au. アフリカヌスや Au. ロブスタスの同位体比は 5 ‰ほど変動し，季節間や年間を通じて C_4 植物への依存度が大きく変化していたことが分かる。東アフリカから出土する Au. ボイセイ（2.3 〜 1.4 Ma）は，70 ％の C_4 食性である。これに貢献した C_4 植物として，資源量が季節変動する草本よりも，安定しているカヤツリグサ科（パピルスなど）の茎や根茎の摂取が提唱されている。Au. ボイセイは，Au. ロブスタスと同じ頑丈な顎の形態をもっており，木の実や種などの硬い食物を好んで食べていたと考えられていたが，歯の同位体や咬耗の証拠からは，草本やスゲ類を好んでいたことがうかがえる。

　ホモ属の化石も少数ながら分析されている。タンザニアのオルドバイ峡谷から出土したホモ・ハビリス（1.8 Ma）は，20 〜 50 ％の C_4 食性の値を示す。これは同時代のオルドバイ峡谷の Au. ボイセイの強い C_4 植物への依存とは明瞭に異なる傾向である。また，南アフリカのスワルトクランス遺跡から出土した初期ホモ属（2.0 〜 1.0 Ma，ホモ・エルガスター）は，20 〜 35 ％の C_4 食性である。この傾向を説明する上では，C_4 植物を摂取するだけでなく，C_4 食性の草食動物を摂取した可能性も考えられる。

　少なくとも東アフリカでは，4.4 Ma から 1.0 Ma にかけてヒト亜科の食性が C_4 植物依存へと変化してきたことが言える。アウストラロピテクスから C_4 植物に依存し始め，Au. バールエルガザリと Au. ロブスタスが C_4 食性に強く傾くいっぽうで，初期ホモ属は C_3・C_4 混合食というように，ヒト亜科の中でもニッチを分けていたようである。進化の過程における他種との競合やニッチ分割の役割を考える上でも，古人類の食性をより詳細に明らかにしていく必要がある。

　古人類やほかの哺乳類の移動や遊動域を調べるために，歯のエナメル質の中に含まれているストロンチウムの同位体比が測定されている。ストロンチウムはカルシウムと化学的な挙動が似ており，水や食物を通じて摂取され，哺乳類の骨や歯ではカルシウムを置換して存在している。環境中では，地質によって Sr 同位体比が異なるため，食物を摂取した場所を推定し，さらには移動した個体を検出できる可能性がある。南アフリカのステルクフォンテン遺跡やスワルトクランス遺跡から出土した Au. アフリカヌスや Au. ロブスタスの歯が分析された。遺跡周辺の植物の値を在地の値と考えると，

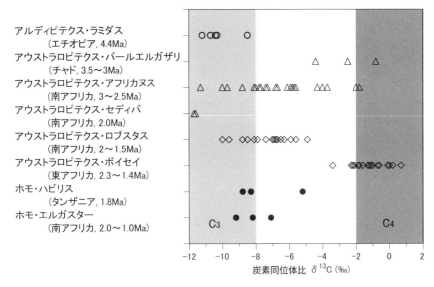

図 C4.2. アフリカから出土するヒト亜科化石の炭素同位体比

いくつかの個体が移入してきたことが推定された。メスのほうが集団へ移動しているため，チンパンジーやボノボのような，メスが集団間を移動する社会だったのではないかと解釈されている。さらに，Au. アフリカヌス，Au. ロブスタス，ホモ属の化石のSr同位体比が分析され，Sr同位体比の変動は種間で違いがないため，同程度の遊動域をもっていたと考察されている。

人類史を紐解く上で炭素同位体比の測定による古環境解析は重要な位置を占めている。さらに古人類やほかの哺乳類化石の発見と分析が行われれば，人類史の解明に迫ることができると考えられる。

第5章

時を調べる

——津雲貝塚第3号人骨（清野，1920より）——

ここでは，どのようにして古人骨の年代を調べることができるのか見てみよう。放射性炭素年代測定がどのような手法なのか解説し，古人骨に適用した事例を紹介する。古人骨には海産物の摂取によって，実際の年代よりも古い炭素が含まれている。これを補正するために，前章までの食性解析がとても役立つ。古人骨は時を数えている。これまでも，いまこの瞬間も。

1. 放射性炭素年代測定とは

　放射性炭素年代測定とは，放射性炭素が時間とともに減少していくことを利用する年代測定法である。骨の3分の1はコラーゲンという有機物でできている。この骨コラーゲンはタンパク質であり，一旦真空中で燃焼させて二酸化炭素にしてから，還元することで純粋な炭素であるグラファイトを得ることができる。これを加速器質量分析装置（AMS）にセットして，年代測定を行う。現在ではAMSにより資料中の^{14}Cの炭素を直接測定するため，簡便で迅速に測定することが可能となっている。私たちヒトも含まれる脊椎動物は，コラーゲンの含まれる骨を体内にもっている。脊椎動物は生まれながらにして，死後の時間経過を記録する準備をしている。私も，あなたも時を数える準備をしている。これは驚くべきことではないだろうか。

　炭素の同位体のうち質量数14の炭素が，ベータ崩壊による14の窒素へ壊変していく。この放射壊変の半減期は，5730年である。半減期とは，経過すると親核種が半分の量になる時間のことである。生物が死亡して代謝が止まると，体内の炭素の交換も止まる。そのあと半減期分の時間が経過すると，放射性炭素の濃度が半分になり，さらに半減期が経過するとそれは4分の1になる。この性質を利用するのである（図5.1）。

　放射性炭素の壊変は次の式に従う。

$$A_t = A_0\, e^{-\lambda t}$$

A_0は西暦1950年の放射性炭素濃度，A_tは測定した資料の放射性炭素濃度である。崩壊定数λは$\ln 2/T_{1/2}$（$=1/8033$）である。$T_{1/2}$は放射性炭素の半減期であり，リビーが計算した5568年を用いることになっている（兼岡, 1998; 北川, 2014）。

　そして炭素14年代t（BP）は次の式で表される。

$$t = -\lambda^{-1}\ln(A_t/A_0)$$

　炭素14年代（BP）は，西暦1950年を基準として報告される。これは，西暦1950年よりも何年前の資料かということを表している。産業革命以降の化石燃料の大量消費によって，環境中の炭素は^{14}Cを全く含まない化石の炭素（Dead carbon）によって薄められてしまっている。これはSuess効果と呼ばれる。また1960年代に多く行われた核実験によって，大気中の放射性炭素濃度がそれまでの

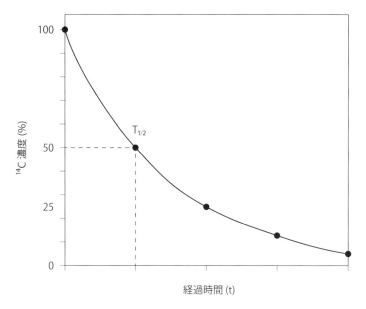

図 5.1. 放射性炭素濃度と経過時間の関係

数倍に一時期は増加してしまったためである。また測定時に，資料の $δ^{13}C$ が陸上植物の平均値である −25 ‰ に補正され，放射性炭素濃度も計算される。資料の放射性炭素濃度は，pMC（percent modern carbon の略）として報告される。これが 50.0 % であれば西暦 1950 年の放射性炭素濃度から半分の量に ^{14}C が減少し，半減期分の時間が経過したことを意味している。測定時には，未知資料と同時に国際標準物質であるシュウ酸の測定が行われる。

しかし，資料の暦年代を知るためには，測定した炭素 14 年代を較正する必要がある。ここで言う較正とは，測定値である炭素 14 年代と，暦年代との間にある系統的なずれを正すことである。炭素 14 年代は，自然界の生物の ^{14}C の割合が過去の期間を通じて一定であるということを前提に計算している。放射性炭素は，宇宙線が大気圏に入り生じる中性子が，窒素原子と衝突して生成される（$^{14}N(n, p)\ ^{14}C$）。宇宙線は太陽活動の強度と密接に関わっているため，大気中の放射性炭素の濃度もこれに影響を受ける。つまりは過去において太陽活動の強度は変動していたために，大気中の放射性炭素の濃度もまた常に変動していたのだ。また，炭素 14 年代の計算は，リビーが当時用いた半減期である 5568 年を用いて計算するということになっている。これらの理由から，炭素 14 年代はその前提からして暦年代とは等しく

第 5 章 時を調べる ──── 163

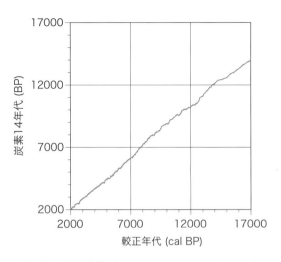

図 5.2. 較正曲線（INTCAL13; Reimer et al., 2013）

ならない。よって，炭素14年代を暦年代に較正する必要がある。これは較正年代と呼ばれ，単位には cal BP がつけられる。較正のための較正曲線が整備されており，較正することで数百年ほど古く計算される。この較正曲線の最も新しいものは INTCAL13（Reimer et al., 2013）である。この INTCAL13 には，福井県にある水月湖の年縞堆積物のデータが含まれている。INTCAL13 を図 5.2 に示している。較正曲線の全体の傾向の傾きは 1 よりも小さくなっている。たとえば，7000 BP を較正するとおよそ 8000 cal BP に，12000 BP を較正するとおよそ 14000 cal BP に計算されることを図から読み取ることができる。

　古人骨の放射性炭素年代測定をする場合には，海洋に由来する炭素の混入に注意が必要である。海の炭素は海洋大循環モデルに示されるように，数百年から数千年のスケールで循環が行われている。表層では大気と二酸化炭素が交換されるが，深層へ入ると交換が止まり，放射性炭素の濃度が減少する。この濃度が低くなった海水が表層水と混合することで，海水の放射性炭素濃度が低くなる。このため，陸上の炭素よりも海洋の炭素のほうが古い年代となり，それらの間の炭素14年代の差は平均するとおよそ 400 年である。同じ時代の陸上生物と海洋生物でも，炭素14年代は 400 年違うということである。海洋生物のほうが見かけ上，古い年代値となってしまう。このことは海洋リザーバー効果と呼ばれている。リザーバーとは貯蔵のことで，炭素循環において海洋に貯蔵される炭素量が多く，大気と海洋の間の

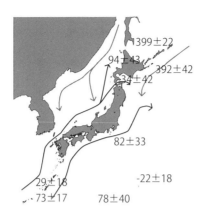

図 5.3. 日本近海の ΔR 値（平均値 ± 1 標準偏差）
矢印は海流（Yoneda et al., 2007; Shishikura et al., 20007）。

炭素の交換速度が陸上の場合よりも遅いために，このような影響が表れる。海洋リザーバー効果の補正のための曲線は，MARINE13 として整備されている。また，海洋リザーバー効果は，地域ごとに異なることが知られており，地域ごとに補正値が求められている。海洋リザーバー効果の平均値である 400 年から，どれだけ補正するかということである。この地域補正値は ΔR で表記され，世界的なデータベースが作成されている。また採取年が分かっている戦前に採られた貝の放射性炭素年代測定が行われ，日本近海の地域補正値が求められている（図 5.3; Yoneda et al., 2007）。また地震によって隆起した固着貝類の放射性炭素年代測定によって，太平洋の沿岸部の地域補正値が求められている（Shishikura et al., 2007）。

さらに古人骨の場合，この陸上の炭素と海洋の炭素を混合して摂取したはずである。これを補正するために，古人骨の海産物依存度を計算し，その割合に応じて海洋リザーバー効果を補正することが必要である。たとえば，陸上資源と海産資源を 50 % ずつの割合で摂取した場合，平均すると 200 年古い炭素を摂取していたはずなので，200 年新しい年代に補正すれば良い。このような考え方の下で，実際には海洋リザーバー効果の地域補正値も加味した上で，陸と海の較正曲線を海産物依存度に応じて混合して，炭素 14 年代を較正年代へと計算するのである。たとえば，グリーンランドに居住した 10 世紀から 15 世紀の人骨が分析され，各個体の海産物依存度が計算され，陸と海の較正曲線を混合したモデルを用いて，放射性炭素年代が計算された（図 5.4; Arneborg et al., 1999）。その結果は，考古学的な年代ともよ

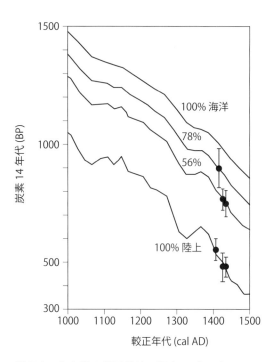

図 5.4. 海と陸の較正曲線の混合モデル（Arneborg et al., 1999）。

く一致しており，海産資源を摂取していた人骨でも，海洋リザーバー効果の適切な補正がなされれば，年代測定が可能であることが示された。この逆もまた然りである。同じ遺跡から出土した陸上哺乳類と海棲哺乳類と人骨の放射性炭素年代測定によって，海産物依存度を計算することができる。海洋リザーバー効果によって，海棲哺乳類はその分古い年代になるはずである。ところが，人骨の場合は陸上哺乳類と海棲哺乳類の中間の年代になることを利用して，年代値から海産物依存度が計算できる。これが北小金貝塚縄文人に応用され，79％の海産物依存度と計算されている（図 5.5; Yoneda et al., 2002）。

　ここで例として，放射性炭素年代の較正を行ってみよう。放射性炭素の年代値は，陸上の木炭として 3000 ± 30 BP を考える。OxCal プログラムを用いて，INTCAL13 を使って較正すると，3070〜3330 cal BP（95.4％の信頼区間）が得られる（図 5.6; 表 5.1）。これは，資料の年代が，95.4％の確率でこの年代幅の中に含まれることを意味している。測定の誤差や較正による誤差が含まれるため，年代幅は 260 年ある。

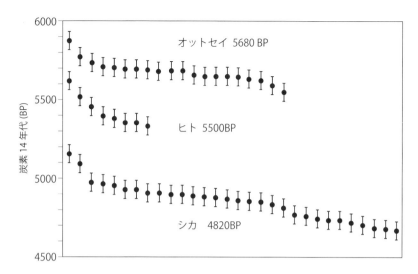

図 5.5. 陸上・海棲哺乳類と人骨の放射性炭素年代（Yoneda et al., 2002）。

また較正後の年代幅は，INTCAL13 の傾きにも影響を受ける。年代によって，較正曲線の傾きは変動する。傾きが急な年代，つまり炭素 14 年代の変化に対して較正年代があまり変化していない年代では，推定幅が小さくなる。逆に傾きが緩やかな年代，つまり炭素 14 年代に対して較正年代が大きく変化する年代では，推定幅が大きくなる。このため帰属年代を解釈する場合には，この較正曲線の傾きの変動に注意することが必要となってくる。また中央値は 3190 cal BP であり，数字だけ見ると炭素 14 年代よりも古い年代へ較正されている。

次に，海の貝殻の例として 3000 ± 30 BP を考える（図 5.7）。ここでは MARINE13 を使用して較正すると，2710 〜 2850 cal BP となり，中央値は 2770 cal BP である。測定値である炭素 14 年代よりは，300 〜 150 年ほど新しい年代へと較正されている。海産の貝殻が，海水の古い炭素を取り込んでいると考えるために，MARINE13 を使うことで新しい年代へと計算されたのである。

それでは，同じ資料に対して海洋リザーバー効果の地域補正値 ΔR として 82 ± 33 年を加味して，MARINE13 によって較正すると，2530 〜 2790 cal BP となった。より古い炭素を含んでいたという前提になったために，さらに新しい年代へと較正されている。

そして，ヒトの場合で 3000 ± 30 BP の年代を考えてみることにしよう。海産物

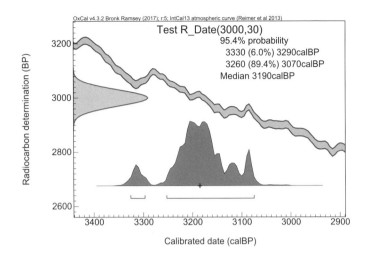

図 5.6. 放射性炭素年代の較正例

表 5.1. 放射性炭素年代測定のテスト結果

番号	資料	補正	較正曲線	炭素14年代 (BP ± 1σ)	較正年代 (cal BP, 95.4%)		中央値	推定範囲
1	陸上の資料	なし	INTCAL13	3000 ± 30	3070	3330	3190	260
2	海産の資料	なし	MARINE13	3000 ± 30	2710	2850	2770	140
3	海産の資料	地域補正値	MARINE13	3000 ± 30	2530	2790	2700	260
4	陸と海の炭素の混合	海産物依存度 50%	INTCAL13 と MARINE13	3000 ± 30	2860	3050	2950	190

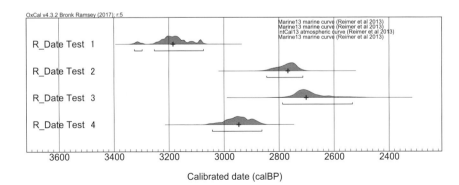

図 5.7. 放射性炭素年代の較正後のプロット

依存度を 50 % として，INTCAL13 と MARINE13 を混合して計算する。すると，較正年代は，2860 ～ 3050 cal BP であり，中央値は 2950 cal BP となった。INTCAL13 のみで計算した場合よりも，240 年ほど新しい年代へ計算されている。これは，海産物依存度を 50 % として，INTCAL13 と MARINE13 を混合した曲線によって較正されたためである。推定された区間は 200 年ほどの大きさがある。放射性炭素の年代測定と較正による誤差が含まれるために，このような年代幅となっている。測定精度の向上や，海産物依存度の推定精度の向上によって，この誤差を小さくしていくことが将来の課題である。

2. 古人骨の年代を測る

　それでは，放射性炭素年代測定を縄文時代人骨に応用した例を見てみよう。吉胡人骨 3 個体の骨試料から骨コラーゲンを抽出した。それは Yoneda et al.（2004b）の手法により行い，グラファイトの精製は Hyodo et al.（2008）の手法により筆者が行った。その放射性炭素年代測定を国立環境研究所の加速器質量分析装置を用いて行った（Yoneda et al., 2004a）。さらに國府・伊川津人骨については，グラファイトの精製と放射性炭素年代測定を PaleoLabo 社に依頼して行った。

　人骨の放射性炭素年代を適切に推定するために，人骨コラーゲンの炭素への海洋リザーバー効果を加味することは非常に重要である。古人骨の海産物の摂取割合（Marine %）は，–21.0 ‰ と –12.5 ‰ を端点とする線形混合モデル（LMM）によって推定した。C_3 植物を 100 % 摂取したときに期待される人骨の値が –21.0 ‰ であり，海産資源を 100 % 摂取したときに期待される人骨の値が –12.5 ‰ である（Yoneda et al., 2005）。また第 3 章で使用した混合モデル FRUITS の結果を用いた。放射性炭素年代の測定値は，OxCal4.3（Bronk Ramsey, 2013）を用いて較正年代を計算した。較正曲線は大気（INTCAL13）と海洋（MARINE13）のデータセットを用いて，それぞれのサンプルの海産物依存度に応じて較正曲線を混合して用いた。

　放射性炭素年代の測定結果は表 5.2 と図 5.8 に示している。吉胡人骨の放射性炭素年代は約 3190 ～ 2900 BP だった。上述した骨コラーゲンの炭素への海産資源の寄与率を用いて，海洋リザーバー効果を補正して骨コラーゲンの放射性炭素年代の較正を行った。その結果，吉胡人骨の年代は，FRUITS のモデルでは，全体では 3350 ～ 2790 cal BP の範囲だった。それぞれの個体の較正年代の推定値には，約 300 年ほどの推定の誤差がある。較正年代の分布の中央値だけで見ると，3130 ～

表 5.2. 吉胡人骨の放射性炭素年代測定の結果

No.	炭素14年代 (BP ± 1σ)	モデル	Marine%	SD	較正年代 (cal BP, 95.4% from)	較正年代 (cal BP, 95.4% to)	中央値
341	3190 ± 40	FRUITS	55.0	14.8	3350	2920	3130
		LMM	64.6	0	3210	2940	3070
295	3030 ± 55	FRUITS	36.9	12.9	3220	2790	3020
		LMM	36.9	0	3170	2860	3010
281	2900 ± 45	FRUITS	12.0	6.4	3150	2840	2970
		LMM	12.8	0	3140	2840	2960

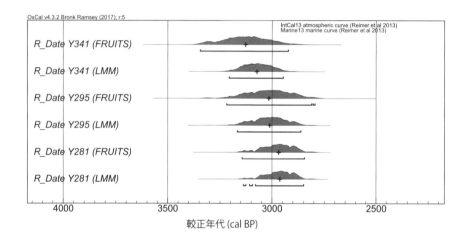

図 5.8. 吉胡縄文人骨の較正年代の確立分布

2970 cal BP だった。縄文時代後期後半から晩期の年代である。これは，土器形式による遺跡の年代の推定値である縄文時代の後期後半から晩期（ca. 3500–2300 BP）という認定を追認するものである。FRUITS と線形混合モデルの結果を用いて計算した結果には，大きな年代的な違いはなかった。中央値での違いは大きくても 60 年だった。これは，海産資源の寄与率の違いが最大で 9.6％であり，陸上と海の較正曲線の差が 488 年とすると，平均で 47 年の違いであることから生じていると考えられる。また，FRUITS の場合は，海産資源の寄与率の誤差が，6〜15％と計算されているので，較正曲線に考慮している。それに対して，線形混合モデルの場合は誤差なしで計算しているため，較正結果の範囲は線形混合モデルのほうが小さ

表 5.3.　國府人骨の放射性炭素年代測定の結果

No.	Lab. Code	炭素14年代 (BP ± 1σ)	δ¹³C	Marine %	較正年代 (cal BP, 95.4%)	中央値
國府（19'）17	PLD-24881	5235 ± 25	−20.2	9	5910–5990	5950
國府（19'）21	PLD-24882	5030 ± 25	−19.8	14	5620–5742	5690
國府 佐々木1号	PLD-24870	4665 ± 25	−19.5	18	5080–5440	5310
國府 大串17-6	PLD-24872	4085 ± 20	−19.0	24	4410–4520	4470
國府（17'）2(ロ)	PLD-24879	2960 ± 25	−20.4	7	3000–3070	3080
國府（19'）9	PLD-24880	2940 ± 25	−20.2	9	2960–3140	3030
國府 123号	PLD-24869	2935 ± 25	−20.2	9	2960–3140	3030
國府（19.8'）3	PLD-24883	2925 ± 20	−19.9	13	2930–3070	2990
國府（17'）2(イ)	PLD-24878	2920 ± 20	−20.5	6	2960–3140	3030

くなっている。このように用いる混合モデルによって若干の違いはあるが，これら
の人骨が縄文時代の後期後半から晩期に属するという大きな結論には違いがないと
いうことができる。より高精度に計算するためには，人骨と同じ遺跡から出土した
動物骨の炭素・窒素同位体比を測定することで，食物資源の同位体比を明らかにし
ていくこと，また人骨と食資源の間の同位体分別の値も再検討してくことが必要で
ある。本書の手法により，人骨の食性の復元と高精度な年代推定が可能となる。こ
れは，人の資源利用の時期的な変化の検討が可能となる点で重要である。

　本書では，これまで不確かだった國府人骨の帰属年代について明らかにした。上
述の通り，モデルによって年代推定に大きな違いはみられなかったために，線形混
合モデルで海産物依存度を推定して，海洋リザーバー効果を補正している。年代測
定の結果，國府人骨は5990～2960 cal BPという大きな年代幅を示した（表5.3）。
東日本の土器を中心とした年代測定による編年を参考にすると（小林，2008），縄文
時代の前期後葉に相当する約5440から5990 cal BPと，中期末に相当する4410か
ら4520 cal BPと，晩期に相当する2960から3070 cal BPの三つの時期に帰属する
ことが明らかとなった。これまで國府人骨は，土器型式や玦状耳飾りに基づいて前
期と推定され，腰飾りと叉状研歯や抜歯に基づいて晩期と推定されていた（池田，
1988; 1996）。本書の結果はそれらの認定を基本的に支持している。しかし，前期と
推定されていた1個体は，中期に属することが示唆された。比較的多数の個体は前
期と晩期に帰属しているが，前期と分類された個体の中には，中期に相当する人骨
も含まれている可能性がある。玦状耳飾りとともに埋葬された人骨2個体について
はコラーゲンの残存状態が悪く分析できなかった。腰飾りや叉状研歯や抜歯に基づ

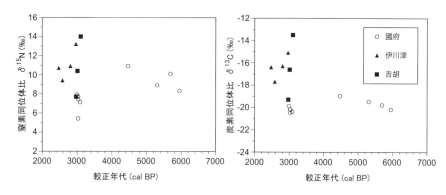

図 5.9. 國府・伊川津・吉胡人骨の較正年代と炭素・窒素同位体比

く晩期という認定については，年代測定の結果からもその解釈が支持される。また，前期の人骨の年代幅は500年程度を示すのに比べて，晩期の人骨は100年程度である。晩期においては比較的短期間のうちに遺跡が形成された可能性がある。

　國府遺跡において，食性は時期によって異なっていたことが明らかとなった。また，骨コラーゲンの炭素・窒素同位体分析によって，國府人骨の食性が明らかとなった（図5.9）。食物資源の同位体比に，一栄養段階分の同位体濃縮の値を加えて図示することで，骨コラーゲンと食物資源を直接的に比較している。國府人骨の炭素・窒素同位体比は有意に相関していた。この回帰直線の傾きは大きく，C_3植物と淡水魚類を結ぶ線上を通るため，國府人骨の食性の個人差はC_3植物と淡水魚の摂取割合の違いによって生じていた可能性がある。國府遺跡は石川と大和川の合流地点に近接する段丘上の内陸という立地を考えると，陸上資源と淡水魚類に大きく依存した食性であり，海産資源の影響は少ないと考えることができる。実際に，出土した動物遺存体のうち報告があるのはニホンジカとイノシシを中心とした陸上の草食哺乳類であるが（宮地，1998），ほかの植物遺存体，小型哺乳類や魚骨などがどの程度含まれていたのかについての報告はない。いずれにせよ彼らは淡水生態系と陸上生態系から得られる資源の混合食をしていたと考えることができるが，淡水生態系は地域差や時間差が大きい可能性があるので，近隣の同時代の遺跡から出土した魚骨のデータと比較することが必要である。

　前・中期の人骨よりも，晩期の人骨において窒素同位体比が低くなっていた。これは，前・中期の個体のほうがより多くの淡水生態系の食料資源を摂取し，晩期の個体のほうがより多くの陸上C_3植物・哺乳類を摂取していたと解釈できる。縄文

表 5.4.　伊川津人骨の放射性炭素年代測定の結果

No.	Lab. Code	炭素 14 年代 (BP ± 1σ)	δ^{13}C	Marine %	較正年代 (cal BP, 95.4 %)	中央値
伊川津 (22')15	PLD-24875	3130 ± 20	−15.1	69	2860–3070	2960
伊川津 (22')22	PLD-24876	2935 ± 20	−16.3	55	2750–2870	2810
伊川津 (22')23	PLD-24877	2655 ± 20	−16.4	54	2360–2670	2470
伊川津 (22')11	PLD-24874	2640 ± 25	−17.7	39	2440–2710	2580

時代の前期には海進により広がっていた河内湾が，後・晩期には海退により縮小していき，河内湖へと移り変わっていった（松田，2008）。これによって，國府遺跡から汽水域が遠ざかるとともに，淡水魚よりも陸上資源への依存を強めた可能性も考えられる。山陽地域と東海地域においても，後・晩期の遺跡において陸上生態系など窒素同位体比の低い食料資源を摂取する方向に変化することが明らかとなっている。この可能性が國府遺跡のデータによっても支持される。

　次に，伊川津人骨の年代は，晩期に相当する約 2440 ～ 3070 cal BP であることが明らかとなった（表 5.4）。これまで伊川津貝塚から出土した土器は，後期後葉から晩期後葉までである（渥美町教育委員会，1988，1995）。出土した土器の時期と，本書で得られた人骨の年代はおおむね一致しているが，今回測定した人骨は晩期のものが主体であった。吉胡人骨の 3 個体と中央値で比較すると，若干新しい年代である。國府遺跡の晩期の人骨と吉胡の人骨は年代が重なっており，ほぼ同時代の資料であるということができる。図 5.9 には炭素・窒素同位体比もプロットしているが，晩期では國府の人骨が最も同位体比が低く，海産物依存度が低いことが示唆される。吉胡人骨では，海産物依存度が，13 ％ ～ 65 ％ と幅がある。伊川津人骨の海産物依存度は吉胡人骨と同程度であり，國府人骨よりは明らかに高い割合だった。

　このように人骨コラーゲンの放射性炭素年代測定によって資料の帰属年代を明らかにすることができる。この時，人骨資料の炭素 14 年代は海洋リザーバー効果を注意深く補正する必要がある。ベイズ統計による混合モデルではなく，線形混合モデルによる海産物依存度の推定でも較正に十分活用できることが明らかとなった。さらに，國府人骨の場合のように，考古学的な相対年代との対比による検証も行うことができる。各人骨の帰属年代が明らかとなれば，年代による食性の変化も検討することが可能となる。分析する試料数を増やしていくことで，集団内における食性の変遷を検討することが将来の課題である。

COLUMN

コラム

5 カンティス遺跡の古環境解析

　東アフリカに位置するエチオピア，ケニア，タンザニアは鮮新世（530–260 万年前）の人類化石の産地として知られており，それらは，乾燥したアフリカ大地溝帯の内部にある。ケニアと日本が中心となった国際チームは，大地溝帯の断層崖上に位置するナイロビ郊外のカンティス（標高 1700 m）において，初めて大地溝帯以東から猿人化石を発見した。化石産出層の年代を放射年代測定と古地磁気により 350 万年前と決定し，化石の特徴からアウストラロピテクス・アファレンシスと同定した。4 点の化石から，少なくとも成人男性 1 人と乳児 2 人の存在が確認された。東アフリカの標高の高い地域からの化石の発見は初めてである。

　化石が見つかったカンティス遺跡は，ナイロビから約 15 km のところにあるオンガタ・ロンガイ地区のカンティスにある。2009 年にケニア国立博物館に住民が動物化石を持ち込んだことから調査が開始された。京都大学の中務真人教授（自然人類学）も調査に加わり国際的な研究が始まり，筆者も古環境解析を担当することになった。カンティスの特徴は大地溝帯の東の標高が高いところにある点と，ケニアの首都ナイロビからとても近い点である。

　これまでにカンティス遺跡からは，約 1200 点の化石が発見され，そのうち 740 点は動物の種名が分かる。そのうちカバ科の化石が最も多く 42 ％ を占める。ほかにもウシ科やオナガザル科，イノシシ科，ウマ科，サイ科などが見つかり，数は少ないがキリン科，ゾウ科，食肉目も見つかっている（図 C5.1）。

　カンティス遺跡からはアウストラロピテクスも見つかっている。子どもの下顎の第一乳臼歯が二つと，大人の男性の上顎犬歯一つ，大人の男性の左尺骨が一つ見つかっている。子どもの歯は同じ部位なので二人分，大人の骨は同一人物かもしれないため一人分である。よって，少なくとも子ども二人と大人一人のアウストラロピテクスの化石が発見された。カンティス遺跡の化石は，ウラン・鉛年代測定と古地磁気年代測定により，約 350 万年前ということが明らかとなった。この年代の古人類には，アウ

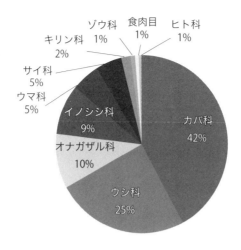

図 C5.1. カンティス遺跡から出土した哺乳類化石の出土割合

ストラロピテクス・アファレンシスや，アウストラロピテクス・バーレルガザリ，ケニアントロプス・プレティオプスがいる。アウストラロピテクスは，エチオピアの女性骨格「ルーシー」や，タンザニアのラエトリの足跡化石から知られている。

　化石の炭素同位体分析により，遺跡の場所が森林だったのか草原だったのか，古環境を推定することができる。ここでも，C_3 植物と C_4 植物の炭素同位体比の違いを利用し，森林か草原か，それぞれの動物がどのような環境を好んでいたのか調査を行った。

　カンティス遺跡より出土した動物の歯のエナメル質を削り，炭素同位体比を分析した。その結果，カンティスの哺乳類化石の炭素同位体比は，ほかの遺跡と比べても高いことが分かる（図 C5.2）。350 万年前のカンティスは湿潤ではあっても草原が広がっていたと推定することができた。

　カンティスから出土した化石の炭素同位体分析の結果は，大地溝帯の遺跡では樹木が比較的多い環境だったと考えられていることとは，異なっている。これは，アウストラロピテクスが，果実などを豊富に得られる場所だけでなく，イネ科の植物の実などしか得られないようなところでも生きていくことができる，高い環境適応能力をもっていたことを示唆している。

　ほかにもアウストラロピテクスの適応能力を示す例がある。大地溝帯から西へ約 2500 km 離れたチャドでも化石が見つかっている。1995 年に 350 万年前ごろのアウストラロピテクス・バーレルガザリが発見された。大地溝帯の東側と西側でもアウ

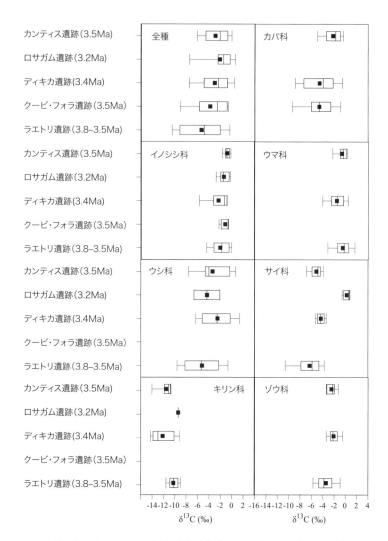

図 C5.2. カンティス遺跡から出土した哺乳類化石の炭素同位体比

ストラロピテクスが分布していた可能性がある。このことは，アウストラロピテクスが異なる多様な環境に適応できる能力をもっていたことを示している。

このように新しい遺跡の発見により，アウストラロピテクス猿人が大地溝帯の東にも生息地を広げていたことが明らかとなった。カンティス遺跡は，アウストラロピテクスの分布の空白域を埋める重要な遺跡である。

第6章

縄文社会を解き明かす
同位体分析による帰結

――ふじのくに地球環境史ミュージアムの常設展示より――

ここでは，これまでに解説してきた同位体分析の結果から，どのような縄文時代の実態が分かってきたのか見てみよう。同位体分析によって当時の食性と人の移動が明らかとなった。それらは個人の人生と密接に関わり，当時の社会と複雑に絡まっている。生きることは食べること。移動することは社会関係をもつこと。抜歯風習とは何か。同位体人類学の限界と可能性が示される。

1. 食性の変異

　最後の章では，これまでの結果をまとめ，それらを組み合わせつつ縄文時代の生業や社会組織について考察していこう。本書では安定同位体分析により，本州沿岸部に居住した縄文時代人の食性を明らかにした。それぞれの古人骨集団において炭素・窒素同位体比は有意な正の相関を示しており，縄文時代人が海産資源（海産魚類・貝類）と陸上資源（C_3植物，陸上哺乳類）の両方を摂取していたことを示唆した。その同位体比は大きくばらつくため，大きな食性の変動があったことが明らかとなった。少数の個体は植物質食料や陸上哺乳類に強く依存しており，多くの個体は陸上資源だけでなく海産資源を個人ごとに異なる割合で摂取していた。これは，本州の沿岸部に居住した縄文時代人に共通の特徴である。骨コラーゲンの炭素・窒素同位体比が低い個体から高い個体まで存在していた。同位体混合モデルによる計算の結果，食事全体中の海産物依存度は低い個体で10％程度であり，高い個体で40％程度であった。一つの集団の中でも，これほど大きな海産物依存度の違いがあることが，本州沿岸部に居住した縄文時代人の食性の特徴である（図6.1）。

　日本列島においては大きな食性の地域差があったことが明らかになっている。たとえば，北海道の北小金縄文人のアミノ酸窒素同位体比の分析によると，68～80％程度の海産物依存度が報告されている（Naito et al., 2010）。内陸の北村縄文人においては，海産物がほとんど摂取されていなかった（Naito et al., 2013）。この本州内の食性の違いの両極に近いくらいの変動が，津雲や吉胡集団など本州沿岸部の一つの集団内においても観察された。

　東海地域においては，渥美半島に居住していた個体は，より栄養段階の高い海産資源に依存していた。これはより外洋に接する環境において，外洋性の魚類や海棲哺乳類を摂取していたためであると考えられる。豊橋平野に居住していた個体はより海産貝類などに依存していた。三河湾の干潟から採れる豊富な魚介類を摂取していたのだろう。この地域の縄文時代人は環境や地理的な違いに適応した生業活動を行っていたと考えられる。山陽地域では，前期の大田貝塚の個体のほうが後期の津雲貝塚の個体よりも窒素同位体比が高かった。前期の集団のほうがより栄養段階の高い魚類などを摂取していたと考えられる。このような時代による傾向は，近畿の國府遺跡においても観察された。前・中期の個体よりも，晩期の人骨において窒素同位体比が低くなっていた。これは時代が進むにつれて魚類への依存度が低くなっ

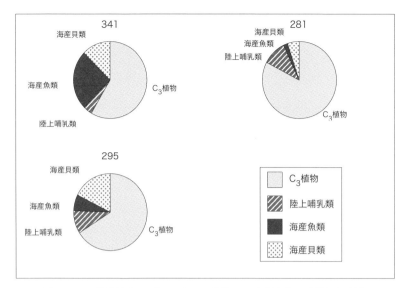

図 6.1. 同位体混合モデルによって計算した吉胡人骨の食物摂取割合

ていったと考えることができる。この食性の変化には，河内湾から河内湖へと周辺環境の変遷が関係していたと考えられる。

地域間で食性を比較すると，山陽地域の人骨の窒素同位体比は東海地域のそれよりも高かった。山陽地域に居住した人々は栄養段階の高い海産魚類を摂取しており，東海地域に居住した人々は栄養段階の低い食物である海産貝類などを多く摂取していた可能性がある。ほかの要因としては，瀬戸内海の生態系における窒素同位体比が全般的に高い可能性があり，これは将来的な検討課題である。

2. 食性の性別による違い

本書によって明らかになった新しい発見の一つは，大田集団における食性の性差である。大田集団の男性はより海産資源を摂取していて，大田集団の女性はより陸上資源を摂取していた。混合モデルの計算結果によると，男性のほうが海産魚類を高い割合で摂取し，女性のほうが，海産魚類の摂取割合が低くなっていた（図6.2）。狩猟採集経済の集団においては男性と女性との間において食物の分配が行われることが広く認められている（Kaplan and Hill, 1985; Winterhalder, 1996; Bird, 1999）。男女間における食物の分配が完全に行われると，骨に記録される同位体比の男女間によ

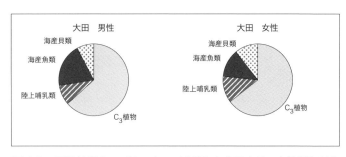

図 6.2. 同位体混合モデルによって計算した大田人骨の食物摂取割合

る違いは見つからないはずである。それは，大田集団における男女においてそれぞれ特定の食物が摂取される傾向にあったことは，単なる偶然などではなく社会的な要因に起因している可能性がある。大田集団の男性には頭蓋に外耳道骨腫が高頻度で存在することが確認されており（三宅・今道，1931；片山，1998），彼らはしばしば潜水活動を伴う漁労に従事していたことが想定される。いっぽうで大田集団の女性は植物採集活動や小型動物の狩猟などに従事していたことが推察される。生業の性的分業が行われたことで特定の食物を摂取する機会に不均等が生じた結果，骨の同位体比に男女間の食性差が記録されたと考察することができる。

　稲荷山集団においても男女間における食性の差違が見つかった（図6.3）。しかし，津雲集団や吉胡集団においてはそのような傾向がみられず，このことは生業の性的分業と食物分配についてはそれぞれの集団において多様であったと言うことができる。稲荷山集団においては，女性が陸上資源，特に植物質食料を摂取していたのに対して，男性のほうが陸上のタンパク質や海産魚類・貝類を摂取していたということが同位体データから分かる。しかし津雲集団や吉胡集団は集団内における食性の大きな変異を示したが，男女間における違いはみられなかった。このことは食性の変異を生じさせた要因が性別と関係した分業ではなく，後で考察するように家族間における生業の違いであったためであろう。山陽地方の中だけで比較すると，縄文時代中期に属する大田集団では食性の性差がみられたのに対して，後・晩期に属する津雲集団ではそれがみられなかった。男女間における生業の分業と食物分配との関係が時期によって異なっていたのだろう。男女の生業と食性が異なるような食生態から，男女間で同じ食生態へと変化したということである。東海地域の中で比較すると，後・晩期に属する吉胡集団においては食性の性差がみられなかったのに対して，晩期に属する稲荷山集団では違いがみられた。東海地域内の時期の近い集団

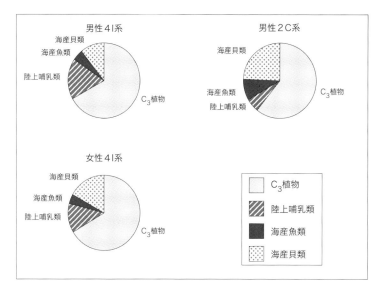

図 6.3. 同位体混合モデルによって計算した稲荷山人骨の食物摂取割合

間においても性別と食性との関連には変異がみられると言える。このような時期における性別や食性との関連の変遷を詳細に明らかにするためには、さらに人骨の年代測定を行っていく必要がある。

　ほかの縄文遺跡より出土した人骨の同位体分析を行った先行研究においても、食物の摂取と性別との関係を調べた例があるがその結果はさまざまである。長野県北村遺跡においては、男性が女性よりも高い炭素同位体比を示した（Yoneda et al., 1996）。北海道のいくつかの遺跡においては、女性が男性よりも高い炭素同位体比を示している（Chisholm et al., 1992）。それらの結果から一つの傾向を見いだすことは難しいが、縄文時代の社会においては性別と食性との関係は一括りできず多様な食生態が存在していたと言える。

3. エネルギー源が示すもの

　本書の分析の結果、歯のエナメル質は重要なエネルギー源の記録であり、縄文時代人の中で植物質食料が重要な位置を占めていたことが明らかとなった。エナメル質の炭素同位体比から計算した海産物依存度は、骨コラーゲンの場合よりも低かった。これは、海産資源がタンパク質を多く含み、相対的にエネルギー源となってい

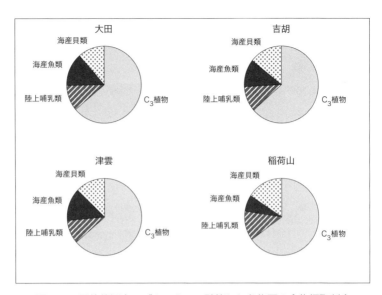

図 6.4. 同位体混合モデルによって計算した各集団の食物摂取割合

る割合の低いことを意味している。

エナメル質と骨コラーゲンの炭素同位体比は相関関係にあり，各個体ごとに子ども期と成人期の食性が似ていたことを示している。全体の傾向としては，海産物依存度が人生を通じて一貫していたということである。ただし個体によっては年齢によって食性の変動もあるため，この傾向とは違って子ども期から成人期にかけて海産物依存度が変化した個体もいる。

エナメル質と骨コラーゲンの炭素同位体比の差であるイプシロン値は，栄養段階の指標として有効であった。イプシロン値は，栄養段階の指標として用いることができるが，窒素同位体比とよく相関していた。これは，イプシロン値が高いと，陸上哺乳類や海産魚類など栄養段階の高い資源を積極的に摂取していたことを意味している。また各個体のエナメル質と骨コラーゲンの差分を取るために，生態系のベースラインにおける炭素同位体比の違いをキャンセルすることができる利点もある。つまり，食性の集団間の比較においてイプシロン値が有効である。そこで集団間でイプシロン値を比較してみると，最も高いのが稲荷山集団であり，その次に，吉胡，津雲，大田集団という順番でイプシロン値が低くなっていった。このことは，大田集団のほうが陸上哺乳類や海産魚類食に傾いており，稲荷山集団が最も陸上資源の摂取に傾いていたことを示唆している。

同位体混合モデルによる計算の結果，縄文時代の吉胡貝塚集団の平均的な食性（エネルギー源）は，C_3 植物が 63 ％，哺乳類が 11 ％，海産魚類が 12 ％，海産貝類が 14 ％であった（図6.4）。大田・津雲・稲荷山貝塚の集団の摂取割合も復元した。平均値には大きな違いがないため，大田・津雲貝塚の摂取割合の復元でも吉胡貝塚の場合と近い摂取割合の傾向になっている。稲荷山人骨では，吉胡人骨よりも骨コラーゲンの窒素同位体比が低かったために，海産魚類の割合が減少して，陸上哺乳類の割合が増えている。ただし，あくまで集団の食性の平均値が近いという意味であり，その推定した割合には変動がある。

4. 集団間の移動

　縄文時代人の移動を検出するために，新たに古人骨のストロンチウム同位体分析に取り組んだ。山陽地域においては，遺跡周辺の 10 km から採集した植物の Sr 同位体比は大きな変動を示し，明確な値の地域差は現れなかった。環境中の Sr 同位体は地質の違いを反映し，地域ごとに同位体比が異なれば，人の移動を検出できる手法である。逆に言えば，地質の違いがない場所では人の移動を検出することは難しいのである。本書の研究の結果，環境中の Sr 同位体比に大きな地域差がないため，山陽地域における Sr 同位体分析による古人骨の集団間移動の解析は難しいことが明らかとなった。

　山陽地域の人骨の歯のエナメル質の Sr 同位体比の変動は小さく，二つの遺跡から少数の移入者が判別された。大田人骨では，Sr 同位体比の分析によって外れ値を示した 1 個体の女性の移入者が判別された。津雲人骨では，Sr 同位体比の分析によって，エナメル質の Sr 同位体比が海水の値よりも高い 2C 系の男性が移入者である可能性が示唆された。

　東海地域においては，植物の Sr 同位体比の変動はそれぞれの地域内において小さく，地域間の変動は大きかった。つまりは地質が地域ごとに大きく異なるため，それに対応したかたちで，Sr 同位体比の地域差が生じていた。吉胡集団においては，歯のエナメル質の Sr 同位体比が海水の値よりも高い個体を移入者として判別した結果，36 ％の個体が移入者として判別された。稲荷山集団においては，17 個体中 4 個体（24 ％）が移入者として判別された。

　Sr 同位体分析の結果に基づいて性別と集団間移動との関連を調べた。吉胡集団

における移入者の割合は男性で41％，女性で29％であり，男性のほうがやや高い傾向にあった。稲荷山集団においては，明らかな2個体の移入者はどちらも男性であり，移入者の可能性が高い別の2個体は女性であった。大田集団においては1個体の移入者は女性であり，津雲貝塚の1個体の移入者は男性だった。山陽地域と東海地域においては，男性も女性も集団間を移動していたことが示唆される。この集団間の移動にはさまざまな理由が考えられる。婚姻の際に相手の集団の居住地へ移動することも一つ考えられる。また，チェイン・マイグレーションと呼ばれるような家族ごと移動を行って居住地を移す場合や，近親者を頼って移動する場合も考えられる。Sr同位体比は幼少期に居住していた場所の情報を記録しているが，その理由までは記録していない。その理由はほかの人類学・考古学的な情報から類推するしかないが，なかなかそれは難しい。女性ばかり移動していれば，父方居住婚とも推定できるが，本書のデータはそのような傾向にない。たとえばタイの新石器時代の遺跡であるコックパノムディ遺跡（Khok Phanom Di）から出土した人骨のSr同位体分析によると，遺跡形成の初期に女性の移入者が多く，外婚制に関連していると考察されている（Bentley et al., 2007）。ほかにもヨーロッパ新石器時代初期の線帯文土器文化では，父方居住婚に関連して女性の移入者が多いことが考察されている（Bentley et al., 2002）。明確に性別による移入者の偏りがみられれば，婚姻による移入の可能性を考察することができるが，本書で得られた結果からは明らかな婚後居住規定の証拠は見つからなかった。

　歯のエナメル質のSr同位体比と，歯のエナメル質と骨コラーゲンの炭素同位体比を組み合わせて解析することで，個人の食性と移動の履歴を解明することが可能となる。ある稲荷山集団の2C系の男性（No. 241）は，子どものころにSr同位体比の高い地域に居住しており，移入者であったと考えられる。子どものころの食性は，海産資源摂取の割合が比較的高く，ほかの2C系男性と同じような傾向を示している。しかし稲荷山集団へ移入した後，成人期の食性は4I系の男性と似たような陸上資源の多い食生活だった。いっぽう，もう1個体の2C系の男性（No. 231）は，子どものころにSr同位体比の非常に低い地域に居住していた。歯のエナメル質の炭素同位体比からは，陸上資源により依存した食生活をしており，4I系男性と似たような同位体比を示している。稲荷山集団へ移入した後には，ほかの2C系の男性と同じように海産資源により依存した食生活をしていた。このように，歯のエナメル質と骨コラーゲンが，一生のうち異なる時期の食べ物より合成されていることを利用することで，個人の食生活と移動の履歴を明らかにすることができる。古人

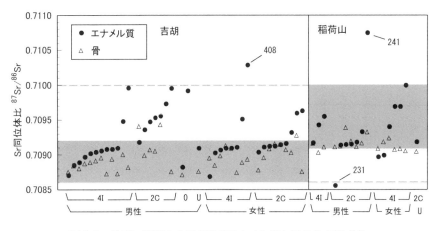

図 6.5. 吉胡・稲荷山人骨の歯のエナメル質と骨の Sr 同位体比

骨が記録している時間の異なる部位を分析に用いることで，個人の一生の履歴を復元するライフヒストリー的アプローチが可能となる。

5. 抜歯系列と集団間の移動

　Sr 同位体分析の結果に基づいて，4I 系の個体が在地者であり，2C 系の個体が移入者であるという仮説を検討した（春成，1979）。吉胡集団においては 4I 系の 20 個体中 4 個体（20％）が移入者として判別され，2C 系の 16 個体中 9 個体（56％）が移入者と判別された（図 6.5）。2C 系の個体すべてが移入者として判別されることはなく，4I 系の個体の中にも移入者が判別された。稲荷山集団においては，4I 系の 9 個体のうち 2 個体（22％）が移入者として判別され，2C 系の 7 個体のうち 2 個体（29％）は移入者として判別された。津雲集団においては，2C 系の 15 個体のうち 1 個体は移入者であると判別された。まとめると，4I 系の個体と 2C 系の個体のどちらも集団間を移動する傾向にあり，その移入者の割合は 2C 系において高い傾向にあった。もしこのような集団間の移動が婚姻の際に行われたのだと仮定すると，4I 系の個体が在地者であり 2C 系の個体が移入者であるという仮説に完全には合致しないことになる。しかし 2C 系における移入者の割合が高いという点については一致している。4I 系と 2C 系では移動性に違いがあったとも解釈できる。

　しかし，この考察は，在地の Sr 同位体比の範囲を決めて，その範囲から外れる

個体を移入者として判別する手法の上に成り立っている。この手法は，在地者の範囲をどのように設定するかによって，大きく影響を受ける。この点がSr同位体分析の難しさである。プライスPriceほか（2002）は，小動物の骨や家畜のSr同位体比を用いることで，在地の範囲を設定することを推奨している。マヤ文明のティカル遺跡の移入者の判別では，Sr同位体比の正規分布を仮定し，外れ値の分析から移入者が推定されている（Wright, 2005）。このように，移入者の判別には複数の手法が考えられる。本書でも，陸上資源と海産資源という食物摂取の観点から，Srの起源を推定し，在地のSr同位体比の範囲を設定した。一度，この前提となる手法を取り払って考察してみることも有益だろう。たとえば吉胡貝塚の場合，4I系の個体と2C系の個体では，Sr同位体比の分布に違いがありそうである。4I系の歯のエナメル質では0.7086から0.7091の同位体比に多く分布するのに対して，2C系では0.7092から0.7097くらいに多くの個体が分布している。0.7091から0.7092という値は海産資源のSr同位体比である。海産資源を摂取すればするほど，その値に歯のエナメル質の値も収束していく。それから外れていくということは，海産資源とは異なるSr同位体比を示す陸上資源を摂取しているということである。4I系の場合は海産資源よりも低いSr同位体比の資源を摂取しており，2C系の場合は高いSr同位体比の資源を摂取している。これをそのまま解釈すれば，陸上資源を獲得する場所が抜歯系列によって異なっていた可能性が考えられる。定住的な狩猟採集民において，抜歯のグループごとに食物獲得の場所が異なっていたのだろうか。もしくは居住地の異なる複数の集団の共同墓地的な性格の貝塚であるとも捉えることは可能である。どのような前提に立脚するかによって，複数の解釈が可能であるが，ほかの証拠と組み合わせていくことで選択肢を狭めていく必要がある。いずれにしてもSr同位体分析から得られた新しい結果自体は，ほかの手法では得ることができない情報であるため，Sr同位体分析は人の移動を解析するための有効な手段である。

6. 食性分化と抜歯風習

　本書における最も重要な結果は，稲荷山集団において食性と抜歯系列との間に関連を発見したことである。4I系の男性はより陸上資源に依存した食生活をしており，2C系の男性はより海産資源に依存した食生活，4I系の女性は2C系の男性より陸上資源に依存していた。混合モデルの結果によると，4I系の男性と2C系の男性の

間では，海産物依存度に23％ほどの違いがあった。骨コラーゲンの炭素・窒素同位体分析は，抜歯系列と死亡前10年程度の食性との間に存在した関連を示唆した。4I系と2C系の男性の死亡年齢はどちらも青年，成年，熟年を含んでいる。炭素・窒素同位体分析によって示唆された抜歯系列に関連した食性の分化は，Sr同位体分析によっても支持された。第三大臼歯のSr同位体比は子ども期後期から青年期にかけての食物に由来する同位体比を記録している。それらの手法によると抜歯系列と食性との関連は，生涯を通じた傾向であることが明らかとなった。つまり，4I系の男性は子ども期から成人期を通して陸上資源に依存する傾向にあり，2C系の男性もやはり子ども期から成人期を通して海産資源に依存する傾向にあった。もし縄文時代の社会において子どもと成人が家族内において食物の分配を行うならば，抜歯系列はそれぞれ異なる家族の集団を構成したと考えることができるだろう。

　稲荷山集団において食性と抜歯系列と性別との関係を詳細に検討すると，4I系の男性と2C系の男性が異なる食物資源を摂取していたのに比べ，4I系の男性と4I系の女性は類似した構成の食物を摂取していたことがうかがえる。狩猟採集民の社会においては，男性が大型獣の狩猟を行い女性が植物採取と小型動物の狩猟を行うような傾向がある（Kelly, 1995）。少なくとも男性においては，抜歯系列が生業と対応しており，4I系の男性が狩猟を行う頻度が高く，2C系の男性が漁労を行う頻度が高かったのだろう。いっぽうで，4I系の男性と4I系の女性は食物分配の結果として似たような食物を摂取していて，男性のほうがより陸上哺乳類を摂取している傾向にはあった。稲荷山集団においてもそれと類似した家族に基礎をおく生業の分化が生じていた可能性があり，その生業には抜歯系列が対応していた。

　アイヌ社会における生業分化は，宗教の分化と社会的地位とに結びついていた（Watanabe, 1972）。アイヌの民族誌においては，一つの集団の中に狩猟従事家族と漁労従事家族が混在していた（Watanabe, 1972, 1983; 渡辺 1990）。狩猟従事家族は漁労従事家族よりも権威があり，アイヌの神の中で最も地位の高い熊の神の儀礼を有していた。春成（1979, 1986）は，副葬品の割合や埋葬位置などから4I系の人々が2C系の人々よりも社会的な地位が高いと推察していた。本書の結果から，稲荷山集団における4I系の人々が狩猟をより行っていた可能性が示唆された。渡辺（1990）によって提起されたように，アイヌの人々と稲荷山の縄文時代人は同じ特徴を共有しており，狩猟従事家族と漁労従事家族が共存していた可能性も考えられる。

　家族間における生業の分化は，極北地域や亜極北地域の狩猟採集民の特徴である（Watanabe, 1983）。アイヌ社会においては，血縁関係に基礎をおいた労働の分業と，

家族内・家族間の協力によって食物獲得を行っていた（渡辺，1972）。この協力は同じ集落に属する家族間においてしばしば行われた。縄文時代においても抜歯系列によっておそらく生業と対応した家族を認識し，その家族のグループが稲荷山貝塚の埋葬小群として表現されているのではないだろうか。縄文時代の後・晩期には寒冷な気候とともに資源不足に陥っていた可能性がある（Temple, 2007）。この結果として儀礼的な遺物が増加し，その複雑さも増える。生業の分化は環境の中で分散して存在している資源を効率的に獲得するための適応的な戦略だったと言うことができる（Watanabe, 1983）。縄文時代の晩期は，いくらかの社会経済的な不平等のあるトランスエガリタリアン社会だったのかもしれない。渡辺（1990）が問題提起したように，家族間で生業が異なることは，縄文社会が発展していく上で重要な要素だったと考えることができる。

　抜歯系列と食性との関係については，吉胡集団と津雲集団のデータではみられなかった。おそらくこれの説明は，抜歯系列が第一に血縁関係を指し示すものであり，必ずしも生業と対応したシンボルではないということである。墓地内の埋葬位置については，津雲貝塚において性別と抜歯系列により埋葬位置が分かれている可能性がある。ここで抜歯風習と性別が埋葬の風習と関連していることは，それらと血縁の関係を想起させる。吉胡人骨や稲荷山人骨の頭蓋の形態小変異の研究によると，4I系のグループと2C系のグループ間は遺伝的な類似度が低い可能性があり（毛利と奥，1998），それが正しいとすると抜歯系列は血縁関係を示す社会的なアイデンティティと言うことができる。吉胡集団や津雲集団においては，家族内では同じ抜歯系列が施され，抜歯系列に関わらず家族間によって協力が行われたと推察することができる。言い換えれば，4I系のグループにも2C系のグループにも狩猟をする人々と漁労をする人々がいたと考えることができる。いっぽうで，稲荷山集団においては，4I系の家族は4I系の人々とのみ食物を共有し，2C系の家族は2C系の人々とのみ食物を共有していたと考えることができる。まとめると，抜歯系列は社会的なアイデンティティとして血縁関係と密接な関わりがあり，稲荷山集団においては生業や食性とも抜歯系列が対応関係にあったが，吉胡集団や津雲集団においてはそのような関係がなかったと言える。このように抜歯系列を一括りに解釈するのは難しく，集団間の共通点と特徴の差違に配慮する必要がある。

　縄文文化において抜歯風習は成人儀礼であると基本的にはみなされてきた（長谷部，1919；渡辺，1966；藤田，1997；舟橋，2003）。これは子どもの人骨には抜歯が観察されず，成人の人骨にはほとんど抜歯が施されていることから分かる。歯を抜く歯種

に系列が見いだされることは，さらなる意味が付与されていた可能性を示唆する。本書では，成人儀礼という通過儀礼の意味に加えて，抜歯系列は血縁の帰属性を意味し，それが食性や生業と関係していた集団とそうではなかった集団とが存在していたことが示唆された。また，抜歯の型式分け自体が課題となることがあり，津雲人骨においては 33 の様式に分けることもできる。春成（1979）においては，0 型，2C 型，2C2I 型，4I 型，4I2C 型の五つに分けられた。本書では，主に 4I 系と 2C 系という大きな系列分けによって，同位体比との対応を分析した。特に稲荷山人骨の炭素・窒素同位体比は，4I 系男性と 2C 系男性で大きく分かれた。4I 系には 4I2C 型も含まれているが，同位体比では 4I 型との間に何ら関係を見いだせなかった。このことから，少なくとも稲荷山集団においては，現代の研究者が認識した 4I 系と 2C 系という大きな系列分けが，縄文時代の人の抜歯に対する認識と一致している，もしくはとても近い関係にあると考えるようになった。人の前歯に施される抜歯は，口を開くと容易に認識が可能である。4I 系と 2C 系の場合，違いを認識することは容易であるだろうが，4I 型と 4I2C 型の違いを見分けるのは，じっと見ないと分からないかもしれない。なおほかの遺跡においては，いまだ同位体比と抜歯の間に明確な関係は見つかっていない。もしかすると，縄文時代人はより詳細な抜歯の型式分けを認識していたり，小臼歯抜歯に意味を付与していたりしていた可能性もあり，さらなる検討が必要である。

　ただし，ここまでの考察は分析した人骨が同時代のものであるという前提に立って進めている。もし年代が異なっていれば，時期によって食性が変遷していった可能性も考えられるし，抜歯系列も時期によって変遷していった可能性も考えられる。特に，國府遺跡の場合は年代幅が広いために，河内湾の環境は大きく汽水から淡水へと変遷したと考えられる。このような環境の違いによって食性にも変化がみられた。基本的には，陸上・淡水生態系に依存しており，淡水魚摂取の割合が時代とともに下がる傾向にあった。本書では他遺跡でこれを分析するだけの十分な年代のデータが得られていないために，同時代のものであるという前提で進めた。古人骨の放射性炭素年代測定をもっと進めることができれば，再度別の解釈もすることが可能になるだろう。國府遺跡の場合に明らかとなったように，同じ遺跡でも時期によって食性が異なる場合が考えられる。Sr 同位体比からは，遊動的な居住形態から，定住的な居住形態といった移動性の変化が見える可能性もある。より的確なデータを得られるよう努力するととともに，現段階のデータでも最大限の解釈を試みた。ここに本書が序説たる一つの所以が存在している。

本書では，安定同位体分析の結果と個体ごとの骨学的・考古学的な情報を組み合わせて解析することの有用性を実証した．性別や抜歯系列と食性との関係を検討することで，単に先史時代の食生活を復元するだけでなく，集団内の食物分配や生業の性的分業についても考察することができた．集団ごとに食性には大きな変動があり，性別や抜歯系列のグループ間での分業や食物分配の程度に多様な関連があった．歯のエナメル質の炭素同位体分析を新たに開発し，縄文時代人のエネルギー源として植物質食料が重要であったことが明らかとなった．また同位体混合モデルを用いることで，食物全体の摂取割合の復元を行った．さらに，本書は先史時代の日本における海産資源利用にも適応した狩猟採集民に対する Sr 同位体分析を初めて行った．この手法は古人骨の集団中における移入者を判別することができ，抜歯系列が在地者と移入者の区別を表すという仮説を実証的に検討した．その結果，4I 系にも 2C 系にも移入者が含まれているが，2C 系の移入者の割合が高いということが明らかとなった．軽元素の分析である炭素・窒素同位体分析と重元素の分析である Sr 同位体分析という二つの異なる手法を組み合わせることで，食性と集団間移動の関係を解析した．その結果として，抜歯系列が血縁関係に基づくグループへの帰属意識の表徴であり，性別や食性と移動性が密接な関係があり，それが男性の生業と結びつく場合もあったことを提起した．本書で行った年代測定のデータ数は予算の制約上限られたものになっているが，将来的には全個体の年代測定を行うことで時期差を考慮に入れた解析を行う予定である．これまで複数の同位体分析手法を開発することで，食のエネルギー源や人の移動について調べることができるようになってきた．複数の骨や歯の部位を調べることでライフヒストリーにも迫ることができる．これらの手法をほかの古人骨集団にも適用することで，さらなる先史時代の食性と集団間移動と社会組織に関する研究を進める必要がある．骨の亜鉛同位体分析などの新たな手法も開発していくことで，研究を深化させていくのが望ましい．これらの同位体データとほかの骨学的な証拠であるむし歯頻度や歯冠計測値の分析のデータと組み合わせていくことで，さらに縄文時代人の食性や集団間移動や社会組織に関する説得力のある実証的な知識が得られることが期待される．

コラム

6 歯冠計測値とSr同位体比

　古人骨のSr同位体比の分析結果は，人骨の形態とどのような関係にあるのだろうか。森田博士が主体となって吉胡人骨の歯冠計測値を分析し，さらなる検討を行った（Morita et al., 2012）。歯冠の形成には，遺伝要因による寄与が大きく，歯冠計測値の分析によって個体間の近縁関係を調べることができる。渥美半島の縄文人骨の遺跡内における歯冠計測値の個体間の変動は，遺跡間の変異と同程度に大きいことが明らかとなっている。吉胡・稲荷山貝塚人骨の歯冠計測値を用いて，抜歯系列や性別，Sr同位体比によるグループのうち，どれが最も歯冠計測値の変動を説明することができるのか検討した。分析のために計測したのは，上下の第二小臼歯と第一大臼歯の歯冠の近遠心径と頬舌径の合計8項目である。それから個体間のQモード相関係数を計算し，多変量解析を行った。Sr同位体分析による移入者の判別結果は，グループ変数として使用した。

　その結果，Sr同位体比の違いが最も歯冠計測値の変異を説明することが示された。在地者と移入者のグループに分けて形態の変異を比較すると，移入者の多くは在地者の示す形態変異の範囲から外れた（図C6.1, C6.2）。これは，移入者が吉胡集団の在地者とは，異なる歯冠形態を示す集団から移入してきたことを示唆する。また，移入者の形態の変異は均一ではないので，移入者は複数の集団を起源とする可能性がある。このように，Sr同位体分析と形態学的研究とを合わせて解析することで，新たな知見が得られるのである。

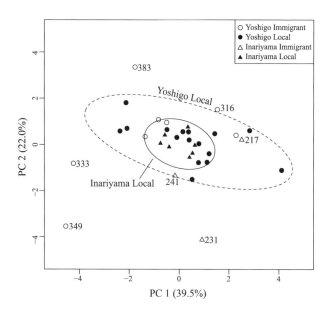

図 C6.1. 吉胡・稲荷山人骨の歯冠計測値（第 1・2 主成分）

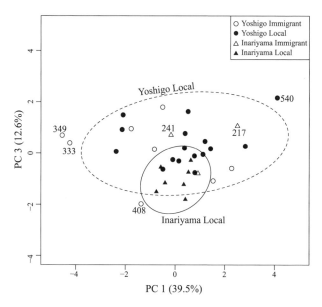

図 C6.2. 吉胡・稲荷山人骨の歯冠計測値（第 1・3 主成分）

附表 A
縄文人骨の炭素・窒素同位体比

表 A1. 縄文時代人骨の炭素・窒素同位体比

遺跡名	番号	性別[a]	死亡年齢[b]	Col%	C/N	$\delta^{13}C$ (‰)	$\delta^{15}N$ (‰)	抜歯
大田	664	F	MAd	1.2	3.1	−17.1	12.9	無抜歯
大田	665	F	MAd	2.9	2.9	−17.2	12.1	無抜歯
大田	666	M	MAd	2.5	3.2	−17.1	12.3	無抜歯
大田	667	M	YAd	2.1	3.3	−17.2	12.7	無抜歯
大田	671	M	MAd	2.5	3.3	−15.7	15.7	無抜歯
大田	674	M	YAd	2.7	3.1	−15.4	15.3	無抜歯
大田	681	M	MAd	2.7	3.1	−15.4	14.4	無抜歯
大田	683	M	MAd	3.4	3.2	−15.8	14.8	無抜歯
大田	684	M	YAd	4.9	3.2	−15.9	13.4	無抜歯
大田	685	F	AO	1.9	3.3	−16.8	12.5	無抜歯
大田	686	F	YAd	3.7	3.2	−19.3	8.7	無抜歯
大田	688	F	YAd	3.6	3.1	−16.4	13.2	無抜歯
大田	693	M	YAd	3.4	3.3	−16.3	14.1	無抜歯
大田	694	M	Ad	3.6	3.3	−15.6	13.4	無抜歯
大田	702	M	YAd	5.6	3.3	−16.2	14.1	無抜歯
大田	703	M	MAd	6.7	3.4	−16.6	12.6	無抜歯
大田	710	F	MAd	5.4	3.4	−17.0	13.2	無抜歯
大田	711	F	YAd	4.0	3.4	−17.0	13.0	無抜歯
大田	714	M	MAd	5.4	3.3	−17.9	10.7	無抜歯
大田	717	F	YAd	3.9	3.3	−16.3	12.9	無抜歯
大田	721	M	MAd	6.9	3.3	−15.8	14.2	無抜歯
大田	722	F	YAd	1.8	3.3	−16.4	14.0	無抜歯
大田	904	F	Ad	2.6	3.3	−19.6	7.7	無抜歯
大田	905	F	YAd	1.4	3.3	−17.1	11.1	無抜歯
大田	708A	M	MAd	8.9	3.4	−15.9	14.0	無抜歯
船元	100	F?	?	1.8	3.3	−17.9	11.6	無抜歯
船元	101	F?	Ad	1.8	3.3	−16.4	12.8	無抜歯
船元	104	?	?	1.4	3.5	−16.3	13.9	無抜歯
船元	105	F	YAd	1.5	3.3	−15.6	13.9	無抜歯
船元	106	F	MAd	2.3	3.3	−15.8	14.7	無抜歯
船元	107	F	YAd	2.5	3.3	−16.0	13.9	無抜歯
船元	108	F	YAd	1.4	3.4	−15.8	13.5	無抜歯
船元	112	F?	?	2.3	3.3	−14.8	14.9	無抜歯
船元	147	F	?	1.2	3.4	−15.4	15.4	無抜歯
津雲	1	F	MAd	1.7	3.3	−15.3	13.9	4I
津雲	2	M	YAd	1.7	3.4	−16.4	11.9	2C

遺跡名	番号	性別[a]	死亡年齢[b]	Col%	C/N	$\delta^{13}C$ (‰)	$\delta^{15}N$ (‰)	抜歯
津雲	3	M	YAd	1.7	3.3	−16.4	12.3	4I
津雲	4	F	YAd	2.7	3.3	−15.4	13.6	4I
津雲	5	M	YAd	2.4	3.3	−15.7	13.0	2C
津雲	6	F	YAd	1.9	3.3	−16.3	12.3	4I
津雲	7	F	YAd	3.5	3.3	−16.3	12.5	4I
津雲	8	M	AO	2.7	3.3	−14.5	15.0	0
津雲	9	M	YAd	1.9	3.3	−15.7	13.1	2C
津雲	10	M	MAd	1.0	3.6	−16.5	12.8	2C
津雲	11	F	YAd	1.9	3.3	−15.4	13.9	4I
津雲	12	F	AO	3.1	3.2	−16.1	12.5	4I
津雲	13	M	MAd	2.2	3.3	−17.9	10.2	2C
津雲	14	F	YAd	2.3	3.4	−19.5	7.6	4I
津雲	16	F	YAd	2.0	3.4	−16.2	12.5	4I
津雲	17	F	OAd	2.3	3.3	−14.6	14.9	2C
津雲	19	M	YAd	1.7	3.4	−16.0	12.8	2C
津雲	20	F	YAd	2.6	3.3	−18.1	10.9	2C
津雲	23	F	YAd	3.0	3.3	−15.6	13.3	4I
津雲	24	M	YAd	2.1	3.3	−16.2	12.6	2C
津雲	25	?	Child	2.6	3.3	−19.7	6.6	無抜歯
津雲	27	M	MAd	2.7	3.3	−15.5	13.3	0
津雲	29	F	AO	1.7	3.3	−14.6	14.4	4I
津雲	30	M	YAd	1.9	3.3	−15.2	11.7	0
津雲	32	M	YAd	2.3	3.3	−16.2	12.4	2C
津雲	33	M	MAd	1.8	3.4	−15.7	13.4	2C
津雲	34	F	YAd	1.2	3.4	−16.1	13.0	2C
津雲	35	M	YAd	1.6	3.5	−16.4	13.3	2C
津雲	36	M	MAd	1.9	3.4	−16.5	12.8	2C
津雲	37	F	MAd	1.9	3.3	−15.7	12.9	4I
津雲	38	F	OAd	1.9	3.3	−15.5	13.1	2C
津雲	39	M	YAd	3.8	3.3	−19.6	5.4	2C
津雲	40	F	OAd	1.1	3.4	−19.1	8.1	4I
津雲	41	F	OAd	1.9	3.3	−16.0	12.8	2C
津雲	42	F	YAd	1.8	3.4	−16.3	13.0	2C
津雲	43	M	MAd	2.0	3.4	−15.3	14.8	4I
津雲	44	F	YAd	1.7	3.4	−19.1	9.1	4I
津雲	46	M	MAd	1.3	3.3	−17.4	12.5	無抜歯
津雲	55	M	YAd	1.5	3.3	−15.6	12.3	2C
津雲	58	M	MAd	1.6	3.4	−15.3	14.9	0
津雲	59	F	YAd	2.2	3.3	−15.1	14.4	2C
津雲	60	F	YAd	3.7	3.2	−17.6	11.4	2C
津雲	61	M	YAd	1.4	3.3	−16.4	13.0	0

遺跡名	番号	性別[a]	死亡年齢[b]	Col%	C/N	$\delta^{13}C$ (‰)	$\delta^{15}N$ (‰)	抜歯
津雲	62	F	YAd	3.1	3.2	−17.6	10.2	4I
津雲	63	?	?	2.8	3.3	−17.4	10.7	4I
津雲	65	M	YAd	2.8	3.3	−17.8	10.0	0
津雲	66	M	YAd	2.1	3.3	−17.1	11.0	2C
津雲	67	F	MAd	2.9	3.3	−17.4	11.0	4I
津雲	68	F	YAd	2.8	3.3	−17.3	10.9	4I
津雲	70	F	YAd	2.4	3.3	−15.6	13.0	2C
津雲	151	M	MAd	1.1	3.5	−16.0	14.0	無抜歯
津雲	164	F	YAd	2.2	3.4	−17.1	12.1	2C
津雲	162A	F	MAd	1.4	3.3	−16.4	12.4	2C
國府	Kiyono No. 123	F	YAd	1.0	3.6	−20.2	7.7	4I
國府	Kiyono No. 577	M	YAd	1.1	3.5	−19.5	8.9	-
國府	Ohgushi 17-3	F	MAd	1.2	3.4	−20.3	6.7	無抜歯
國府	Ohgushi 17-6	M	Adult	2.0	3.3	−19.0	10.9	無抜歯
國府	Ohgushi 18-14 (29)	M	YAd	1.5	3.4	−19.7	10.1	無抜歯
國府	('17) 2 (No. 1)	M	MAd-OAd	2.8	3.3	−20.5	5.4	2C
國府	('17) 2 (No. 2)	F	YAd	2.9	3.3	−20.4	7.1	4I
國府	('19) 9	F	YAd	3.2	3.3	−20.2	7.4	4I, 叉状研歯
國府	('19) 17	F	YAd-MAd	3.4	3.3	−20.2	8.3	無抜歯
國府	('19) 19	F	MAd	1.7	3.4	−20.3	8.1	無抜歯
國府	('19) 20	M	YAd	1.1	3.4	−20.1	9.4	無抜歯
國府	('19) 21	M	OAd	1.6	3.4	−19.8	10.1	無抜歯
國府	('19) 23	M	MAd	1.6	3.3	−20.4	7.3	-
國府	('19.8) 3	M	MAd	1.6	3.3	−19.9	7.9	2C
伊川津	('22) 11	?	10-15	1.7	3.3	−17.7	9.4	2C
伊川津	('22) 15	M	YAd	2.1	3.3	−15.1	13.2	2C
伊川津	('22) 22	F	15-20	2.9	3.3	−16.3	10.9	4I
伊川津	('22) 23	M	MAd	4.5	3.3	−16.4	10.7	2C
川地	166	F	MAd	2.1	3.3	−14.3	10.6	4I
川地	172	F	YAd	0.9	3.5	−17.2	11.0	無抜歯
川地	173	F	?	0.7	3.3	−15.9	11.4	不明
川地	174	F?	?	1.0	3.3	−14.4	13.8	不明
川地	175	M	Ad	0.9	3.3	−15.5	12.2	不明
川地	179	F	YAd	0.9	3.4	−14.3	13.5	2C
川地	180	M	?	0.9	3.6	−13.9	13.8	不明
川地	181	F	MAd	1.4	3.3	−14.8	12.3	不明
川地	182	M?	MAd	1.5	3.3	−14.4	13.5	無抜歯
吉胡	263	F	YAd	3.3	3.2	−14.7	12.5	2C
吉胡	273	M	YAd	2.9	3.3	−17.9	8.7	4I
吉胡	280	M	YAd	1.5	3.4	−14.6	12.7	4I
吉胡	281	F	MAd	2.5	3.4	−19.3	7.7	4I, 叉状研歯

遺跡名	番号	性別[a]	死亡年齢[b]	Col%	C/N	δ^{13}C (‰)	δ^{15}N (‰)	抜歯
吉胡	287	F	MAd	3.8	3.2	−15.1	12.4	2C
吉胡	295	F	YAd	2.7	3.3	−16.6	10.4	4I
吉胡	302	F	YAd	2.0	3.4	−16.6	10.7	2C
吉胡	305	M	YAd	4.0	3.2	−15.5	11.0	無抜歯
吉胡	310	F	YAd	3.3	3.3	−16.3	10.6	2C
吉胡	311	F	YAd	3.2	3.3	−16.1	10.6	2C
吉胡	321	M	MAd	4.0	3.2	−16.9	9.8	2C
吉胡	322	F	YAd	3.1	3.3	−14.8	12.7	4I
吉胡	335	F	YAd	4.1	3.3	−16.4	11.4	2C
吉胡	341	M	AO	2.8	3.3	−13.5	14.0	2C
吉胡	342	F	MAd	1.6	3.4	−13.6	14.2	4I
吉胡	345	M	MAd	2.4	3.4	−15.7	11.5	4I, 叉状研歯
吉胡	352	F	AO	2.4	3.3	−15.6	11.0	4I
吉胡	354	F	OAd	3.5	3.3	−15.3	11.9	4I
吉胡	360(I)	M	MAd	2.6	3.3	−16.5	9.5	2C
吉胡	363	M	MAd	3.7	3.3	−15.1	12.5	2C
吉胡	366	M	MAd	3.0	3.3	−19.3	6.9	4I
吉胡	375	M	YAd	3.0	3.3	−14.6	12.7	4I
吉胡	380	M	YAd	3.8	3.2	−15.7	11.0	4I, 叉状研歯
吉胡	383	M	MAd	1.3	3.4	−19.3	7.2	2C
吉胡	388	M	MAd	2.0	3.4	−15.0	12.3	4I
吉胡	399	F	MAd	3.4	3.3	−13.9	12.6	4I
吉胡	408	F	Ad	2.2	3.4	−18.2	8.9	4I
吉胡	419	M	MAd	2.0	3.5	−15.5	12.0	2C
吉胡	424	M	YAd	1.9	3.5	−17.8	10.4	2C
吉胡	435	M	MAd	2.0	3.3	−19.6	7.1	2C
吉胡	436	M	YAd	3.1	3.4	−19.4	7.3	2C
吉胡	460	F	YAd	2.3	3.5	−18.1	9.1	2C
吉胡	488	F	MAd	1.8	3.5	−16.1	11.0	4I
吉胡	500	F	MAd	1.6	3.4	−15.5	11.8	2C
吉胡	501	M	MAd	1.5	3.4	−14.9	12.5	2C
吉胡	523	F	YAd	1.3	3.4	−16.6	10.5	4I
吉胡	540	F	MAd	1.7	3.5	−17.0	10.4	4I, 叉状研歯
吉胡	560	F	YAd	2.9	3.3	−15.2	11.8	2C
稲荷山	210	?	AO	1.9	3.4	−17.6	8.8	2C
稲荷山	211	F	MAd	1.9	3.4	−17.6	9.4	4I
稲荷山	212	M	YAd	2.1	3.4	−17.6	9.9	4I
稲荷山	217	F	YAd	2.5	3.3	−17.0	9.7	4I
稲荷山	218	M	YAd	3.6	3.3	−17.6	10.1	4I
稲荷山	221	F	MAd	2.2	3.4	−17.5	9.5	4I
稲荷山	222	M	YAd	3.3	3.4	−17.9	9.2	4I

遺跡名	番号	性別[a]	死亡年齢[b]	Col%	C/N	δ^{13}C (‰)	δ^{15}N (‰)	抜歯
稲荷山	223	M	YAd	3.1	3.3	−17.6	9.8	4I
稲荷山	224	F	MAd	2.7	3.3	−16.2	9.7	4I
稲荷山	225	F	AO	2.7	3.4	−17.4	8.9	2C
稲荷山	228	F	AO	3.0	3.3	−18.2	8.5	4I
稲荷山	229	F	MAd	2.0	3.3	−15.4	9.9	4I
稲荷山	230	F	YAd	1.6	3.5	−18.5	8.7	4I
稲荷山	231	M	YAd	2.6	3.3	−15.0	11.2	2C
稲荷山	232	M	YAd	4.8	3.3	−15.1	10.4	2C
稲荷山	233	M	MAd	2.6	3.3	−14.3	11.3	2C
稲荷山	234	M	YAd	3.5	3.3	−14.7	11.5	2C
稲荷山	235	M	MAd	3.4	3.3	−14.9	10.7	2C
稲荷山	236	M	AO	1.8	3.5	−15.1	11.6	2C
稲荷山	237	F	MAd	2.6	3.4	−14.6	10.8	不明
稲荷山	238	M	YAd	2.7	3.3	−14.5	10.4	2C
稲荷山	241	M	MAd	1.3	3.5	−17.7	7.3	2C
稲荷山	242	M	MAd	2.0	3.4	−17.4	9.8	4I, 叉状研歯
稲荷山	244	M	MAd	3.5	3.3	−19.1	6.3	4I, 叉状研歯
稲荷山	245	F	MAd	3.1	3.3	−18.0	9.0	4I
稲荷山	246	M	MAd	2.4	3.3	−17.7	9.6	4I
稲荷山	249	M	MAd	1.7	3.3	−18.0	9.3	4I
稲荷山	251	M	YAd	2.5	3.3	−15.1	10.2	2C
稲荷山	253	F	AO	2.6	3.4	−16.8	9.3	4I

a: M, 男性 male; M?, おそらく男性 probable male; F, 女性 female; F?, おそらく女性 probable female; ?, 不明 unknown.

b: AO, 青年 adolescent; YAd, 成（壮）年 young adult; MAd, 熟年 middle adult; OAd, 老年 old adult; 成人 Ad, adult; ?, 不明 unknown.

表 A2. 動物骨の炭素・窒素同位体分析

遺跡名	番号	種	種名	Col %	C/N	$\delta^{13}C$ (‰)	$\delta^{15}N$ (‰)
津雲	T68DA	ニホンジカ	*Cervus nippon*	3.0	3.5	−22.6	5.0
津雲	T68DB	ニホンジカ	*Cervus nippon*	5.1	3.3	−21.7	4.5
津雲	T59D	ニホンジカ	*Cervus nippon*	5.7	3.2	−20.9	4.7
津雲	T67D	ニホンジカ	*Cervus nippon*	6.4	3.2	−20.9	4.1
大田	O680D	ニホンジカ	*Cervus nippon*	1.1	3.5	−22.8	5.2
船元	TS102D	ニホンジカ	*Cervus nippon*	3.9	3.3	−19.1	5.4
津雲	T70B	イノシシ	*Sus scrofa*	4.9	3.4	−19.1	7.5
津雲	T59B	イノシシ	*Sus scrofa*	6.4	3.4	−20.9	5.1
津雲	T2B	イノシシ	*Sus scrofa*	4.3	3.5	−19.7	5.0
津雲	T39B	イノシシ	*Sus scrofa*	4.5	3.4	−20.7	6.4
津雲	T2FA	タイ科	Sparidae	6.2	3.3	−12.0	13.5
津雲	T2FB	タイ科	Sparidae	3.0	3.5	−12.7	13.8
津雲	T2FC	タイ科	Sparidae	3.2	3.3	−11.8	13.8
津雲	T2FD	タイ科	Sparidae	3.9	3.3	−12.0	14.3
津雲	T2FE	タイ科	Sparidae	3.3	3.3	−11.8	13.6
津雲	T2FF	タイ科	Sparidae	2.5	3.3	−9.7	11.9
津雲	T2FG	タイ科	Sparidae	4.1	3.3	−11.6	12.6
津雲	T2FH	タイ科	Sparidae	4.8	3.4	−12.4	13.7
吉胡	KAS399	ニホンザル	*Macaca fuscata*	3.8	3.3	−20.7	4.9
吉胡	KAS400	ニホンザル	*Macaca fuscata*	3.4	3.6	−21.9	2.6
吉胡	KAS424	イヌ	*Canis familiaris*	2.5	3.5	−17.4	9.0
吉胡	KAS425	イヌ	*Canis familiaris*	3.0	3.3	−18.2	6.9

附表 B
歯のエナメル質の炭素同位体比

表 B1．縄文人骨の炭素同位体比

遺跡名	番号	$\delta^{13}C_{enamel}$	$\delta^{13}C_{collagen}$	$\delta^{15}N_{collagen}$	$\epsilon^{13}C_{enamel\text{-}collagen}$
大田	664	−12.0	−17.1	12.9	5.2
大田	665	−12.2	−17.2	12.1	5.1
大田	668A	−11.7	-	-	-
大田	668B	−12.5	-	-	-
大田	670	−11.6	-	-	-
大田	674	−11.6	−15.4	15.3	3.9
大田	684	−11.5	−15.9	13.4	4.5
大田	687	−12.4	-	-	-
大田	688	−11.8	−16.4	13.2	4.7
大田	693	−12.2	−16.3	14.1	4.1
大田	694	−12.4	−15.6	13.4	3.3
大田	695	−13.0	-	-	-
大田	697	−12.2	-	-	-
大田	702	−12.4	−16.2	14.1	3.8
大田	709	−11.8	-	-	-
大田	710	−12.8	−17.0	13.2	4.3
大田	711	−11.9	17.0	13.0	5.1
大田	713	−12.0	-	-	-
大田	717	−11.9	−16.3	12.9	4.5
大田	718	−12.0	-	-	-
大田	719	−11.8	-	-	-
大田	722	−11.9	−16.4	14.0	4.6
大田	904	−12.9	−19.6	7.7	6.8
津雲	1	−11.2	−15.3	13.9	4.2
津雲	2	−10.7	−16.4	11.9	5.7
津雲	3	−11.7	−16.4	12.3	4.8
津雲	4	−11.1	−15.4	13.6	4.4
津雲	5	−11.2	−15.7	13.0	4.6
津雲	6	−10.9	−16.3	12.3	5.5
津雲	7	−11.1	−16.3	12.5	5.3
津雲	8	−10.8	−14.5	15.0	3.8
津雲	11	−12.3	−15.4	13.9	3.2
津雲	12	−11.6	−16.1	12.5	4.5
津雲	13	−11.5	−17.9	10.2	6.4
津雲	14	−13.2	−19.5	7.6	6.5
津雲	16	−11.7	−16.2	12.5	4.6
津雲	19	−10.5	−16.0	12.8	5.6

遺跡名	番号	$\delta^{13}C_{enamel}$	$\delta^{13}C_{collagen}$	$\delta^{15}N_{collagen}$	$\varepsilon^{13}C_{enamel\text{-}collagen}$
津雲	23	−11.8	−15.6	13.3	3.8
津雲	24	−11.3	−16.2	12.6	4.9
津雲	27	−9.4	−15.5	13.3	6.3
津雲	30	−11.5	−15.2	11.7	3.7
津雲	32	−10.8	−16.2	12.4	5.5
津雲	33	−11.4	−15.7	13.4	4.3
津雲	34	−11.6	−16.1	13.0	4.6
津雲	37	−11.1	−15.7	12.9	4.7
津雲	39	−10.9	−19.6	5.4	9.0
津雲	40	−12.8	−19.1	8.1	6.4
津雲	41	−11.5	−16.0	12.8	4.6
津雲	42	−11.5	−16.3	13.0	4.9
津雲	44	−12.8	−19.1	9.1	6.4
津雲	46	−12.2	−17.4	12.5	5.3
津雲	55	−12.1	−15.6	12.3	3.6
津雲	58	−12.1	−15.3	14.9	3.2
津雲	63	−12.5	−17.4	10.7	5.1
津雲	65	−12.4	−17.8	10.0	5.5
津雲	66	−11.3	−17.1	11.0	5.9
津雲	67	−12.0	−17.4	11.0	5.5
津雲	68	−11.9	−17.3	10.9	5.5
津雲	151	−11.5	−16.0	14.0	4.5
津雲	162A	−11.6	−16.4	12.4	4.9
津雲	164	−12.1	−17.1	12.1	5.1
吉胡	273	−10.3	−17.9	8.7	7.8
吉胡	280	−9.6	−14.6	12.7	5.0
吉胡	287	−10.6	−15.1	12.4	4.6
吉胡	292	−9.9	−16.0	11.2	6.2
吉胡	302	−10.6	−16.6	10.7	6.1
吉胡	310	−11.1	−16.3	10.6	5.3
吉胡	316	−9.8	-	-	-
吉胡	322	−11.4	−14.8	12.7	3.5
吉胡	333	−9.7	-	-	-
吉胡	335	−10.1	−16.4	11.4	6.4
吉胡	341	−10.7	−13.5	14.0	2.9
吉胡	342	−11.7	−13.6	14.2	1.9
吉胡	345	−12.0	−15.7	11.5	3.7
吉胡	349	−11.1	-	-	-
吉胡	352	−11.5	−15.6	11.0	4.1
吉胡	357	−11.8	-	-	-
吉胡	363	−10.9	−15.1	12.5	4.2
吉胡	366	−13.9	−19.3	6.9	5.6

遺跡名	番号	$\delta^{13}C_{\text{enamel}}$	$\delta^{13}C_{\text{collagen}}$	$\delta^{15}N_{\text{collagen}}$	$\varepsilon^{13}C_{\text{enamel-collagen}}$
吉胡	375	−10.2	−14.6	12.7	4.5
吉胡	383	−13.3	−19.3	7.2	6.1
吉胡	386	−11.9	-	-	-
吉胡	388	−9.8	−15.0	12.3	5.4
吉胡	396	−12.0	-	-	-
吉胡	404	−10.0	-	-	-
吉胡	408	−13.3	−18.2	8.9	5.1
吉胡	419	−9.6	−15.5	12.0	6.1
吉胡	435	−13.2	−19.6	7.1	6.5
吉胡	436	−11.2	−19.4	7.3	8.3
吉胡	460	−11.9	−18.1	9.1	6.3
吉胡	461	−10.2	-	-	-
吉胡	481	−12.0	-	-	-
吉胡	488	−11.9	−16.1	11.0	4.3
吉胡	500	−10.9	−15.5	11.8	4.7
吉胡	509	−10.0	-	-	-
吉胡	522	−9.8	-	-	-
吉胡	534	−10.0	-	-	-
吉胡	540	−11.3	−17.0	10.4	5.8
吉胡	541	−10.0	-	-	-
稲荷山	210	−12.5	−17.6	8.8	5.2
稲荷山	211	−9.6	−17.6	9.4	8.2
稲荷山	212	−12.1	−17.6	9.9	5.5
稲荷山	217	−10.6	−17.0	9.7	6.5
稲荷山	218	−13.2	−17.6	10.1	4.5
稲荷山	224	−10.4	−16.2	9.7	5.9
稲荷山	228	−12.5	−18.2	8.5	5.8
稲荷山	229	−9.6	−15.4	9.9	5.9
稲荷山	231	−11.7	−15.0	11.2	3.3
稲荷山	232	−10.0	−15.1	10.4	5.2
稲荷山	233	−10.2	−14.3	11.3	4.2
稲荷山	236	−10.0	−15.1	11.6	5.2
稲荷山	238	−9.9	−14.5	10.4	4.7
稲荷山	241	−10.5	−17.7	7.3	7.3
稲荷山	249	−12.8	−18.0	9.3	5.3
稲荷山	251	−10.4	−15.1	10.2	4.8
稲荷山	253	−10.6	−16.8	9.3	6.3

表 B2. 動物骨の炭素同位体比

番号	種名	部位	$\delta^{13}C$
YC2E	ニホンジカ (*Cervus nippon*)	Enamel	-13.1
YC4E	ニホンジカ (*Cervus nippon*)	Enamel	-11.1
YC5E	ニホンジカ (*Cervus nippon*)	Enamel	-11.3
YC6E	ニホンジカ (*Cervus nippon*)	Enamel	-13.3
YC8E	ニホンジカ (*Cervus nippon*)	Enamel	-12.3
YC271B	ニホンジカ (*Cervus nippon*)	Bone	-12.4
YC301B	ニホンジカ (*Cervus nippon*)	Bone	-12.5
YC407B	ニホンジカ (*Cervus nippon*)	Bone	-12.8
YC410B	ニホンジカ (*Cervus nippon*)	Bone	-12.5
YC494B	ニホンジカ (*Cervus nippon*)	Bone	-10.7
YB277B	イノシシ (*Sus scrofa*)	Bone	-11.0
YB416B	イノシシ (*Sus scrofa*)	Bone	-12.5
YB440B	イノシシ (*Sus scrofa*)	Bone	-12.2
YF261B	タイ科 (Sparidae)	Bone	-5.8
YF301B	タイ科 (Sparidae)	Bone	-2.4
YF356B	タイ科 (Sparidae)	Bone	-4.8
YF416B	タイ科 (Sparidae)	Bone	-0.9
YF459B	タイ科 (Sparidae)	Bone	-5.0
YF494B	タイ科 (Sparidae)	Bone	-3.8

附表 C
縄文時代と現代の資料の Sr 同位体比

表 C1. 縄文人骨の Sr 同位体比

遺跡名	番号	性別	死亡年齢	M3	$^{87}Sr/^{86}Sr$ in enamel	$^{87}Sr/^{86}Sr$ in bone	抜歯	在地／移入
大田	664	F	MAd	LR	0.708947	-	無抜歯	在地
大田	665	F	MAd	UL	0.708893	-	無抜歯	在地
大田	668A	M	Ad	LR	0.708819	-	無抜歯	在地
大田	668B	M	Ad	UL	0.708913	-	無抜歯	在地
大田	670	M	YAd	UL	0.709011	-	無抜歯	在地
大田	674	M	YAd	UR	0.709029	0.708921	無抜歯	在地
大田	684	M	YAd	LL	0.708962	-	無抜歯	在地
大田	687	F	YAd	LR	0.708921	-	無抜歯	在地
大田	688	F	YAd	UL	0.708979	-	無抜歯	在地
大田	693	M	YAd	LR	0.708989	0.708824	無抜歯	在地
大田	694	M	Ad	LR	0.708878	-	無抜歯	在地
大田	695	M	Ad	LL	0.708825	-	無抜歯	在地
大田	697	F	Ad	LL	0.708547	0.708839	無抜歯	移入
大田	702	M	YAd	UL	0.708950	-	無抜歯	在地
大田	709	M	YAd	UR	0.708942	-	無抜歯	在地
大田	710	F	MAd	LR	0.708768	0.708877	無抜歯	在地
大田	711	F	YAd	LR	0.708925	-	無抜歯	在地
大田	713	M	Ad	LL	0.708912	-	無抜歯	在地
大田	717	F	YAd	UR	0.708919	0.708844	無抜歯	在地
大田	718	M	YAd	LR	0.708933	-	無抜歯	在地
大田	719	M	YAd	UL	0.708966	-	無抜歯	在地
大田	722	F	YAd	LR	0.708868	-	無抜歯	在地
大田	904	F	Ad	UR	0.708940	-	無抜歯	在地
津雲	1	F	MAd	LR	0.708964	-	4I	在地
津雲	2	M	YAd	LR	0.708940	-	2C	在地
津雲	3	M	YAd	LR	0.708852	-	4I	在地
津雲	4	F	YAd	LR	0.709154	0.708967	4I	在地
津雲	5	M	YAd	LR	0.708887	-	2C	在地
津雲	6	F	YAd	LR	0.708957	-	4I	在地
津雲	7	F	YAd	LR	0.708872	-	4I	在地
津雲	8	M	AO	LR	0.708891	-	0	在地
津雲	11	F	YAd	LR	0.709106	-	4I	在地
津雲	12	F	AO	LL	0.708763	-	4I	在地
津雲	13	M	MAd	LR	0.708759	0.708755	2C	在地
津雲	14	F	YAd	LR	0.709130	-	4I	在地
津雲	16	F	YAd	LL	0.708935	-	4I	在地

遺跡名	番号	性別	死亡年齢	M3	$^{87}Sr/^{86}Sr$ in enamel	$^{87}Sr/^{86}Sr$ in bone	抜歯	在地／移入
津雲	19	M	YAd	UL	0.709097	-	2C	在地
津雲	23	F	YAd	LR	0.708739	0.708820	4I	在地
津雲	24	M	YAd	LL	0.708878	-	2C	在地
津雲	27	M	MAd	LL	0.708917	0.708789	0	在地
津雲	30	M	YAd	LL	0.708861	-	0	在地
津雲	32	M	YAd	UR	0.709010	-	2C	在地
津雲	33	M	MAd	LL	0.709253	0.708794	2C	在地
津雲	34	F	YAd	LL	0.708880	-	2C	在地
津雲	37	F	MAd	UR	0.708874	-	4I	在地
津雲	39	M	YAd	LL	0.708911	-	2C	在地
津雲	40	F	OAd	LL	0.708646	-	4I	在地
津雲	41	F	OAd	LL	0.708641	-	2C	在地
津雲	42	F	YAd	LL	0.708901	-	2C	在地
津雲	44	F	YAd	UR	0.708820	-	4I	在地
津雲	46	M	MAd	UL	0.708493	0.708802	無抜歯	在地
津雲	55	M	YAd	LL	0.708958	-	2C	在地
津雲	58	M	MAd	LL	0.708886	-	0	在地
津雲	65	M	YAd	UR	0.708857	-	0	在地
津雲	66	M	YAd	LR	0.708789	-	2C	在地
津雲	67	F	MAd	LL	0.708947	-	4I	在地
津雲	68	F	YAd	UR	0.708867	-	4I	在地
津雲	151	M	MAd	LL	0.708810	-	無抜歯	在地
津雲	162A	F	MAd	LR	0.709045	-	2C	在地
津雲	164	F	YAd	LL	0.708573	0.708709	2C	移入
吉胡	273	M	YAd	UL	0.708958	0.708868	4I	在地
吉胡	280	M	AO	LR	0.709047	0.708951	4I	在地
吉胡	287	F	MAd	LL	0.709311	0.709026	2C	移入
吉胡	292	M	YAd	UR	0.709085	0.708755	Unknown	在地
吉胡	302	F	YAd	UL	0.709114	0.709078	2C	在地
吉胡	310	F	YAd	LR	0.709135	0.709146	2C	在地
吉胡	316	M	YAd	LR	0.709548	0.709429	2C	移入
吉胡	322	F	YAd	UL	0.709086	0.709088	4I	在地
吉胡	333	M	YAd	LR	0.709722	-	2C	移入
吉胡	335	F	AO	UL	0.709115	0.709153	2C	在地
吉胡	341	M	AO	LR	0.709908	-	0	移入
吉胡	342	F	MAd	LR	0.709017	0.708844	4I	在地
吉胡	345	M	MAd	UR	0.708696	0.70875	4I	在地
吉胡	349	M	YAd	LR	0.709471	0.708998	4I	移入
吉胡	352	F	AO	UL	0.709058	0.708979	4I	在地
吉胡	357	F	MAd	LR	0.709154	0.709067	2C	在地
吉胡	363	M	MAd	LL	0.709523	0.709048	2C	移入

遺跡名	番号	性別	死亡年齢	M3	$^{87}Sr/^{86}Sr$ in enamel	$^{87}Sr/^{86}Sr$ in bone	抜歯	在地／移入
吉胡	366	M	MAd	UL	0.709948	0.708815	4I	移入
吉胡	375	M	YAd	LL	0.709029	0.708910	4I	在地
吉胡	383	M	MAd	LL	0.709943	0.708753	2C	移入
吉胡	386	M	YAd	LL	0.709071	0.708932	4I	在地
吉胡	388	M	YAd	LL	0.709009	0.708887	4I	在地
吉胡	396	M	YAd	UR	0.709070	0.708724	4I	在地
吉胡	404	F	AO	LR	0.709027	0.708777	2C	在地
吉胡	408	F	Ad	LL	0.710279	0.708930	4I	移入
吉胡	419	M	YAd	UR	0.709352	0.708984	2C	移入
吉胡	435	M	YAd	LR	0.709173	0.709404	2C	在地
吉胡	436	M	YAd	UR	0.709464	0.709066	2C	移入
吉胡	460	F	YAd	UR	0.709622	0.708753	2C	移入
吉胡	461	M	MAd	LL	0.708813	0.708708	0	在地
吉胡	481	M	MAd	LL	0.709087	0.708723	4I	在地
吉胡	488	F	MAd	LR	0.709503	0.708884	4I	移入
吉胡	500	F	MAd	LL	0.709588	0.709276	2C	移入
吉胡	509	M	MAd	UR	0.708881	0.708798	4I	在地
吉胡	522	F	YAd	UR	0.709098	0.708739	4I	在地
吉胡	523	F	YAd	LR	0.709085	0.709128	4I	在地
吉胡	534	M	MAd	LR	0.708842	0.708838	4I	在地
吉胡	540	F	MAd	LR	0.708679	0.708947	4I	在地
吉胡	541	F	YAd	LR	0.709102	0.708952	2C	在地
稲荷山	210	?	AO	LL	0.709178	0.709042	2C	在地
稲荷山	211	F	MAd	LR	0.709987	0.709050	4I	在地
稲荷山	212	M	YAd	UL	0.709164	0.709160	4I	在地
稲荷山	217	F	YAd	LR	0.708960	0.709086	4I	移入
稲荷山	218	M	YAd	LR	0.709419	0.709027	4I	在地
稲荷山	224	F	MAd	UL	0.709682	0.709082	4I	在地
稲荷山	228	F	AO	UL	0.709682	0.709070	4I	在地
稲荷山	229	F	MAd	UL	0.708983	0.709181	4I	移入
稲荷山	231	M	YAd	UR	0.706585	0.709109	2C	移入
稲荷山	232	M	YAd	LR	0.709172	0.709111	2C	在地
稲荷山	233	M	MAd	LL	0.709131	0.709119	2C	在地
稲荷山	236	M	AO	UL	0.709144	0.709193	2C	在地
稲荷山	238	M	YAd	LR	0.709139	0.709385	2C	在地
稲荷山	241	M	MAd	LR	0.710740	0.709322	2C	移入
稲荷山	249	M	MAd	LR	0.709541	0.709107	4I	在地
稲荷山	251	M	YAd	LR	0.709321	0.709164	2C	在地
稲荷山	253	F	AO	LL	0.709394	0.709236	4I	在地

性別と死亡年齢については附表 A1 の脚注を参照のこと

表 C2. 山陽地域における現代の植物の Sr 同位体比

番号	種名	緯度	経度	$^{87}Sr/^{86}Sr$
OH1	*Quercus glauca*	34.44327	133.37527	0.708073
OH2	*Aucuba japonica*	34.38665	133.37803	0.709241
OH3	*Quercus glauca*	34.39053	133.31693	0.710372
OH4	*Machilus thunbergii*	34.43465	133.28008	0.708797
OH5	*Quercus glauca*	34.45415	133.22918	0.708573
OH6	*Ilex rotunda*	34.42793	133.22547	0.709429
OH7	*Aucuba japonica*	34.39622	133.21243	0.709009
OH8	*Machilus thunbergii*	34.37182	133.19980	0.709564
OH9	*Osmanthus fragrans* var. *aurantiacus*	34.41057	133.19830	0.710262
OH10	*Quercus glauca*	34.39700	133.14867	0.708468
OH11	*Quercus glauca*	34.45533	133.17883	0.710710
OH12	*Eurya japonica*	34.43158	133.12975	0.710350
OH13	*Quercus acutissima*	34.34320	132.98505	0.710347
OH14	*Quercus glauca*	34.41175	132.99023	0.710018
OH15	*Quercus glauca*	34.46438	133.04955	0.709962
OH16	*Quercus glauca*	34.49343	133.11985	0.708048
OH17	*Quercus glauca*	34.54647	133.18805	0.710646
OH18	*Cleyera japonica*	34.56968	133.27105	0.708042
OH19	*Photinia glabra*	34.51765	133.24583	0.708772
OH20	*Maesa japonica*	34.46955	133.29090	0.708942
OH21	*Quercus acutissima*	34.50365	133.36937	0.709939
OH22	*Quercus glauca*	34.49030	133.43530	0.709470
OH23	*Quercus glauca*	34.51825	133.46303	0.708581
OH24	*Maesa japonica*	34.54950	133.49827	0.709383
OH25	*Quercus glauca*	34.55557	133.55377	0.707796
OH26	*Quercus glauca*	34.52612	133.52978	0.709758
OH27	*Pieris japonica*	34.51992	133.50942	0.710142
OH28	*Quercus glauca*	34.48478	133.53403	0.708978
OH29	*Cerasus* sp.	34.45332	133.50515	0.708672
OH30	*Elaeagnus pungens*	34.46485	133.55352	0.709457
OH31	*Elaeocarpus sylvestris*	34.47910	133.57730	0.709262
OH32	*Quercus glauca*	34.52400	133.59845	0.709912
OH33	*Quercus glauca*	34.55225	133.62717	0.708292
OH34	*Quercus glauca*	34.59027	133.70602	0.708594
OH35	*Dendropanax trifidus*	34.61472	133.67605	0.708411
OH36	*Quercus glauca*	34.61638	133.62730	0.707921
OH37	*Quercus glauca*	34.65702	133.55007	0.706964
OH38	*Quercus glauca*	34.60205	133.53387	0.707983
OH39	*Aucuba japonica*	34.60290	133.45870	0.709273
OH40	*Aucuba japonica*	34.64052	133.42448	0.707701
OH41	*Maesa japonica*	34.57252	133.40638	0.708791
OH42	*Quercus glauca*	34.58437	133.34072	0.708823

表 C3. 東海地域における現代の植物の Sr 同位体比

番号	種名	地域	緯度	経度	$^{87}Sr/^{86}Sr$
AP1	*Dendropanax trifidus*	渥美半島	34.67027	137.27238	0.709002
AP2	*Celtis sinensis*	渥美半島	34.67828	137.28343	0.709284
AP3	*Neolitsea aciculata*	渥美半島	34.70269	137.28076	0.709158
AP4	*Mallotus japonicus*	渥美半島	34.67608	137.25374	0.708967
AP5	*Distylium racemosum*	渥美半島	34.65099	137.24377	0.708227
AP6	*Elaeocarpus sylvestris*	渥美半島	34.65205	137.20784	0.708857
AP7	*Distylium racemosum*	渥美半島	34.65015	137.16402	0.709310
AP8	*Machilus thunbergii*	渥美半島	34.64192	137.15047	0.709099
AP9	*Polygonum cuspidatum*	渥美半島	34.62047	137.10045	0.708849
AP10	*Mallotus japonicus*	渥美半島	34.61031	137.07748	0.709311
AP11	*Pittosporum Tobira*	渥美半島	34.58148	137.02461	0.709038
AP12	*Neolitsea aciculata*	渥美半島	34.59160	137.10172	0.708882
AP13	*Machilus thunbergii*	渥美半島	34.60752	137.18127	0.709179
AP14	*Ilex rotunda*	渥美半島	34.62292	137.23185	0.709559
AP15	*Symplocos Kuroki*	渥美半島	34.63603	137.27770	0.709451
AP16	*Machilus thunbergii*	渥美半島	34.64933	137.32703	0.709147
AP17	*Machilus thunbergii*	渥美半島	34.67928	137.32725	0.709004
AP18	*Celtis sinensis*	弓張山地	34.66590	137.38370	0.708843
AP19	*Dendropanax trifidus*	弓張山地	34.67698	137.42365	0.709216
AP20	*Dendropanax trifidus*	弓張山地	34.68325	137.47763	0.708790
AP21	*Mallotus japonicus*	弓張山地	34.72287	137.47613	0.709118
AP22	*Celtis sinensis*	弓張山地	34.73387	137.39985	0.709260
AP23	*Celtis sinensis*	弓張山地	34.76057	137.43193	0.707303
AP24	*Celtis sinensis*	弓張山地	34.78461	137.44373	0.708515
AP25	*Mallotus japonicus*	弓張山地	34.81762	137.44012	0.707000
AP26	*Celtis sinensis*	弓張山地	34.85171	137.44217	0.709845
AP27	*Celtis sinensis*	弓張山地	34.88001	137.49170	0.708000
AP28	*Mallotus japonicus*	三河高地	34.90234	137.48273	0.709260
AP29	*Celtis sinensis*	三河高地	34.87527	137.41931	0.713235
AP30	*Celtis sinensis*	三河高地	34.86210	137.37807	0.712677
AP31	*Mallotus japonicus*	三河高地	34.85030	137.30742	0.713539
AP32	*Celtis sinensis*	三河高地	34.87141	137.27866	0.714209
AP33	*Celtis sinensis*	三河高地	34.88686	137.22885	0.710465
AP34	*Mallotus japonicus*	三河高地	34.84055	137.15359	0.712506
AP35	*Polygonum cuspidatum*	三河高地	34.82614	137.12860	0.710829
AP36	*Mallotus japonicus*	三河高地	34.79884	137.11958	0.713536
AP37	*Machilus thunbergii*	三河高地	34.79517	137.16176	0.709769
AP38	*Mallotus japonicus*	三河高地	34.81355	137.20317	0.709732
AP39	*Machilus thunbergii*	三河高地	34.80704	137.26248	0.708805
AP40	*Celtis sinensis*	三河高地	34.78974	137.35134	0.709679
AP41	*Myrica rubra*	弓張山地	34.70918	137.36537	0.709637

番号	種名	地域	緯度	経度	$^{87}Sr/^{86}Sr$
AP42	*Quercus glauca*	弓張山地	34.77222	137.38449	0.709299
AP43	*Cinnamomum camphora*	三河高地	34.82407	137.39340	0.710236
AP44	*Cleyera japonica*	弓張山地	34.80542	137.51097	0.709365
AP45	*Prunus speciosa*	弓張山地	34.82644	137.57410	0.705594
AP46	*Castanopsis cuspidata*	弓張山地	34.76359	137.50471	0.709931
AP47	Symplocos glauca	弓張山地	34.68880	137.55440	0.709120
AP48	*Aphananthe aspera*	弓張山地	34.71373	137.70282	0.709248
AP49	*Castanopsis cuspidata*	弓張山地	34.80490	137.68826	0.708791
AP50	*Cinnamomum okinawense*	弓張山地	34.89828	137.65013	0.708890
AP51	*Aucuba japonica*	弓張山地	34.92660	137.60028	0.706549
AP52	*Aucuba japonica*	三河高地	34.96287	137.57018	0.709517
AP53	*Illicium anisatum*	三河高地	34.97491	137.47525	0.711607
AP54	*Magnolia praecocissima*	三河高地	34.92738	137.43065	0.709433
AP55	*Illicium anisatum*	三河高地	34.96688	137.41373	0.709093
AP56	*Castanopsis cuspidata*	三河高地	34.92383	137.31328	0.713502
AP57	*Quercus acutissima*	三河高地	34.87533	137.32852	0.713539
AP58	*Ilex rotunda*	三河高地	34.92010	137.17552	0.708634
AP59	*Quercus variabilis*	三河高地	34.97520	137.26503	0.709319
AP60	*Lindera triloba*	三河高地	35.01508	137.35834	0.713234
AP61	*Castanopsis cuspidata*	三河高地	35.05696	137.23570	0.710835
AP62	*Ligustrum lucidum*	三河高地	35.00478	137.17654	0.711223
AP63	*Camellia sasanqua*	西三河平野	34.92749	137.09161	0.709236
AP64	*Cinnamomum camphora*	西三河平野	34.83044	137.02434	0.709687
AP65	*Cinnamomum camphora*	西三河平野	34.93114	137.00291	0.709506
AP66	*Ilex integra*	知多半島	34.94670	136.92389	0.709722
AP67	*Prunus mume*	知多半島	34.88069	136.90225	0.709705
AP68	*Quercus glauca*	知多半島	34.79398	136.91707	0.709589
AP69	*Aphananthe aspera*	知多半島	34.70178	136.96060	0.708952
AP70	*Camellia japonica*	知多半島	34.72961	136.91322	0.707620
AP71	*Ilex integra*	知多半島	34.77080	136.85228	0.708846
AP72	*Ilex rotunda*	知多半島	34.82211	136.87520	0.708650
AP73	*Machilus thunbergii*	知多半島	34.94585	136.84737	0.710686
AP74	*Cleyera japonica*	知多半島	34.97697	136.90689	0.709224
AP75	*Dendropanax trifidus*	西三河平野	34.97902	136.99016	0.709875
AP76	*Ilex rotunda*	西三河平野	35.01223	137.04123	0.709468

表 C4. 吉胡貝塚の土壌や動物骨の Sr 同位体比

種名	番号	部位	$^{87}Sr/^{86}Sr$		StdErr
ニホンジカ（*Cervus nippon*）					
	YC1E[a]	Enamel	0.708889	±	0.000004
	YC2E	Enamel	0.710120	±	0.000003
	YC3E	Enamel	0.708203	±	0.000003
	YC4E	Enamel	0.709726	±	0.000003
	YC5E	Enamel	0.707716	±	0.000003
	YC6E	Enamel	0.710314	±	0.000003
	YC7E	Enamel	0.709575	±	0.000004
	YC8E	Enamel	0.707760	±	0.000003
イノシシ（*Sus scrofa*）					
	YB1	Enamel	0.709517	±	0.000004
	YB2	Enamel	0.708829	±	0.000003
	YB3	Enamel	0.709662	±	0.000003
	YB4	Enamel	0.708311	±	0.000003
	YB5	Enamel	0.709759	±	0.000003
	YB6	Enamel	0.709211	±	0.000003
	YB7	Enamel	0.710142	±	0.000003
	YB8	Enamel	0.709302	±	0.000003
	YB9	Enamel	0.708826	±	0.000004
	YB10	Enamel	0.709119	±	0.000003
マイルカ科					
	YD1E[a]	Enamel	0.709207	±	0.000003
	YD2E[a]	Enamel	0.709182	±	0.000010
	YD3E[a]	Enamel	0.709064	±	0.000006
	YD1D[a]	Dentine	0.709257	±	0.000003
	YD2D[a]	Dentine	0.709174	±	0.000003
	YD3D[a]	Dentine	0.708955	±	0.000004
土壌溶出液					
	Y311S	–	0.709172	±	0.000003
	Y322S	–	0.709172	±	0.000003
	Y292S	–	0.709031	±	0.000003
	Y461S	–	0.709037	±	0.000004
	Y435S	–	0.709121	±	0.000003

あとがき

　本書では，これまで筆者が行ってきた古人骨の同位体比を測る研究内容について述べてきた。はじめにで述べた人の骨を調べる並々ならぬ理由が読者にも伝わっただろうか。古人骨から先史時代の食性や集団間の移動について調べることの面白さに共感していただけたら嬉しく思う。

　卒業研究は 2006 年に開始し，それから 10 年が経過した。たとえ就職できなくともと思いつつ覚悟を決めてコツコツと研究を続けてきた。最初のきっかけは自然人類学との出会いだった。古人骨を語らせる学問に心惹かれ，研究を始めた。そして卒業研究で，抜歯系列に対応したかたちで同位体比が違っていたことを発見した時には驚きとともに感動を覚えた。同位体比のプロットに先史時代の社会を垣間見た気がしたのである。自分で仮説を立てて，実験したデータにより検証することの面白さに魅了された。まだ未踏の分析であったストロンチウム同位体比の測定にも取り組んだ。これまで分からなかった人の移動性が見えてきた。さらには歯のエナメル質の炭素同位体比の分析にも挑戦し，分析に工夫を重ねることで測定精度を上げることが面白かった。得られた結果からはエネルギー源として植物質食料が重要であったことが明らかとなってきた。放射性炭素年代測定にも取り組み始め，人骨ごとの年代が分かりつつあり，食性の変遷が見えそうになってきている。

　本書では，学問としての同位体人類学の有様を示すことができたのだろうか。未だ足りない部分が多くあるのはよく分かっている。これからさらに分析手法を発展させる必要があるし，骨の破壊量を低減させねばならない。得られるデータの重要性を考えて分析することと，資料を将来へ保存することの間のバランスをとる必要がある。課題は山積しているが，それだけ挑戦しがいのある仕事である。古人骨の年代測定やほかの元素の同位体分析の手法開発はまだまだこれから，次の 10 年の仕事である。それによって，遙かかなたに見える縄文時代人の輪郭をより鮮明にすること，古人骨から生き生きとした人の姿を蘇らせることができると信じている。

初出一覧

　本書の内容は，筆者の学位論文の内容を基本としてまとめた。その中の一部は，学術雑誌などに掲載済みであるが，公表時から見解が変わってきた部分については大幅に加筆・修正した。また学位論文に含まれていない内容については第5章やコラムにて掲載した。本書の内容は，多くの共同研究者の協力のなしには成し遂げることができなかった。重ねて御礼を申し上げます。

序章：学位論文「日下宗一郎. 2011. Investigation of diet, migration, and social organization of Jomon populations based on stable isotope analyses （安定同位体分析による縄文人の食性，集団間移動および社会組織の解明）京都大学大学院理学研究科」

第1章：日下宗一郎, 2012. 縄文時代人の食性と集団間移動－安定同位体分析による試論－. 考古学研究 59, 92–102.

　　　　日下宗一郎, 2015. ストロンチウム同位体分析による人の移動の復元. 季刊考古学 130, 79–81.

　　　　日下宗一郎, 2012. ストロンチウム同位体分析による移入者の判別とその解釈. 考古学ジャーナル 630, 7–11.

第2章：Kusaka, S., Ikarashi, T., Hyodo, F., Yumoto, T., Katayama, K., 2008. Variability in stable isotope ratios in two Late-Final Jomon communities in the Tokai coastal region and its relationship with sex and ritual tooth ablation. Anthropol. Sci. 116, 171–181.

　　　　Kusaka, S., Hyodo, F., Yumoto, T., Nakatsukasa, M., 2010. Carbon and nitrogen stable isotope analysis on the diet of Jomon populations from two coastal regions of Japan. J. Archaeol. Sci. 37, 1968–1977.

第3章：Kusaka, S., Nakano, T., 2014. Carbon and oxygen isotope ratios and their temperature dependence in carbonate and tooth enamel using a GasBench II preparation device. Rapid Commun. Mass Spectrom. 28, 563–567.

　　　　Kusaka, S., Uno, K.T., Nakano, T., Nakatsukasa, M., Cerling, T.E., 2015. Carbon isotope ratios of human tooth enamel record the evidence of terrestrial resource consumption during the Jomon period, Japan. Amer. J. Phys. Anthropol. 158, 300–311.

第4章：Kusaka, S., Ando, A., Nakano, T., Yumoto, T., Ishimaru, E., Yoneda, M., Hyodo, F.,

Katayama, K., 2009. A strontium isotope analysis on the relationship between ritual tooth ablation and migration among the Jomon people in Japan. J. Archaeol. Sci. 36, 2289–2297.

Kusaka, S., Nakano, T., Yumoto, T., Nakatsukasa, M., 2011. Strontium isotope evidence of migration and diet in relation to ritual tooth ablation: a case study from the Inariyama Jomon site, Japan. J. Archaeol. Sci. 38, 166–174.

Kusaka, S., Nakano, T., Morita, W., Nakatsukasa, M., 2012. Strontium isotope analysis to reveal migration in relation to climate change and ritual tooth ablation of Jomon skeletal remains from western Japan. J. Anthrop. Archaeol. 31, 551–563.

第5章：日下宗一郎，佐宗亜衣子，米田穣，2015．縄文時代の國府・伊川津遺跡から出土した人骨の放射性炭素年代測定と炭素・窒素安定同位体分析．Anthrop. Sci. (Japanese Series) 123, 31–40.

第6章：学位論文

コラム2：日下宗一郎，五十嵐健行，兵藤不二夫，藤澤珠織，片山一道，2011．伏見城跡遺跡から出土した江戸時代人骨の安定同位体による食性分析．Anthrop. Sci. (Japanese Series) 119, 9–17.

日下宗一郎．2015．相国寺旧境内から出土した人骨および動物骨の安定同位体分析．同志社大学歴史資料館（編），同志社大学歴史資料館調査研究報告第13集　相国寺旧境内発掘調査報告書　今出川キャンパス整備に伴う発掘調査（第4次～第6次）（本文編）．pp. 178–182.

コラム3：Kusaka, S., Ishimaru, E., Hyodo, F., Gakuhari, T., Yoneda, M., Yumoto, T., Tayasu, I., 2016. Homogeneous diet of contemporary Japanese inferred from stable isotope ratios of hair. Sci. Rep. 6, 33122.

コラム4：日下宗一郎．2014．化石と同位体分析．日本アフリカ学会編．アフリカ学辞典．昭和堂．pp. 480–483.

コラム5：Mbua, E., Kusaka, S., Kunimatsu, Y., Geraads, D., Sawada, Y., Brown, F.H., Sakai, T., Boisserie, J.-R., Saneyoshi, M., Omuombo, C., Muteti, S., Hirata, T., Hayashida, A., Iwano, H., Danhara, T., Bobe, R., Jicha, B., Nakatsukasa, M., 2016. Kantis: A new Australopithecus site on the shoulders of the Rift Valley near Nairobi, Kenya. J. Hum. Evol. 94, 28–44.

コラム6：Morita, W., Kusaka, S., Yano, W., Nakatsukasa, M., 2012. Dental metric variability associated with human migration from skeletal remains of two Jomon sites (Yoshigo and Inariyama) in the Atsumi Peninsula area. Anthropol. Sci. 120, 167–177.

謝辞

　最後に本書の執筆までにお世話になった方々へ，感謝の気持ちを伝えたいと思います。まず片山一道名誉教授（京都大学）に心より御礼申し上げます。片山先生は，本書の基となった博士論文の執筆にあたり親身になって励まして下さいました。学部生のころ，先生の授業を拝聴したのをきっかけに自然人類学に進むことを決意し，古人骨の同位体分析を始める機会を与えて下さいました。卒業論文から博士論文まで数多くの示唆に富む助言を下さいました。また，中務真人教授（京都大学）にも心より御礼を申し上げます。中務先生は，博士後期課程における指導教員を務めていただき，思慮深いコメントを数多くいただきました。荻原直道助教（当時，京都大学）にも大変お世話になりました。大学院在籍中には，國松豊博士，西村剛博士，巻島美幸博士，大藪由美子博士，藤澤珠織様，加賀谷美幸博士，Dr. Basak Koca Ozer, Dr. Lee Ai Ling，森本直記博士，矢野航博士，森田航博士，東島紗弥加博士，五十嵐健行様，吉村彰子様など，数多くの自然人類学研究室の構成員にお世話になりました。さらに公聴会の審査員を務めていただいた山極寿一教授（京都大学）をはじめとして，人類進化論研究室の皆様にも研究の刺激をいただきました。日々の研究活動やセミナーでの議論は，私の人生の財産となっています。

　また，湯本貴和教授（当時，総合地球環境学研究所）には，総合地球環境学研究所にて同位体分析を行うことを快く受け入れていただきました。フィールドに行くことの重要性と，広い視野をもつ研究者のあり方を教えていただきました。同位体分析については，中野孝教教授（総合地球環境学研究所）にご教示いただきました。初めて行うストロンチウム同位体分析を真摯に指導していただくとともに，常に励ましの言葉を下さいました。兵藤不二夫博士（当時，総合地球環境学研究所）には，炭素・窒素同位体分析から論文執筆まで，研究者としての基礎を教えていただきました。安藤敦史博士（当時，総合地球環境学研究所）には，ストロンチウム同位体分析の基本を指導していただきました。総合地球環境学研究所での研究中には，申基澈博士，齋藤有博士，横尾頼子博士（同志社大学），森本真紀博士（名古屋大学），小林俊則様，古角恵美様，瀬尾明弘博士，辻野亮博士，村上由美子博士，佐々木尚子博士，石丸恵利子博士，細井真由美様，岩永千晶様，倉田純子様，竹原麻理様など数多くの方々にお世話になりましたことを御礼申し上げます。また大石高典博士と濵田信吾博士は，本書を出版するきっかけと勇気を与えてくださいました。

　米田穣教授（東京大学）には，古人骨の同位体分析と年代測定についてご教示いただきました。常に人骨の同位体分析の研究者として必要な知識を学ばせていただきました。陀安一郎教授（総合地球環境学研究所）には同位体生態学について数多く助言をいただきま

した。覚張隆史博士，内藤裕一博士，瀧上舞博士（当時，東京大学）には，同位体分析を始めた同期として，有意義な議論をしていただきました。山田康弘教授（国立歴史民族博物館）には，考古学的側面について常にご教示いただきました。熊倉博雄教授・中野良彦准教授（大阪大学），諏訪元教授・佐宗亜衣子博士（東京大学）には，國府人骨の資料の提供をしていただきました。泉拓良教授（京都大学），桐山京子様（京都大学）にもお世話になりました。長岡朋人講師（聖マリアンナ医科大学）にも助言をいただきました。丸山真史博士（当時，奈良文化財研究所）には動物骨の同定をしていただきました。Thure E. Cerling 博士（Universtity of Utah）と Kevin T. Uno 博士（Columbia University）には，エナメル質の炭素・酸素同位体比の分析とその解釈についてご教示いただきました。Daniel H. Temple 博士（George Mason University）にも助言いただきました。Emma Mbua 博士（National Museums of Kenya）には，カンティスの動物骨を分析する機会をいただきました。浜中邦弘准教授（同志社大学歴史資料館），山本雅和様（京都市埋蔵文化財研究所），増山禎之様（愛知県田原市教育委員会）には，資料を提供していただきました。ここに心より感謝を申し上げます。

　本書の基となった博士論文の研究の実施に当たっては，総合地球環境学研究所プロジェクト「日本列島における人間−自然相互関係の歴史的・文化的検討（リーダー：湯本貴和教授）」と，日本学術振興会特別研究員制度（DC1，PD，課題番号：09J00939，12J02772）の助成を受けました。本書の出版に対しては，日本学術振興会研究成果公開促進費「学術図書」（課題番号：17HP5259）の支援を受けました。國府・伊川津人骨の年代測定の実施に当たっては，パレオ・ラボ，若手研究者を支援する研究助成を受けました。改めて御礼を申し上げたいと思います。

　現在所属しているふじのくに地球環境史ミュージアムの皆様にも感謝の気持ちを伝えたいと思います。安田喜憲館長は私の研究を認めて下さり，常に研究活動に対して励ましの言葉をくださいました。このミュージアムでの仕事がなければ，本書がこのような形で日の目を見ることはなかったと思います。学芸課の渋川浩一博士，山田和芳博士，岸本年郎博士，菅原大助博士，高山浩司博士は，研究ばかりに走る私を受け入れていただいていることを，心から感謝しています。ミュージアムの立ち上げに携わった大場悟様，山本晃弘様，荒武浩司様，山下浩平様，小室桜子様，山本剛士様，青木真理子様，そして2016年3月26日の開館後にお世話になっている青木彰彦様，杉本創様，鈴木啓和様，池谷渉様，石原督大様，河原佳美様，塚本麗子様にも御礼を申し上げたいと思います。またミュージアムの運営に携わっている NPO 静岡県自然史博物館ネットワークの皆様，サービススタッフの皆様，インタープリターの皆様，サポーターの皆様にもこの場を借りて御礼申し上げたいと思います。多くの方々の支えによってミュージアムは成り立っており，研究活動を継続することができています。

　本書の出版に当たっては，京都大学学術出版会の鈴木哲也編集長，高垣重和氏，永野祥

謝辞――215

子氏にお世話になりました。学位論文を基にした原稿に対して，数多くの助言をいただきました。また，ひとつめデザインの大場智博氏には，本書の装幀をデザインしていただきました。ここに御礼を申し上げます。

　最後に，私の研究活動を常に支えてくれた友人と家族に御礼を申し上げたいと思います。友人たちは，常に私の研究と執筆活動を励ましてくれました。また本書は，家族の心の支えなしには成し遂げることができませんでした。学士号取得後には，祖母を亡くし，学位取得後には父を亡くしました。そして苦労をかけた母には少しでも報いることができればと思います。妻には校正を手伝っていただきました。妻と二人の子どもには感謝を伝えるべき適切な言葉が思い当たりません。これまでの感謝のしるしとして，本書を家族へ捧げたいと思います。

引用文献

□欧文文献

Akazawa, T., 1986. Regional variation in procurement systems of Jomon hunter-gatherers, in: Akazawa, T., Aikens, C.M. (Eds.), Prehistoric Hunter-Gatherers in Japan —New Research Methods—, The University Museum, The University of Tokyo, Tokyo, pp. 73–89.

Akazawa, T., 1999. Regional variation in Jomon hunting-fishing-gathering societies, in: Omoto, K. (Ed.), Interdisciplinary Perspectives on the Origins of the Japanese, International Research Center for Japanese Studies, Kyoto, pp. 223–231.

Ambrose, S.H., 1991. Effects of diet, climate and physiology on nitrogen isotope abundances in terrestrial foodwebs. J. Archaeol. Sci. 18, 293–317.

Ambrose, S.H., 1993. Isotopic analysis of paleodiets: Methodological and interpretive considerations, in: Sandford, M.K. (Ed.), Investigation of Ancient Human Tissue, Gordon and Breach, Langhorne, pp. 59–130.

Ambrose, S.H., DeNiro, M.J., 1986. Reconstruction of African human diet using bone collagen carbon and nitrogen isotope ratios. Nature 319, 321–324.

Ambrose, S.H., Norr, L., 1993. Experimental evidence for the relationship of the carbon isotope ratios of whole diet and dietary protein to those of bone collagen and carbonate, in: Lambert, J.B., Grupe, G. (Eds.), Prehistoric Human Bone-Archaeology at the Molecular Level, Springer-Verlag, Berlin, pp. 1–38.

Anthony, D., 1997. Prehistoric migration as social process, in: Chapman, J., Hamerow, H. (Eds.), Migrations and Invasions in Archaeological Explanation, BAR International Series 664, Archaeopress, Oxford, pp. 21–32.

Arneborg, J., Heinemeier, J., Lynnerup, N., Nielsen, H.L., Rud, N., Sveinbjörnsdóttir, Á.E., 1999. Change of diet of the greenland vikings determined from stable carbon isotope analysis and ^{14}C dating of their bones. Radiocarbon 41, 157–168.

Ayliffe, L.K., Chivas, A.R., 1990. Oxygen isotope composition of the bone phosphate of Australian kangaroos: Potential as a palaeoenvironmental recorder. Geochim. Cosmochim. Acta 54, 2603–2609.

Balasse, M., 2002. Reconstructing dietary and environmental history from enamel isotopic analysis: time resolution of intra-tooth sequential sampling. Int. J. Osteoarchaeol. 12, 155–165.

Beard, B.L., Johnson, C.M., 2000. Strontium isotope composition of skeletal material can determine the birth place and geographic mobility of humans and animals. J. Forensic Sci. 45, 1049–1061.

Bentley, R.A., 2006. Strontium isotopes from the earth to the archaeological skeleton: A review. J. Archaeol. Meth. Theor. 13, 135–187.

Bentley, R.A., Krause, R., Price, T.D., Kaufmann, B., 2003. Human mobility at the Early Neolithic settlement of Vaihingen, Germany: Evidence from strontium isotope analysis Archaeometry

45, 471–486.

Bentley, R.A., Pietrusewsky, M., Douglas, M.T., Atkinson, T.C., 2005. Matrilocality during the prehistoric transition to agriculture in Thailand? Antiquity 79, 865–881.

Bentley, R.A., Price, T.D., Lüning, J., Gronenborn, D., Wahl, J., Fullagar, P.D., 2002. Prehistoric migration in Europe: strontium isotope analysis of Early Neolithic skeletons. Curr. Anthrop. 43, 799–804.

Bentley, R.A., Price, T.D., Stephan, E., 2004. Determining the 'local' Sr-87/Sr-86 range for archaeological skeletons: A case study from Neolithic Europe. J. Archaeol. Sci. 31, 365–375.

Bentley, R.A., Tayles, N., Higham, C., Macpherson, C., Atkinson, T.C., 2007. Shifting gender relations at Khok Phanom Di, Thailand. Curr. Anthrop. 48, 301–314.

Binford, L.R., 1980. Willow smoke and dogs' tails: hunter-gatherer settlement systems and archaeological site formation. Amer. Antiq. 45, 4–20.

Binford, L.R., 2001. Constructing Frames of Reference: An Analytical Method for Archaeological Theory Building Using Hunter-gatherer and Environmental Data Sets, University of California Press, California.

Bird, R., 1999. Cooperation and conflict: The behavioral ecology of the sexual division of labor. Evol. Anthrop. 8, 65–75.

Blum, J.D., Erel, Y., Brown, K., 1993. $^{87}Sr/^{86}Sr$ ratios of Sierra Nevada stream waters: Implications for relative mineral weathering rates. Geochim. Cosmochim. Acta 57, 5019–5025.

Blum, J.D., Taliaferro, E.H., Weisse, M.T., Holmes, R.T., 2000. Changes in Sr/Ca, Ba/Ca and $^{87}Sr/^{86}Sr$ ratios between trophic levels in two forest ecosystems in the northeastern U.S.A. Biogeochem. 49, 87–101.

Bocherens, H., Drucker, D., 2003. Trophic level isotopic enrichment of carbon and nitrogen in bone collagen: case studies from recent and ancient terrestrial ecosystems. Int. J. Osteoarchaeol. 13, 46–53.

Bogaard, A., Heaton, T.H.E., Poulton, P., Merbach, I., 2007. The impact of manuring on nitrogen isotope ratios in cereals: archaeological implications for reconstruction of diet and crop management practices. J. Archaeol. Sci. 34, 335–343.

Bol, R., Pflieger, C., 2002. Stable isotope (^{13}C, ^{15}N and ^{34}S) analysis of the hair of modern humans and their domestic animals. Rapid Commun. Mass Spectrom. 16, 2195–2200.

Bowen, G.J., 2010. Isoscapes: Spatial pattern in isotopic biogeochemistry. Annu. Rev. Earth. Planet. Sci. 38, 161–187.

Brace, C.L., Nagai, M., 1982. Japanese tooth size: past and present. Amer. J. Phys. Anthropol. 59, 399–411.

Breitenbach, S.F., Bernasconi, S.M., 2011. Carbon and oxygen isotope analysis of small carbonate samples (20 to 100 microg) with a GasBench II preparation device. Rapid Commun. Mass Spectrom. 25, 1910–1914.

Briggs, L.C., 1955. The Stone Age races of northwest Africa. American School of Prehistoric Research Peabody Museum, Harvard University, Bulletin 18, 1–93.

Brooks, S., Suchey, J.M., 1990. Skeletal age determination based on the os pubis: A comparison of the Acsádi-Nemeskéri and Suchey-Brooks methods. Hum. Evol. 5, 227–238.

Buchardt, B., Bunch, V., Helin, P., 2007. Fingernails and diet: Stable isotope signatures of a marine hunting community from modern Uummannaq, North Greenland. Chem. Geol. 244, 316–329.

Budd, P., Montgomery, J., Barreiro, B., Thomas, R.G., 2000. Differential diagenesis of strontium in archaeological human dental tissues. Appl. Geochem. 15, 687–694.

Buikstra, J.E., Ubelaker, D.H., 1994. Standards for Data Collection from Human Skeletal Remains, Arkansas Archaeological Survey, Fayetteville, Arkansas.

Burton, J.H., Price, T.D., 1999. Evaluation of bone strontium as a measure of seafood consumption. Int. J. Osteoarchaeol. 9, 233–236.

Burton, J.H., Price, T.D., Middleton, W.D., 1999. Correlation of bone Ba/Ca and Sr/Ca due to biological purification of calcium. J. Archaeol. Sci. 26, 609–616.

Capo, R.C., Stewart, B.W., Chadwick, O.A., 1998. Strontium isotopes as tracers of ecosystem processes: Theory and methods. Geoderma 82, 197–225.

Cerling, T.E., Harris, J.M., 1999. Carbon isotope fractionation between diet and bioapatite in ungulate mammals and implications for ecological and paleoecological studies. Oecologia 120, 347–363.

Cerling, T.E., Hart, J.A., Hart, T.B., 2004. Stable isotope ecology in the Ituri Forest. Oecologia 138, 5–12.

Cerling, T.E., Manthi, F.K., Mbua, E.N., Leakey, L.N., Leakey, M.G., Leakey, R.E., Brown, F.H., Grine, F.E., Hart, J.A., Kaleme, P., Roche, H., Uno, K.T., Wood, B.A., 2013. Stable isotope-based diet reconstructions of Turkana Basin hominins. Proc. Natl. Acad. Sci. U.S.A. 110, 10501–10506.

Cerling, T.E., Wynn, J.G., Andanje, S.A., Bird, M.I., Korir, D.K., Levin, N.E., Mace, W., Macharia, A.N., Quade, J., Remien, C.H., 2011. Woody cover and hominin environments in the past 6 million years. Nature 476, 51–56.

Chiaradia, M., Gallay, A., Todt, W., 2003. Different contamination styles of prehistoric human teeth at a Swiss necropolis (Sion, Valais) inferred from lead and strontium isotopes. Appl. Geochem. 18, 353–370.

Chisholm, B., Koike, H., Nakai, N., 1992. Carbon isotopic determination of paleodiet in Japan: marine versus terrestrial sources, in: Aikens, C.M., Rhee, S.N. (Eds.), Pacific Northeast Asia in Prehistory: Research into the Emergence of Hunter-fisher-gatherers, Farmers and Socio-political Elites, University Washington Press, Washington, pp. 69–73.

Chisholm, B.S., Nelson, D.E., Schwarcz, H.P., 1982. Stable-carbon isotope ratios as a measure of marine versus terrestrial protein in ancient diets. Science 216, 1131–1132.

Clementz, M.T., Fox-Dobbs, K., Wheatley, P.V., Koch, P.L., Doak, D.F., 2009. Revisiting old bones: coupled carbon isotope analysis of bioapatite and collagen as an ecological and palaeoecological tool. Geol. J. 44, 605–620.

Craig, O.E., Biazzo, M., O'Connell, T.C., Garnsey, P., Martinez-Labarga, C., Lelli, R., Salvadei, L., Tartaglia, G., Nava, A., Renò, L., Fiammenghi, A., Rickards, O., Bondioli, L., 2009. Stable isotopic evidence for diet at the Imperial Roman coastal site of Velia (1st and 2nd Centuries AD) in Southern Italy. Amer. J. Phys. Anthropol. 139, 572–583.

DeNiro, M.J., 1985. Postmortem preservation and alteration of in vivo bone collagen isotope ratios in relation to palaeodietary reconstruction. Nature 317, 806–809.

DeNiro, M.J., Epstein, S., 1978. Influence of diet on the distribution of carbon isotopes in animals. Geochim. Cosmochim. Acta 42, 495–506.

DeNiro, M.J., Epstein, S., 1981. Influence of diet on the distribution of nitrogen isotopes in animals. Geochim. Cosmochim. Acta 45, 341–351.

Delwiche, C.C., 1970. The nitrogen cycle. Scientific American 233, 137–146.

Delwiche, C.C., Steyn, P.L., 1970. Nitrogen isotope fractionation in soils and microbial reactions. Environ. Sci. Technol. 4, 929–935.

DiBartolomeo, J.R., 1979. Exostoses of the external auditory canal. Ann. Otl. Rhinol. Laryngol. 88, 1–17.

Dodo, Y., Ishida, H., 1992. Consistency of nonmetric cranial trait expression durint the last 2,000 years in the habitants of the central islands of Japan. J. Anthrop. Soc. Nippon 100, 417–523.

Dufour, E., Bocherens, H., Mariotti, A., 1999. Palaeodietary implications of isotopic variability in Eurasian lacustrine fish. J. Archaeol. Sci. 26, 617–627.

Edwards, G., Walker, D., 1983. C_3, C_4: mechanisms, and cellular and environmental regulation, of photosynthesis, Univ of California Press.

Elias, R.W., Hirao, Y., Patterson, C.C., 1982. The circumvention of the natural biopurification of calcium along nutrient pathways by atmospheric inputs of industrial lead. Geochim. Cosmochim. Acta 46, 2561–2580.

Elliott, J.C., 2002. Calcium phosphate biominerals, in: Kohn, M.J., Rakovan, J., Hughes, J.M. (Eds.), Reviews in mineralogy and geochemistry Phosphates: Geochemical, geobiological, and materials importance, Mineralogical society of America, Washington, DC, pp. 427–453.

Emiliani, C., 1955. Pleistocene temperatures. J. Geol., 538–578.

Endo, T., Hayasaka, M., Hisamichi, Y., Kimura, O., Haraguchi, K., 2013. Carbon and nitrogen stable isotope ratios and mercury concentration in the scalp hair of residents from Taiji, a whaling town. Mar. Pollut. Bull. 69, 116–121.

Endo, T., Hayasaka, M., Ogasawra, H., Kimura, O., Kotaki, Y., Haraguchi, K., 2015. Relationships among mercury concentration, and stable isotope ratios of carbon and nitrogen in the scalp hair of residents from seven countries: effects of marine fish and C_4 plants consumption. PLoS ONE 10, e0128149.

Ericson, J.E., 1985. Strontium isotope characterization in the study of prehistoric human ecology. J. Hum. Evol. 14, 503–514.

Evans, J.A., Montgomery, J., Wildman, G., 2009. Isotope domain mapping of $^{87}Sr/^{86}Sr$ biosphere variation on the Isle of Skye, Scotland. J. Geol. Soc. 166, 617–631.

Evans, J.A., Montgomery, J., Wildman, G., Boulton N., 2010 Spatial variations in biosphere $^{87}Sr/^{86}Sr$ in Britain. J. Geol. Soc. 167, 1–4.

Evans, J.A., Tatham, S., 2004. Defining 'local signature' in terms of Sr isotope composition using a tenth- to twelfth-century Anglo-Saxon population living on a Jurassic clay-carbonate terrain, Rutland, UK, in: Pye, K., Croft, D.J. (Eds.), Forensic Geoscience: Principles, Techniques and Applications, Geological Society, London, Special Publications, 232, pp. 237–248.

Ezzo, J.A., Johnson, C.M., Price, T.D., 1997. Analytical perspectives on prehistoric migration: a case study from East-Central Arizona. J. Archaeol. Sci. 24, 447–466.

Ezzo, J.A., Price, T.D., 2002. Migration, regional reorganization, and spatial group composition at Grasshopper Pueblo, Arizona. J. Archaeol. Sci. 29, 499–520.

Farquhar, G., Ehleringer, J., Hubick, K., 1989. Carbon isotope discrimination and photosynthesis. Annu. Rev. Plant Physiol. Plant Mol. Biol 40, 503–537.

Faure, G., Mensing, T.M., 2005. Isotopes: Principles and Applications. third ed., John Wiley & Sons, Inc., New Jersey.

Fernandes, R., Grootes, P., Nadeau, M.J., Nehlich, O., 2015. Quantitative diet reconstruction of a Neolithic population using a Bayesian mixing model (FRUITS): The case study of Ostorf (Germany). Amer. J. Phys. Anthropol. 158, 325–340.

Fernandes, R., Millard, A.R., Brabec, M., Nadeau, M.-J., Grootes, P., 2014. Food reconstruction using isotopic transferred signals (FRUITS): a Bayesian model for diet reconstruction. PLOS ONE 9, e87436.

Fernandes, R., Nadeau, M.-J., Grootes, P.M., 2012. Macronutrient-based model for dietary carbon routing in bone collagen and bioapatite. Archaeol. Anthropol. Sci 4, 291–301.

Fincham, A.G., Moradian-Oldak, J., Simmer, J.P., 1999. The structural biology of the developing dental enamel matrix. J. Struct. Biol. 126, 270–299.

Friedman, I., O'Neil, J.R., 1977. Compilation of stable isotope fractionation factors of geochemical interest. U.S. Geological Survey Professional Paper 440-KK.

Froehle, A.W., Kellner, C.M., Schoeninger, M.J., 2010. FOCUS: effect of diet and protein source on carbon stable isotope ratios in collagen: follow up to Warinner and Tuross (2009). J. Archaeol. Sci. 37, 2662–2670.

Fry, B., 2006. Stable Isotope Ecology, Springer, New York.

Fujita, H., 1995. Geographical and chronological differences in dental caries in the Neolithic Jomon period of Japan. Anthrop. Sci. 103, 23–37.

Fuller, B.T., Molleson, T.I., Harris, D.A., Gilmour, L.T., Hedges, R.E.M., 2006. Isotopic evidence for breastfeeding and possible adult dietary differences from Late/Sub-Roman Britain. Amer. J. Phys. Anthropol. 129, 45–54.

Grupe, G., Price, T.D., Schröter, P., Söllner, F., Johnson, C.M., Beard, B.L., 1997. Mobility of Bell Beaker people revealed by strontium isotope ratios of tooth and bone: a study of southern Bavarian skeletal remains. Appl. Geochem. 12, 517–525.

Haak, W., Brandt, G., Jong, H.N.d., Meyer, C., Ganslmeier, R., Heyd, V., Hawkesworth, C., Pike, A.W.G., Meller, H., Alt, K.W., 2008. Ancient DNA, strontium isotopes, and osteological analyses shed light on social and kinship organization of the Later Stone Age. Proc. Natl. Acad. Sci. U.S.A. 105, 18226–18231.

Han, K., Nakahashi, T., 1996. A comparative study of ritual tooth ablation in ancient China and Japan. Anthropol. Sci. 104, 43–64.

Hanihara, K., 1991. Dual structure model for the population history of the Japanese. Japan Rev. 2, 1–33.

Harunari, H., 1986. Rules of residence in the Jomon period, based on the analysis of tooth extraction, in: Pearson, R.J., Barnes, G.L., Hutterer, K.L. (Eds.), Windows on the Japanese Past: Studies in Archaeology and Prehistory, Center for Japanese studies, The university of Michigan, Ann Arbor, MI, pp. 293–310.

Haverkort, C.M., Weber, A., Katzenberg, M.A., Goriunova, O.I., Simonetti, A., Creaser, R.A., 2008. Hunter-gatherer mobility strategies and resource use based on strontium isotope ($^{87}Sr/^{86}Sr$) analysis: a case study from Middle Holocene Lake Baikal, Siberia. J. Archaeol. Sci. 35, 1265–1280.

Hawkes, C., 2006. Uneven dietary development: linking the policies and processes of globalization with the nutrition transition, obesity and diet-related chronic diseases. Global. Health. 2, 4.

Hayden, B., 1995. Pathways to power principles for creating socioeconomic inequalities, in: Price,

T.D., Feinman, G.M. (Eds.), Foundations of Social Inequality, Plenum Press, New York, pp. 15–86.

Heaton, T.H.E., 1999. Spatial, species, and temporal variations in the $^{13}C/^{12}C$ ratios of C_3 plants: Implications for palaeodiet studies. J. Archaeol. Sci. 26, 637–649.

Hedges, R.E.M., Clement, J.G., Thomas, C.D.L., O'Connell, T.C., 2007. Collagen turnover in the adult femoral mid-shaft: Modeled from anthropogenic radiocarbon tracer measurements. Amer. J. Phys. Anthropol. 133, 808–816.

Hedges, R.E.M., Reynard, L.M., 2007. Nitrogen isotopes and the trophic level of humans in archaeology. J. Archaeol. Sci. 34, 1240–1251.

Hedges, R.E.M., Saville, A., O'Connell, T., 2008. Characterizing the diet of individuals at the Neolothic chambered tomb of Hazleton North, Gloucestershire, England, using stable isotope analysis. Archaeometry 50, 114–128.

Hess, J., Bender, M.L., Schilling, J.-G., 1986. Evolution of the ratio of strontium-87 to strontium-86 in seawater from Cretaceous to Present. Science 231, 979–984.

Hill, K., Kaplan, H., 1993. On why male foragers hunt and share food. Curr. Anthrop. 34, 701–710.

Hillson, S., 1996. Dental Anthropology, Cambridge University Press, Cambridge.

Hobson, K.A., 1999. Tracing origins and migration of wildlife using stable isotopes: a review. Oecologia 120, 314–326.

Hodell, D.A., Quinn, R.L., Brenner, M., Kamenov, G., 2004. Spatial variation of strontium isotopes ($^{87}Sr/^{86}Sr$) in the Maya region: a tool for tracking ancient human migration. J. Archaeol. Sci. 31, 585–601.

Hoppe, K.A., Koch, P.L., Furutani, T.T., 2003. Assessing the preservation of biogenic strontium in fossil bones and tooth enamel. Int. J. Osteoarchaeol. 13, 20–28.

Howland, M.R., Corr, L.T., Young, S.M.M., Jones, V., Jim, S., Merwe, N.J.V.D., Mitchell, A.D., Evershed, R.P., 2003. Expression of the dietary isotope signal in the compound-specific δ ^{13}C values of pig bone lipids and amino acids. Int. J. Osteoarchaeol. 13, 54–65.

Hu, Y., Shang, H., Tong, H., Nehlich, O., Liu, W., Zhao, C., Yu, J., Wang, C., Trinkaus, E., Richards, M.P., 2009. Stable isotope dietary analysis of the Tianyuan 1 early modern human. Proc. Natl. Acad. Sci. U.S.A. 106, 10971–10974.

Huertas, A.D., Iacumin, P., Stenni, B., Sánchez Chillón, B., Longinelli, A., 1995. Oxygen isotope variations of phosphate in mammalian bone and tooth enamel. Geochim. Cosmochim. Acta 59, 4299–4305.

Humphrey, L., Bocaege, E., 2008. Tooth evulsion in the Maghreb: Chronological and geographical patterns. Afr. Archaeol. Rev. 25, 109–123.

Hyodo, F., Tayasu, I., Konat, S., Tondoh, J.E., Lavelle, P., Wada, E., 2008. Gradual enrichment of ^{15}N with humification of diets in a below-ground food web: relationship between ^{15}N and diet age determined using ^{14}C. Funct. Ecol. 22, 516–522.

Iacumin, P., Longinelli, A., 2002. Relationship between $\delta^{18}O$ values for skeletal apatite from reindeer and foxes and yearly mean $\delta^{18}O$ values of environmental water. Earth. Planet. Sci. Lett. 201, 213–219.

Ishida, H., Hanihara, T., Kondo, O., Fukumine, T., 2009. Craniometric divergence history of the Japanese populations. Anthropol. Sci. 117, 147–156.

Jim, S., Ambrose, S.H., Evershed, R.P., 2004. Stable carbon isotopic evidence for differences in the dietary origin of bone cholesterol, collagen and apatite: implications for their use in palaeodietary reconstruction. Geochim. Cosmochim. Acta 68, 61–72.

Johnsen, S.J., Dahl-Jensen, D., Gundestrup, N., Steffensen, J.P., Clausen, H.B., Miller, H., Masson-Delmotte, V., Sveinbjörnsdottir, A.E., White, J., 2001. Oxygen isotope and palaeotemperature records from six Greenland ice-core stations: Camp Century, Dye-3, GRIP, GISP2, Renland and NorthGRIP. J. Quat. Sci. 16, 299–307.

Kagami, H., Honma, H., Shirahase, T., Nureki, T., 1988. Rb-Sr whole rock isochron ages of granites from northern Shikoku and Okayama, Southwest Japan: Implications for the migration of the Late Cretaceous to Paleogene igneous activity in space and time. Geochem. J. 22, 69–79.

Kagawa, Y., 1978. Impact of Westernization on the nutrition of Japanese: changes in physique, cancer, longevity and centenarians. Prev. Med. 7, 205–217.

Kaplan, H., Hill, K., 1985. Food sharing among Ache foragers: tests of explanatory hypotheses. Curr. Anthrop. 26, 223–246.

Kelly, R.L., 1995. The Foraging Spectrum: Diversity in Hunter-Gatherer Lifeways, Smithsonian Institution Press, Washington, DC.

Kennedy, G.E., 1986. The relationship between auditory exostoses and cold water: A latitudinal analysis. Amer. J. Phys. Anthropol. 71, 401–415.

Klepinger, L.L., 1984. Nutritional assessment from bone. Annu. Rev. Anthrop. 13, 75–96.

Knudson, K.J., 2009. Oxygen isotope analysis in a land of environmental extremes: the complexities of isotopic work in the Andes. Int. J. Osteoarchaeol. 19, 171–191.

Knudson, K.J., Price, T.D., 2007. Utility of multiple chemical techniques in archaeological residential mobility studies: case studies from Tiwanaku- and Chiribaya-affiliated sites in the Andes. Amer. J. Phys. Anthropol. 132, 25–39.

Knudson, K.J., Price, T.D., Buikstra, J.E., Blom, D.E., 2004. The use of strontium isotope analysis to investigate Tiwanaku migration and mortuary ritual in Bolivia and Peru. Archaeometry 46, 5–18.

Knudson, K.J., Torres-Rouff, C., 2009. Investigating cultural heterogeneity in San Pedro de Atacama, northern Chile, through biogeochemistry and bioarchaeology. Amer. J. Phys. Anthropol. 138, 473–485.

Kobayashi, T., Kaner, S., Nakamura, O., 2004. Jomon Reflections: Forager Life and Culture in the Prehistoric Japanese Archipelago, Oxbow Books, Oxford.

Koch, P.L., Fisher, D.C., Dettman, D., 1989. Oxygen isotope variation in the tusks of extinct proboscideans: a measure of season of death and seasonality. Geology 17, 515–519.

Kohn, M.J., Cerling, T.E., 2002. Stable isotope compositions of biological apatite, in: Kohn, M.J., Rakovan, J., Hughes, J.M. (Eds.), Reviews in minerology and geochemistry Phosphates Geochemical, geological, and materials importance, Mineralogical society of America, Washington, DC, pp. 455–488.

Kohn, M.J., Schoeninger, M.J., Barker, W.W., 1999. Altered states: effects of diagenesis on fossil tooth chemistry. Geochim. Cosmochim. Acta 63, 2737–2747.

Koide, Y., Tazaki, K., Kagami, H., 1987. Sr isotopic study of Ibara dismembered ophiolite from the Maizuru tectonic belt, southwest Japan. J. Japan. Assoc. Min. Petr. Econ. Geol. 82, 1–15.

Kondo, O., 1994. The skulls of Ubayama shell-mounds II. An analysis of intra- and inter-regional variation of the Jomon population. Anthropol. Sci. 102, 59–74.

Lachniet, M.S., 2009. Climatic and environmental controls on speleothem oxygen-isotope values. Quat. Sci. Rev. 28, 412–432.

Lambeck, K., Chappell, J., 2001. Sea level change through the last glacial cycle. Science 292, 679–686.

Lands, W.E., Hamazaki, T., Yamazaki, K., Okuyama, H., Sakai, K., Goto, Y., Hubbard, V.S., 1990. Changing dietary patterns. Am. J. Clin. Nutr. 51, 991–993.

Lee-Thorp, J.A., Sealy, J.C., van der Merwe, N.J., 1989. Stable carbon isotope ratio differences between bone collagen and bone apatite, and their relationship to diet. J. Archaeol. Sci. 16, 585–599.

Lee-Thorp, J., Sponheimer, M., 2003. Three case studies used to reassess the reliability of fossil bone and enamel isotope signals for paleodietary studies. J. Anthrop. Archaeol. 22, 208–216.

Lee-Thorp, J., van der Merwe, N.J., 1987. Carbon isotope analysis of fossil bone apatite. S. Afr. J. Sci. 83, 712–715.

Leppman, E.J., 2005. Changing rice bowl: Economic development and diet in China, Hong Kong University Press.

Libby, W.F., Berger, R., Mead, J.F., Alexander, G.V., Ross, J.F., 1964. Replacement rates for human tissue from atmospheric radiocarbon. Science 146, 1170–1172.

Livingstone, M.B.E., Robson, P.J., Wallace, J.M.W., 2004. Issues in dietary intake assessment of children and adolescents. British Journal of Nutrition 92, S213–S222.

Longin, R., 1971. New method of collagen extraction for radiocarbon dating. Nature 230, 241–242.

Longinelli, A., 1984. Oxygen isotopes in mammal bone phosphate: A new tool for paleohydrological and paleoclimatological research? Geochim. Cosmochim. Acta 48, 385–390.

Lovejoy, C.O., 1985. Dental wear in the Libben population: Its functional pattern and role in the determination of adult skeletal age at death. Amer. J. Phys. Anthropol. 68, 47–56.

Lovejoy, C.O., Meindl, R.S., Pryzbeck, T.R., Mensforth, R.P., 1985. Chronological metamorphosis of the auricular surface of the ilium: A new method for the determination of adult skeletal age at death. Amer. J. Phys. Anthropol. 68, 15–28.

Marino, B.D., McElroy, M.B., 1991. Isotopic composition of atmospheric CO_2 inferred from carbon in C_4 plant cellulose. Nature 349, 127–131.

Martinelli, L.A., Nardoto, G.B., Chesson, L.A., Rinaldi, F.D., Ometto, J.P.H.B., Cerling, T.E., Ehleringer, J.R., 2011. Worldwide stable carbon and nitrogen isotopes of Big Mac® patties: An example of a truly "glocal" food. Food Chem. 127, 1712–1718.

Matsumoto, I., Sawada, Y., Kagami, H., 2001. Futami Volcano-plutonic complex, Cretaceous Takada period, Kisa area, Hiroshima prefecture, Southwest Japan : Evidence from Sr isotopic ratios of plagioclase in Takada Rhyolites. Geosci. Rep. Shimane Univ. 20, 163–169.

Matsumura, H., 1989. Geographical variation of dental measurements in the Jomon population. J. Anthrop. Soc. Nippon 97, 493–512.

Matsumura, H., 2007. Non-metric dental trait variation among local sites and regional groups of the Neolithic Jomon period, Japan. Anthropol. Sci. 115, 25–33.

Mbua, E., Kusaka, S., Kunimatsu, Y., Geraads, D., Sawada, Y., Brown, F.H., Sakai, T., Boisserie, J.-R., Saneyoshi, M., Omuombo, C., Muteti, S., Hirata, T., Hayashida, A., Iwano, H., Danhara, T., Bobe, R., Jicha, B., Nakatsukasa, M., 2016. Kantis: A new Australopithecus site on the shoulders of the Rift Valley near Nairobi, Kenya. J. Hum. Evol. 94, 28–44.

McArthur, J.M., Howarth, R.J., Bailey, T.R., 2001. Strontium isotope stratigraphy: LOWESS version 3: Best fit to the marine Sr-isotope curve for 0–509 Ma and accompanying look-up table for deriving numerical age. J. Geol. 109, 155–170.

McCrea, J.M., 1950. On the isotopic chemistry of carbonates and a paleotemperature scale. J. Chem. Phys. 18, 849–857.

McDermott, F., 2004. Palaeo-climate reconstruction from stable isotope variations in speleothems: a review. Quat. Sci. Rev. 23, 901–918.

Meindl, R.S., Lovejoy, C.O., 1985. Ectocranial suture closure: A revised method for the determination of skeletal age at death based on the lateral-anterior sutures. Amer. J. Phys. Anthropol. 68, 57–66.

Metges, C., Kempe, K., Schmidt, H.-L., 1990. Dependence of the carbon-isotope contents of breath carbon dioxide, milk, serum and rumen fermentation products on the $\delta^{13}C$ value of food in dairy cows. Br. J Nutr. 63, 187–196.

Minagawa, M., 1992. Reconstruction of human diet from $\delta^{13}C$ and $\delta^{15}N$ in contemporary Japanese hair: a stochastic method for estimationg multi-souce contribution by double isotopic tracers Appl. Geochem. 7, 145–158.

Minagawa, M., Akazawa, T., 1992. Dietary patterns of Japanese Jomon hunter-gatherers: stable nitrogen and carbon isotope analyses of human bones, in: Aikens, C.M., Rhee, S.N. (Eds.), Pacific Northeast Asia in Prehistory: Research into the Emergence of Hunter-fisher-gatherers, Farmers and Socio-political Elites, University Washington Press, Washington, pp. 59–68.

Minagawa, M., Wada, E., 1984. Stepwise enrichment of ^{15}N along food chains: Further evidence and the relation between $\delta^{15}N$ and animal age. Geochim. Cosmochim. Acta 48, 1135–1140.

Ministry of Agriculture, F.a.F., 2008. Food self-sufficiency of Japan.

Montgomery, J., Evans, J.A., 2006. Immigrants on the Isle of Lewis – combining traditional funerary and modern isotope evidence to investigate social differentiation, migration and dietary change in the Outer Hebrides of Scotland, in: Gowland, R., Knüsel, C. (Eds.), The Social Archaeology of Funerary Remains, Oxbow Books, Oxford, UK, pp. 122–142.

Montgomery, J., Evans, J.A., Cooper, R.E., 2007. Resolving archaeological populations with Sr-isotope mixing models. Appl. Geochem. 22, 1502–1514.

Montgomery, J., Evans, J.A., Powlesland, D., Roberts, C.A., 2005. Continuity or colonization in Anglo-Saxon England? Isotope evidence for mobility, subsistence practice, and status at West Heslerton. Amer. J. Phys. Anthropol. 126, 123–138.

Morita, W., Kusaka, S., Yano, W., Nakatsukasa, M., 2012. Dental metric variability associated with human migration from skeletal remains of two Jomon sites (Yoshigo and Inariyama) in the Atsumi Peninsula area. Anthropol. Sci. 120, 167–177.

Müller, W., Fricke, H., Halliday, A.N., McCulloch, M.T., Wartho, J.A., 2003. Origin and migration of the Alpine Iceman. Science 302, 862–866.

Naito, Y.I., Chikaraishi, Y., Ohkouchi, N., Yoneda, M., 2013. Evaluation of carnivory in inland Jomon hunter–gatherers based on nitrogen isotopic compositions of individual amino acids in bone collagen. J. Archaeol. Sci. 40, 2913–2923.

Naito, Y.I., Honch, N.V., Chikaraishi, Y., Ohkouchi, N., Yoneda, M., 2010. Quantitative evaluation of marine protein contribution in ancient diets based on nitrogen isotope ratios of individual amino acids in bone collagen: An investigation at the Kitakogane Jomon site. Amer. J. Phys.

Anthropol. 143, 31–40.

Nakahashi, T., 1993. Temporal craniometric changes from the Jomon to the Modern period in western Japan. Amer. J. Phys. Anthropol. 90, 409–425.

Nakano, T., Morohashi, S., Yasuda, H., Sakai, M., Aizawa, S., Shichi, K., Morisawa, T., Takahashi, M., Sanada, M., Matsuura, Y., Sakai, H., Akama, A., Okada, N., 2006. Determination of seasonal and regional variation in the provenance of dissolved cations in rain in Japan based on Sr and Pb isotopes. Atmos. Environ. 40, 7409–7420.

Nakano, T., Yokoo, Y., Yamanaka, M., 2001. Strontium isotope constraint on the provenance of basic cations in soil water and stream water in the Kawakami volcanic watershed, central Japan. Hydrol. Process. 15, 1859–1875.

Nardoto, G.B., Silva, S., Kendall, C., Ehleringer, J.R., Chesson, L.A., Ferraz, E.S.B., Moreira, M.Z., Ometto, J.P.H.B., Martinelli, L.A., 2006. Geographical patterns of human diet derived from stable-isotope analysis of fingernails. Amer. J. Phys. Anthropol. 131, 137–146.

Nelson, B.K., Deniro, M.J., Schoeninger, M.J., De Paolo, D.J., Hare, P.E., 1986. Effects of diagenesis on strontium, carbon, nitrogen and oxygen concentration and isotopic composition of bone. Geochim. Cosmochim. Acta 50, 1941–1949.

Nielsen-Marsh, C.M., Hedges, R.E.M., 2000. Patterns of Diagenesis in Bone II: Effects of Acetic Acid Treatment and the Removal of Diagenetic CO_2. J. Archaeol. Sci. 27, 1151–1159.

O'Connell, T.C., Hedges, R.E.M., 1999. Investigations into the effect of diet on modern human hair isotopic values. Amer. J. Phys. Anthropol. 108, 409–425.

Ohmoto, H., 1972. Systematics of sulfur and carbon isotopes in hydrothermal ore deposits. Econ. Geol. 67, 551–578.

Parnell, A.C., Inger, R., Bearhop, S., Jackson, A.L., 2010. Source partitioning using stable isotopes: coping with too much variation. PLoS ONE 5, e9672.

Passey, B.H., Cerling, T.E., Levin, N.E., 2007. Temperature dependence of oxygen isotope acid fractionation for modern and fossil tooth enamels. Rapid Commun. Mass Spectrom. 21, 2853–2859.

Passey, B.H., Robinson, T.F., Ayliffe, L.K., Cerling, T.E., Sponheimer, M., Dearing, M.D., Roeder, B.L., Ehleringer, J.R., 2005. Carbon isotope fractionation between diet, breath CO_2, and bioapatite in different mammals. J. Archaeol. Sci. 32, 1459–1470.

Pate, F.D., 1995. Stable carbon isotope assessment of hunter-gatherer mobility in prehistoric South Australia. J. Archaeol. Sci. 22, 81–87.

Pate, F.D., Brown, K.A., 1985. The stability of bone strontium in the geochemical environment. J. Hum. Evol. 14, 483–491.

Peter, J.M., Shanks III, W.C., 1992. Sulfur, carbon, and oxygen isotope variations in submarine hydrothermal deposits of Guaymas Basin, Gulf of California, USA. Geochim. Cosmochim. Acta 56, 2025–2040.

Peterson, B.J., Fry, B., 1987. Stable isotopes in ecosystem studies. Ann. Rev. Ecol. Syst. 18, 293–320.

Petzke, K.J., Boeing, H., Metges, C.C., 2005. Choice of dietary protein of vegetarians and omnivores is reflected in their hair protein ^{13}C and ^{15}N abundance. Rapid Commun. Mass Spectrom. 19, 1392–1400.

Phenice, T.W., 1969. A newly developed visual method of sexing the os pubis. Amer. J. Phys. Anthropol. 30, 297–301.

Phillips, D.L., 2012. Converting isotope values to diet composition: the use of mixing models. Journal of Mammalogy 93, 342–352.

Phillips, D.L., Gregg, J.W., 2003. Sourve partitioning using stable isotopes: coping with too many sources. Oecologia 136, 261–269.

Phillips, D.L., Inger, R., Bearhop, S., Jackson, A.L., Moore, J.W., Parnell, A.C., Semmens, B.X., Ward, E.J., 2014. Best practices for use of stable isotope mixing models in food web studies. Can. J. Zool. 92, 823–835.

Phillips, D.L., Koch, P.L., 2002. Incorporating concentration dependence in stable isotope mixing models. Oecologia 130, 114–125.

Phillips, D.L., Newsome, S.D., Gregg, J.W., 2005. Combining sources in stable isotope mixing models: alternative methods. Oecologia 144, 520–527.

Phillips, L., 2006. Food and globalization. Annu. Rev. Anthropol. 35, 37–57.

Pietrusewsky, M., Douglas, M.T., 1993. Tooth ablation in old Hawai'i. J. Polynes. Soc. 102, 255–272.

Pingali, P., 2004. Westernization of Asian diets and the transformation of food systems: implications for research and policy. Food policy 32, 281–298.

Popkin, B.M., 1998. The nutrition transition and its health implications in lower-income countries. Public Health Nutr. 1, 5–21.

Price, T.D., Blitz, J., Burton, J., Ezzo, J.A., 1992. Diagenesis in prehistoric bone: Problems and solutions. J. Archaeol. Sci. 19, 513–529.

Price, T.D., Burton, J.H., Bentley, R.A., 2002. The characterization of biologically available strontium isotope ratios for the study of prehistoric migration. Archaeometry 44, 117–135.

Price, T.D., Burton, J.H., Sharer, R.J., Buikstra, J.E., Wright, L.E., Traxler, L.P., Miller, K.A., 2010. Kings and commoners at Copan: Isotopic evidence for origins and movement in the Classic Maya period. J. Anthrop. Archaeol. 29, 15–32.

Price, T.D., Connor, M., Parsen, J.D., 1985. Bone chemistry and the reconstruction of diet: Strontium discrimination in white-tailed deer. J. Archaeol. Sci. 12, 419–442.

Price, T.D., Gestsdóttir, H., 2006. The first settlers of Iceland: An isotopic approach to colonisation. Antiquity 80, 130–144.

Price, T.D., Grupe, G., Schröter, P., 1994a. Reconstruction of migration patterns in the Bell Beaker period by stable strontium isotope analysis. Appl. Geochem. 9, 413–417.

Price, T.D., Grupe, G., Schröter, P., 1998. Migration in the Bell Beaker period of central Europe. Antiquity 72, 405–411.

Price, T.D., Johnson, C.M., Ezzo, J.A., Ericson, J., Burton, J.H., 1994b. Residential mobility in the prehistoric Southwest United States: a preliminary study using strontium isotope analysis. J. Archaeol. Sci. 21, 315–330.

Price, T.D., Manzanilla, L., Middleton, W.D., 2000. Immigration and the ancient city of Teotihuacan in Mexico: a study using strontium isotope ratios in human bone and teeth. J. Archaeol. Sci. 27, 903–913.

Price, T.D., Schoeninger, M.J., Armelagos, G.J., 1985. Bone chemistry and past behavior: an overview. J. Hum. Evol. 14, 419–447.

Quay, P.D., Tilbrook, B., Wong, C.S., 1992. Oceanic uptake of fossil fuel CO_2: Carbon-13 evidence. Science 256, 74–79.

RadcLiffe-Brown, A.R., 1952. Structure and Function in Primitive Society, The Free Press, New

York.

Ramsey, C.B., Lee, S., 2013. Recent and planned developments of the program OxCal. Radiocarbon 55.

Reimer, P.J., Bard, E., Bayliss, A., Beck, J.W., Blackwell, P.G., Ramsey, C.B., Buck, C.E., Cheng, H., Edwards, R.L., Friedrich, M., 2013. IntCal13 and Marine13 radiocarbon age calibration curves 0–50,000 years cal BP. Radiocarbon 55, 1869–1887.

Richards, M.P., Hedges, R.E.M., 1999. Stable isotope evidence for similarities in the types of marine foods used by Late Mesolithic humans at sites along the Atlantic coast of Europe. J. Archaeol. Sci. 26, 717–722.

Richards, M.P., Mellars, P.A., 1998b. Stable isotopes and the seasonality of the Oronsay middens. Antiquity 72, 178–184.

Robb, J., 1997. Intentional tooth removal in Neolithic Italian women. Antiquity 71, 659–669.

Robinson, S., Nicholson, R.A., Pollard, A.M., O'Connor, T.P., 2003. An evaluation of nitrogen porosimetry as a technique for predicting taphonomic durability in animal bone. J. Archaeol. Sci. 30, 391–403.

Roksandic, Z., Minagawa, M., Akazawa, T., 1988. Comparative analysis of dietary habits between Jomon and Ainu hunter-gatherers from stable carbon isotopes of human bone. J. Anthrop. Soc. Nippon 96, 391–404.

Rye, R.O., Ohmoto, H., 1974. Sulfur and carbon isotopes and ore genesis: a review. Econ. Geol. 69, 826–842.

Schoeller, D.A., Minagawa, M., Slater, R., Kaplan, I.R., 1986. Stable isotopes of carbon, nitrogen and hydrogen in the contemporary North American human food web. Ecol Food Nutr 18, 159–170.

Schoeninger, M.J., 1979. Diet and status at Chalcatzingo - Some empirical and technical aspects of strontium analysis. Amer. J. Phys. Anthropol. 51, 295–309.

Schoeninger, M.J., 1985. Trophic level effects on $^{15}N/^{14}N$ and $^{13}C/^{12}C$ ratios in bone collagen and strontium levels in bone mineral. J. Hum. Evol. 14, 515–525.

Schoeninger, M.J., DeNiro, M.J., 1984. Nitrogen and carbon isotopic composition of bone collagen from marine and terrestrial animals. Geochim. Cosmochim. Acta 48, 625–639.

Schoeninger, M.J., DeNiro, M.J., Tauber, H., 1983. Stable nitrogen isotope ratios of bone collagen reflect marine and terrestrial components of prehistoric human diet. Science 220, 1381–1383.

Schoeninger, M.J., Moore, K., 1992. Bone stable isotope studies in archaeology. J. World Prehist. 6, 247–296.

Schoeninger, M.J., Peebles, C.S., 1981. Effect of mollusc eating on human bone strontium levels. J. Archaeol. Sci. 8, 391–397.

Schulting, R.J., Blockley, S.M., Bocherens, H., Drucker, D., Richards, M., 2008. Stable carbon and nitrogen isotope analysis on human remains from the Early Mesolithic site of La Vergne (Charente-Maritime, France). J. Archaeol. Sci. 35, 763–772.

Schulting, R.J., Richards, M.P., 2001. Dating women and becoming farmers: new palaeodietary and AMS dating evidence from the Breton Mesolithic cemeteries of Téviec and Hoëdic. J. Anthrop. Archaeol. 20, 314–344.

Sealy, J., 2006. Diet, mobility, and settlement pattern among Holocene hunter-gatherers in southernmost Africa. Curr. Anthrop. 47, 569–595.

Sealy, J.C., van der Merwe, N.J., 1985. Isotope assessment of Holocene human diets in the southwestern Cape, South Africa. Nature 315, 138–140.

Sealy, J.C., van der Merwe, N.J., Sillen, A., Kruger, F.J., Krueger, H.W., 1991. $^{87}Sr/^{86}Sr$ as a dietary indicator in modern and archaeological bone. J. Archaeol. Sci. 18, 399–416.

Shackleton, N.J., 1967. Oxygen isotope analyses and Pleistocene temperatures re-assessed. Nature 215, 15–17.

Sharma, T., Clayton, R.N., 1965. Measurement of O^{18}/O^{16} ratios of total oxygen of carbonates. Geochim. Cosmochim. Acta 29, 1347–1353.

Shaw, B., Buckley, H., Summerhayes, G., Anson, D., Garling, S., Valentin, F., Mandui, H., Stirling, C., Reid, M., 2010. Migration and mobility at the Late Lapita site of Reber-Rakival (SAC), Watom Island using isotope and trace element analysis: a new insight into Lapita interaction in the Bismarck Archipelago. J. Archaeol. Sci. 37, 605–613.

Shaw, B.J., Summerhayes, G.R., Buckley, H.R., Baker, J.A., 2009. The use of strontium isotopes as an indicator of migration in human and pig Lapita populations in the Bismarck Archipelago, Papua New Guinea. J. Archaeol. Sci. 36, 1079–1091.

Shinoda, K., Kanai, S., 1999. Intracemetery genetic analysis at the Nakazuma Jomon site in Japan by mitochondrial DNA sequencing. Anthropol. Sci. 107, 129–140.

Shishikura, M., Echigo, T., Kaneda, H., 2007. Marine reservoir correction for the Pacific coast of central Japan using ^{14}C ages of marine mollusks uplifted during historical earthquakes. Quatern. Res. 67, 286–291.

Sillen, A., 1986. Biogenic and diagenetic Sr/Ca in Plio-Pleistocene fossils of the Omo Shungura Formation. Paleobiology 12, 311–323.

Sillen, A., Kavanagh, M., 1982. Strontium and paleodietary research: A review. Yearbook of Phys. Anthrop. 25, 67–90.

Sillen, A., Sealy, J.C., 1995. Diagenesis of strontium in fossil bone: A reconsideration of Nelson et al. (1986). J. Archaeol. Sci. 22, 313–320.

Smith, B., 1972. Natural abundance of the stable isotopes of carbon in biological systems. BioScience 22, 226–231.

Smith, B.N., Epstein, S., 1971. Two categories of $^{13}C/^{12}C$ ratios for higher plants. Plant Physiol. 47, 380–384.

Solomon, S., 2007. Climate change 2007-the physical science basis: Working group I contribution to the fourth assessment report of the IPCC, Cambridge University Press.

Speedy, A.W., 2003. Global production and consumption of animal source foods. J. Nutr. 133, 4048S–4053S.

Stenhouse, M.J., Baxter, M.S., 1979. The uptake of bomb ^{14}C in humans, in: Berkeley, R., Suess, H. (Eds.), Radiocarbon Dating, University of California Press, California, pp. 324–341.

Stuiver, M., Reimer, P.J., 1993. Extended ^{14}C data base and revised CALIB 3.0 ^{14}C age calibration program. Raciocarbon 35, 215–230.

Sullivan, C.H., Krueger, H.W., 1981. Carbon isotope analysis of separate chemical phases in modern and fossil bone. Nature 292, 333–335.

Swart, P.K., Burns, S.J., Leder, J.J., 1991. Fractionation of the stable isotopes of oxygen and carbon in carbon dioxide during the reaction of calcite with phosphoric acid as a function of temperature and technique. Chem. Geol. 86, 89–96.

Tafuri, M.A., Bentley, R.A., Manzi, G., di Lernia, S., 2006. Mobility and kinship in the prehistoric Sahara: Strontium isotope analysis of Holocene human skeletons from the Acacus

Mts. (southwestern Libya). J. Anthrop. Archaeol. 25, 390–402.

Taiz, L., Zeiger, E., 2002. Plant Physiology, Sinauer Associates, Inc, Sunderland, MA.

Tanaka, Y., 2001. Reconstructing Final Jomon post-marital residential patterns in western Japan. Bull. Indo-Pacific Prehist. Assoc. 21, 43–48.

Tauber, H., 1983. [13]C evidence for dietary habits of prehistoric man in Denmark. Nature 292, 332–333.

Tayles, N., 1996. Tooth ablation in prehistoric Southeast Asia. Int. J. Osteoarchaeol. 6, 333–345.

Taylor, J.R., 1982. An Introduction to Error Analysis: The Study of Uncertainties in Physical Measurements, University Science Books, Mill Valley, California.

Temple, D.H., 2007. Dietary variation and stress among prehistoric Jomon foragers from Japan. Amer. J. Phys. Anthropol. 133, 1035–1046.

Temple, D.H., 2008. What can variation in stature reveal about environmental differences between prehistoric Jomon foragers? Understanding the impact of systemic stress on developmental stability. Amer. J. Hum. Biol. 20, 431–439.

Temple, D.H., Kusaka, S., Sciulli, P.W., 2011. Patterns of social identity in relation to tooth ablation among prehistoric Jomon foragers from the Yoshigo site, Aichi prefecture, Japan. Int. J. Osteoarchaeol. 21, 323–335.

Testart, A., Forbis, R.G., Hayden, B., Ingold, T., Perlman, S.M., Pokotylo, D.L., Rowley-Conwy, P., Stuart, D.E., 1982. The significance of food storage among hunter-gatherers: residence patterns, population densities, and social inequalities [and Comments and Reply]. Curr. Anthrop. 23, 523–537.

Thompson, A.H., Chesson, L.A., Podlesak, D.W., Bowen, G.J., Cerling, T.E., Ehleringer, J.R., 2010. Stable isotope analysis of modern human hair collected from Asia (China, India, Mongolia, and Pakistan). Amer. J. Phys. Anthropol. 141, 440–451.

Tieszen, L.L., 1991. Natural variations in the carbon isotope values of plants: Implications for archaeology, ecology, and paleoecology. J. Archaeol. Sci. 18, 227–248.

Tieszen, L.L., Boutton, T.W., Tesdahl, K.G., Slade, N.A., 1983. Fractionation and turnover of stable carbon isotopes in animal tissues: Implications for $\delta^{13}C$ analysis of diet. Oecologia 57, 32–37.

Tieszen, L.L., Fagre, T., 1993. Effect of diet quality and composition on the isotopic composition of respiratory CO_2, bone collagen, bioapatite, and soft tissues, in: Lambert, J.B., Grupe, G. (Eds.), Prehistoric Human Bone-Archaeology at the Molecular Level, Springer-Verlag, Berlin, pp. 121–155.

Trickett, M.A., Budd, P., Montgomery, J., Evans, J., 2003. An assessment of solubility profiling as a decontamination procedure for the $^{87}Sr/^{86}Sr$ analysis of archaeological human skeletal tissue. Appl. Geochem. 18, 653–658.

Trueman, C.N.G., Behrensmeyer, A.K., Tuross, N., Weiner, S., 2004. Mineralogical and compositional changes in bones exposed on soil surfaces in Amboseli National Park, Kenya: diagenetic mechanisms and the role of sediment pore fluids. J. Archaeol. Sci. 31, 721–739.

Tsukada, M., 1986. Vegetation in prehistoric Japan: The last 20,000 years, in: Pearson, R.J., Barnes, G.L., Hutterer, K.L. (Eds.), Windows on the Japanese Past: Studies in Archaeology and Prehistory, Center for Japanese studies, The university of Michigan, Ann Arbor, MI pp. 11–56.

Turner, B.L., Kamenov, G.D., Kingston, J.D., Armelagos, G.J., 2009. Insights into immigration and social class at Machu Picchu, Peru based on oxygen, strontium, and lead isotopic analysis. J. Archaeol. Sci. 36, 317–332.

Turner, B.S., 2003. McDonaldization Linearity and Liquidity in Consumer Cultures. Am. Behav. Sci. 47, 137–153.

Turner, B.l., Kingston, J.d., Armelagos, G.J., 2010. Variation in dietary histories among the immigrants of Machu Picchu: Carbon and nitrogen isotope evidence. Chungara, Revista de Antropología Chilena 42, 515–534.

Uno, K.T., Cerling, T.E., Harris, J.M., Kunimatsu, Y., Leakey, M.G., Nakatsukasa, M., Nakaya, H., 2011. Late Miocene to Pliocene carbon isotope record of differential diet change among East African herbivores. Proc. Natl. Acad. Sci. U.S.A. 108, 6509–6514.

Urey, H.C., 1947. The thermodynamic properties of isotopic substances. J. Chem. Soc. (Resumed), 562–581.

Valenzuela, L.O., Chesson, L.A., Bowen, G.J., Cerling, T.E., Ehleringer, J.R., 2012. Dietary heterogeneity among Western industrialized countries reflected in the stable isotope ratios of human hair. PLoS ONE 7, e34234.

Valenzuela, L.O., Chesson, L.A., O'Grady, S.P., Cerling, T.E., Ehleringer, J.R., 2011. Spatial distributions of carbon, nitrogen and sulfur isotope ratios in human hair across the central United States. Rapid Commun. Mass Spectrom. 25, 861–868.

van Klinken, G.J., 1999. Bone collagen quality indicators for palaeodietary and radiocarbon measurements. J. Archaeol. Sci. 26, 687–695.

van Klinken, G.J., van der Plicht, H., Hedges, R.E.M., 1994. Bone $^{13}C/^{12}C$ ratios reflect (palaeo-) climatic variations. Geophys. Res. Let. 21, 445–448.

Veizer, J., 1989. Strontium isotopes in seawater through time. Annu. Rev. Earth. Planet. Sci. 17, 141–167.

Veizer, J., Ala, D., Azmy, K., Bruckschen, P., Buhl, D., Bruhn, F., Carden, G.A.F., Diener, A., Ebneth, S., Godderis, Y., Jasper, T., Korte, C., Pawellek, F., Podlaha, O.G., Strauss, H., 1999. $^{87}Sr/^{86}Sr$, $\delta^{13}C$ and $\delta^{18}O$ evolution of Phanerozoic seawater. Chem. Geol. 161, 59–88.

Veizer, J., Hoefs, J., 1976. The nature of O^{18}/O^{16} and C^{13}/C^{12} secular trends in sedimentary carbonate rocks. Geochim. Cosmochim. Acta 40, 1387–1395.

Vogel, J.C., van der Merwe, N.J., 1977. Isotopic evidence for early maize cultivation in New York State. Amer. Antiq. 42, 238–242.

Wada, E., Kadonaga, T., Matsuo, S., 1975. ^{15}N abundance in nitrogen of naturally occurring substances and global assessment of denitrification from isotopic viewpoint. Geochem. J. 9, 139–148.

Walker, P.L., DeNiro, M.J., 1986. Stable nitrogen and carbon isotope ratios in bone collagen as indices of prehistoric dietary dependence on marine and terrestrial resources in southern California. Amer. J. Phys. Anthropol. 71, 51–61.

Walker, P.L., Hewlett, B.S., 1990. Dental health diet and social status among Central African foragers and farmers. Amer. Anthrop. 92, 383–398.

Walters Jr, L.J., Claypool, G.E., Choquette, P.W., 1972. Reaction rates and $\delta^{18}O$ variation for the carbonate-phosphoric acid preparation method. Geochim. Cosmochim. Acta 36, 129–140.

Warinner, C., Tuross, N., 2009. Alkaline cooking and stable isotope tissue-diet spacing in swine: archaeological implications. J. Archaeol. Sci. 36, 1690–1697.

Watanabe, H., 1972. The Ainu Ecosystem: Environment and Group Structure., University of

Tokyo Press, Tokyo.

Watanabe, H., 1983. Occupational differentiation and social stratification: the case of northern pacific maritime food-gatherers. Curr. Anthrop. 24, 217–219.

Whipkey, C.E., Capo, R.C., Chadwick, O.A., Stewart, B.W., 2000. The importance of sea spray to the cation budget of a coastal Hawaiian soil: A strontium isotope approach. Chem. Geol. 168, 37–48.

White, C.D., Spence, M.W., Longstaffe, F.J., Law, K.R., 2004. Demography and ethnic continuity in the Tlailotlacan enclave of Teotihuacan: the evidence from stable oxygen isotopes. J. Anthrop. Archaeol. 23, 385–403.

White, T.D., Ambrose, S.H., Suwa, G., Su, D.F., DeGusta, D., Bernor, R.L., Boisserie, J.-R., Brunet, M., Delson, E., Frost, S., Garcia, N., Giaourtsakis, I.X., Haile-Selassie, Y., Howell, F.C., Lehmann, T., Likius, A., Pehlevan, C., Saegusa, H., Semprebon, G., Teaford, M., Vrba, E., 2009. Macrovertebrate paleontology and the Pliocene habitat of Ardipithecus ramidus. Science 326, 67–93.

White, W.M., 2013. Geochemistry, John Wiley & Sons.

Winterhalder, B., 1996. Social foraging and the behavioral ecology of intragroup resource transfers. Evol. Anthrop. 5, 46–57.

Wright, L.E., 2005. Identifying immigrants to Tikal, Guatemala: Defining local variability in strontium isotope ratios of human tooth enamel. J. Archaeol. Sci. 32, 555–566.

Yamaguchi, B., 1982. A review of the osteological characteristics of the Jomon population in prehistoric Japan. J. Anthrop. Soc. Nippon 90(suppl.), 77–90.

Yoneda, M., Hirota, M., Uchida, M., Tanaka, A., Shibata, Y., Morita, M., Akazawa, T., 2002. Radiocarbon and stable isotope analyses on the earliest Jomon skeletons from the Tochibara rockshelter, Nagano, Japan. Radiocarbon 44, 549–557.

Yoneda, M., Saso, A., Suzuki, R., Shibata, Y., Morita, M., Suwa, G., Akazawa, T., 2005. Chronology of the Yayoi Skeletal remains from the Kanto district, Japan: a preliminary re-evaluation by radiocarbon dating of postcranial material. Anthropol. Sci. 113, 169–182.

Yoneda, M., Shibata, Y., Tanaka, A., Uehiro, T., Morita, M., Uchida, M., Kobayashi, T., Kobayashi, C., Suzuki, R., Miyamoto, K., Hancock, B., Dibden, C., Edmonds, J.S., 2004a. AMS ^{14}C measurement and preparative techniques at NIES-TERRA. Nucl. Instrum. Methods Phys. Res., Sect. B. 223–224, 116–123.

Yoneda, M., Suzuki, R., Shibata, Y., Morita, M., Sukegawa, T., Shigehara, N., Akazawa, T., 2004b. Isotopic evidence of inland-water fishing by a Jomon population excavated from the Boji site, Nagano, Japan. J. Archaeol. Sci. 31, 97–107.

Yoneda, M., Tanaka, A., Shibata, Y., Morita, M., Uzawa, K., Hirota, M., Uchida, M., 2002. Radiocarbon marine reservoir effect in human remains from the Kitakogane site, Hokkaido, Japan. J. Archaeol. Sci. 29, 529–536.

Yoneda, M., Uno, H., Shibata, Y., Suzuki, R., Kumamoto, Y., Yoshida, K., Sasaki, T., Suzuki, A., Kawahata, H., 2007. Radiocarbon marine reservoir ages in the western Pacific estimated by pre-bomb molluscan shells. Nucl. Instrum. Methods Phys. Res., Sect. B. 259, 432–437.

Yoneda, M., Yoshida, K., Yoshinaga, J., Morita, M., Akazawa, T., 1996. Reconstruction of paleodiet in Nagano Prefecture based on the carbon and nitrogen isotope analysis and the trace elemental analysis. Daiyonki-kenkyu (The Quaternary Research) 35, 293–303.

Yorimitsu, K., 1935. Anthropological research on the skeletons of Kameyama shell mound, 1

Skull. J. Anthrop. Soc. Nippon 50, 1–39.

Zachos, J., Pagani, M., Sloan, L., Thomas, E., Billups, K., 2001. Trends, rhythms, and aberrations in global climate 65 Ma to present. Science 292, 686–693.

□和文文献──

渥美町教育委員会, 1988. 渥美町埋蔵文化財調査報告書 4 伊川津遺跡, 渥美町教育委員会, 愛知.

渥美町教育委員会, 1995. 渥美町埋蔵文化財調査報告書 7 伊川津遺跡, 渥美町教育委員会, 愛知.

天野末喜, 2007. 河内国府遺跡の墓群, in: 小杉康, 谷口康浩, 西田泰民, 水ノ江和同, 矢野健一 (Eds.), 縄文時代の考古学 9 死と弔い──葬制──, 同成社, 東京, pp. 162–177.

石丸恵利子, 海野徹也, 米田讓, 柴田康行, 湯本貴和, 陀安一郎, 2008. 海産魚類の産地同定からみた水産資源の流通の展開. 考古学と自然科学 57, 1–20.

池田次郎, 1988. 河内・国府遺跡の人骨, in: 橿原考古学研究所 (Ed.), 橿原考古学研究所論集第十, 吉川弘文館, 東京, pp. 425–449.

池田次郎, 1996. 国府遺跡の人骨, 国府遺跡の謎を解く, 藤井寺市教育委員会事務局, 大阪, pp. 36–46.

大串菊太郎, 1920. 津雲貝塚及國府石器時代遺跡に付する二三の私見. 民族と歴史 3, 471–504.

大山柏, 1923. 愛知県渥美郡福江町保美平城貝塚発掘概報. 人類学雑誌 38, 1–25.

河瀬正利, 2006. 吉備の縄文貝塚, 吉備人出版, 岡山.

片山一道, 1990. 古人骨は語る──骨考古学ことはじめ, 同朋舎出版, 東京.

片山一道, 1998. 縄文人の外耳道骨腫──その出現率の地域差と要因──, in: 橿原考古学研究所 (Ed.), 橿原考古学研究所論集 第十三, pp. 423–438.

片山一道, 2015. 骨が語る日本人の歴史, 筑摩書房, 東京.

金子浩昌, 1980. 貝塚に見る縄文人の漁労生活──縄文時代貝塚の類型と特徴──. 自然 35, 38–46.

金子浩昌, 1994. 狩猟対象と技術, in: 加藤晋平, 小林達雄, 藤本強 (Eds.), 縄文文化の研究 2 生業, 雄山閣, 東京, pp. 78–102.

兼岡一郎, 1998. 年代測定概論, 東京大学出版会, 東京.

香川靖雄, 2010. 香川靖雄教授のやさしい栄養学第 2 版, 女子栄養大学出版部, 東京.

清野謙次, 1920. 備中国浅口郡大島村津雲貝塚人骨報告, 京都帝国大学文学部考古学研究報告第五冊 備中津雲貝塚発掘報告, 京都帝国大学, 京都, pp. 29–63.

清野謙次, 1949. 古代人骨の研究に基づく日本人種論, 岩波書店.

清野謙次, 1969. 日本貝塚の研究. 岩波書店, 東京.

清野謙次, 宮本博人, 1926. 国府石器時代人人骨の人類学的研究. 人類学雑誌 41, 339–422.

北川浩之, 2014. 炭素 14 年代法による高精度年代決定と編年モデル構築. ぶんせき 2, 52–57.

公文富士夫, 2015. 晩氷期から完新世への気候変化と地理的環境. 季刊考古学 132, 18–22.

小金井良精, 1917. 河内國南河内郡道明寺村大字國府字乾の石器時代遺跡より發堀せる人骨. 人類学雑誌 32, 361–371.

小金井良精, 1918. 日本石器時代人に上犬歯を抜き去る風習ありしことに就て. 人類学雑誌 33, 31–36.

小金井良精, 1923. 日本石器時代人の埋葬状態. 人類学雑誌 38, 25–48.

小林謙一, 2008. 縄文時代の暦年代, in: 小杉康, 谷口康浩, 西田泰民, 水ノ江和同, 矢野健一 (Eds.), 縄文時代の考古学 2 歴史のものさし──縄文時代研究の編年体型──, 同成社, 東京, pp. 257–269.

後藤直, 1986. 農耕社会の成立, 岩波講座 日本考古学 6, 岩波書店, 東京, pp. 119–169.

佐原真, 1975. 農耕の開始と階級社会の形成, 岩波講座日本歴史 1 原始および古代 1, 岩波書店, 東京, pp. 113–182.

産業総合技術研究所地質調査総合センター, 2005. 20 万分の 1 日本シームレス地質図.

篠田謙一, 松村博文, 西本豊弘, 1998. DNA 分析と形態データによる中妻貝塚出土人骨の血縁関

係の分析. 動物考古学 11, 1–21.

潮見浩, 川越哲志, 河瀬正利, 1971. 広島県尾道市大田貝塚発掘調査報告, 広島県文化財調査報告第 9 集（大田貝塚, 藤が迫遺跡群, 高平遺跡群）, 広島県教育委員会, 広島県, pp. 1–50.

須田立雄, 小澤英浩, 高橋榮明, 田中栄, 中村浩彰, 森諭史, 2007. 新・骨の科学, 医歯薬出版.

鈴木尚, 1939. 人工的歯牙の変形. 人類学・先史学講座 12, 1–51.

鈴木彌生子, 中下留美子, 赤松史一, 伊永隆史, 2008. 生元素安定同位体比解析によるコシヒカリの産地判別の可能性. 日本食品科学工学会誌 55, 250–252.

高橋龍三郎, 2004. 縄文文化研究の最前線, 早稲田大学, 東京.

田中良之, 1998. 出自表示論批判. 日本考古学 5, 1–18.

辻誠一郎, 南木睦彦, 小池裕子, 1983. 縄文時代以降の植生変化と農耕――村田川流域を例として――. 第四紀研究 22, 251–266.

樋泉岳二, 1988. 動物遺体の分析, in: 渥美町教育委員会 (Ed.), 伊川津遺跡, 渥美町教育委員会, 愛知, pp. 300–339.

樋泉岳二, 2000. 渥美半島とその周辺域における縄文時代の漁労活動の特色. 動物考古学 14, 23–38.

樋泉岳二, 2008. 動物遺体（貝・骨）, in: 日本考古学協会 2008 年度愛知大会実行委員会 (Ed.), 日本考古学協会 2008 年度愛知大会研究発表資料集, 日本考古学協会 2008 年度愛知大会実行委員会, 愛知, pp. 69–76.

土居秀幸, 兵藤不二夫, 石川尚人, 2016. 安定同位体比を用いた餌資源・食物網調査法, 共立出版, 東京.

土肥直美, 田中良之, 船越公威, 1986. 歯冠計測値による血縁者推定法と古人骨への応用. 人類学雑誌 94, 147–162.

中橋孝博, 2008. 台湾大学医学院所蔵の先史人骨及び原住民骨に見られた風習的抜歯痕 Anthrop. Sci. (Japanese Series) 116, 171–175.

西田正規, 1980. 縄文時代の食料資源と生業活動――鳥浜貝塚の自然遺物を中心として――. 季刊人類学 11, 3–41.

西田正規, 1986. 定住革命：遊動と定住の人類史, 新曜社, 東京.

西本豊弘, 樋泉岳二, 相見満, 1988. 動物遺体の記載, in: 渥美町教育委員会 (Ed.), 伊川津遺跡, 渥美町教育委員会, 愛知, pp. 251–299.

原田信男, 1992. 江戸の食生活と料理文化, in: 江戸遺跡研究会 (Ed.), 江戸の食文化, 吉川弘文館, 東京, pp. 1–18.

春成秀爾, 1973. 抜歯の意義（1）. 考古学研究 20, 25–48.

春成秀爾, 1974. 抜歯の意義（2）. 考古学研究 20, 41–58.

春成秀爾, 1979. 縄文晩期の婚後居住規定. 岡山大学法学部学術紀要 40, 25–63.

春成秀爾, 2002. 縄文社会論究. 塙書房, 東京.

春成秀爾, 2013. 腰飾り・抜歯と氏族・双分組織. 国立歴史民俗博物館研究報告 175, 77–128.

長谷部言人, 1919. 石器時代人の抜歯に就て. 人類学雑誌 34, 385–391.

長谷部言人, 1920. 河内国府石器時代人骨調査, in: 京都大学文学部考古学教室 (Ed.), 京都帝国大学文学部考古学研究報告 4, 京都帝国大学, 京都, pp. 35–83.

濱田耕作, 1918. 河内國府石器時代遺跡発掘報告, 京都帝国大学文学部考古学研究報告第二冊, 臨川書店, 京都, pp. 1–48.

舟橋京子, 2003. 縄文時代の抜歯施行年齢と儀礼的意味――晩期西日本の諸遺跡出土人骨を対象として――. 考古学研究 50, 56–76.

藤田尚, 1997. 愛知県渥美半島出土の縄文時代人骨の抜歯――抜歯の施術年齢および加齢変化

引用文献――― 235

の検討を中心として――. 古代 104, 42–63.

松田順一郎, 2008. 発掘現場の地球科学（4）景観復元のために. 考古学研究 54, 108–111.

宮本博人, 1925. 津雲貝塚人の抜歯風習に就て. 人類学雑誌 40, 167–181.

宮路淳子, 1998. 國府遺跡 D 地区出土の動物遺存体, in: 藤井寺市教育委員会 (Ed.), 國府遺跡 藤井寺市文化財報告第 18 集, 藤井寺市教育委員会, 大阪, pp. 70–71.

三宅宗悦, 今道四方爾, 1931. 備後国太田貝塚人の外耳道骨腫に就て. 人類学雑誌 46, 709–718.

南川雅男, 2001. 炭素・窒素同位体分析により復元した先史日本人の食生態. 国立歴史民俗博物 館研究報告 86, 333–357.

毛利俊雄, 奥千奈美, 1998. 西日本縄文晩期抜歯形式のもつ意味――頭蓋非計測特徴による春成 仮説の検討――. 考古学研究 45, 91–101.

文部科学省, 2010. 食品成分データベース. https://fooddb.mext.go.jp/index.pl

安田喜憲, 1990. 気候と文明の衰退, 朝倉書店, 東京.

山田康弘, 2008. 貝塚遺跡における墓制, in: 日本考古学協会 2008 年度愛知大会実行委員会 (Ed.), 日本考古学協会 2008 年度愛知大会研究発表資料集, 日本考古学協会 2008 年度愛知 大会実行委員会, 愛知, pp. 117–132.

山田康弘, 2008. 人骨出土例にみる縄文の墓制と社会, 同成社, 東京.

山内清男, 1964. 日本先史時代概説, 日本原始美術 1: 縄文式土器, 講談社, 東京.

米田穣, 2005. 古人骨・化石骨の分析. ぶんせき 1, 30–34.

渡辺仁, 1990. 縄文式階層化社会, 六一書房, 東京.

渡辺誠, 1966. 縄文文化における抜歯風習の研究. 古代学 12, 173–201.

渡辺誠, 1973. 埋葬の変遷, 古代史発掘 2, 講談社, 東京, pp. 140–146.

渡辺誠, 1975. 縄文時代の植物食, 雄山閣, 東京.

索引

[0-9, A-Z 行]

2C 系　11, 47, 65, 146, 154, 185, 186
　　　→ 抜歯系列
4I 系　11, 47, 65, 146, 154, 185, 186
　　　→ 抜歯系列
C_3 食性　157
C_3 植物　21, 24, 60, 102, 156, 172
C_4 食性　157
C_4 植物　21, 24, 156, 175
C/N 比　28, 55, 57
Ca/P 比　33, 121
CO_2　20 → 二酸化炭素
FRUITS　101, 104, 107, 169, 170
INTCAL13　164
MARINE13　165
PEP カルボキシラーゼ　21
Rubisco　22
Sr/Ca 比　33, 120
Sr 同位体　183
　　――比　30, 32, 138
　　　　→ ストロンチウム同位体比
　　――比地図　36
　　――分析　38, 185
　　　　→ ストロンチウム同位体分析

[あ行]

アイソスケープ　36
アイデンティティ　188
アイヌ社会（民族）　67, 187
アウストラロピテクス　157, 174
アジア　116
渥美半島　49, 70, 138, 147, 178, 191
アパタイト　82
　生物――　80, 82, 87, 88, 89
　ハイドロキシ――　28, 33, 37, 54, 73,
　　80, 90, 144
　フロロ――　120

アミノ酸　18, 23
アミノ酸窒素同位体比　29
威信　8
　――経済　15
遺伝的（関係）　10, 148
移動　9, 63
　――性　4, 14, 185, 189
　――パターン　46
移入者　36, 39, 63, 129, 130, 134, 136,
　　144, 145, 183, 185, 191
イヌ　46, 57
イノシシ　6, 46, 57, 141, 172
　――骨　93
イプシロン値　96, 182
イルカ　141
インカ帝国　40
ウマ科　156, 174
海水準　2
海棲哺乳類　6, 29, 166
栄養素　18, 102
栄養段階　23, 32, 33, 70, 96, 132, 179, 182
餌資源　25, 99
江戸時代　74
エナメル質　16, 19, 33, 34, 36, 38, 53, 73,
　　74, 81, 82, 85, 94, 121, 123, 181
　――減形成　7, 72
エネルギー源　75, 80, 94, 96, 181
エネルギー消費　94
大型海棲動物　8
大型狩猟動物　8
大型哺乳類　34
大坐骨切痕　51
オキサロ酢酸　21

[か行]

外後頭隆起　51
外婚制　184

外婚的　63, 133, 137
海産貝類　25, 102
海産魚類　25, 29, 102
海産資源　2, 15, 58, 60, 71, 129, 150, 178
海産物依存度　94, 102, 144, 150, 166, 169,
　　　178, 187
外耳道骨腫　63, 70, 180
海水　36, 136, 142
海水飛沫　134, 140, 144, 149
階層化社会　14, 15, 16
貝塚　28
　　──遺跡　46
　　伊川津──　46, 49, 173
　　稲荷山──　14, 46, 50, 148, 151
　　大田──　46, 69, 92, 129
　　川地──　46
　　津雲──　11, 14, 46, 69, 92, 134
　　船元──　46, 69
　　牟呂──　71
　　吉胡──　11, 14, 46, 49, 92, 142, 151
海綿骨　27
海洋生態系　7, 25, 72
海洋リザーバー効果　164, 167, 169, 171
花崗岩　127, 129, 133, 138
加重平均　36
ガスベンチ　81, 86
火成岩　31, 127
化石燃料　20
化石哺乳類　156
家族　187
加速器質量分析装置　162
家畜　114
髪の毛　114
カルシウム　30, 33, 121
カルビン・ベンソン回路　21
河内湾　173
環境要因　22
完新世　2, 120
カンティス遺跡　174
寒冷化　2, 70
季節的（性）　6, 18, 72
帰属年代　152, 167, 171, 173
旧石器時代　2
咬耗　53

居住地　40
漁労　67, 187
　　──（従事）家族　15, 187
　　──活動　8, 70
　　──技術　16
　　──具　7
近縁度　10
近畿地域　71
均質化　114
近親者　184
クマ　16
グラファイト　169
グローカライゼーション　113
グローバル化　113
形成期　34
計測値　9, 10
血縁関係　10, 11, 67, 187, 188, 190
血縁度　10
結婚　14, 63, 148
結晶構造　81
玦状耳飾り　48, 49, 171
堅果類　6, 103
元素濃度　99, 121
元素分析装置　55
現代人的行動　10
光合成（回路）　21, 156
考古学　10, 36
較正年代　164, 169
構造モデル　15
小型哺乳類　6, 34, 67
古環境解析　159, 174
国際スタンダード　20
国際標準物質（試料）　84, 85, 88, 163
國府遺跡　46, 48, 68, 172
互恵的　8
腰飾り　14, 171
子育て　8
古代 DNA 分析　10
古代文明　40
骨年齢　52
骨病変　63
子ども期　36, 94, 133, 145, 149, 187
コパン　40
コメ　77, 114

238

コラーゲン　18, 56, 104
　——残存率　28, 54, 57
　——抽出　54
　骨——　26, 28, 54, 74, 90, 182
コレクター　4
婚姻　13, 184
婚姻関係　11
婚姻パターン　137
混合　34
混合食　60, 114
混合モデル　25, 32, 99
　線形——　60, 93, 96, 98, 107, 169, 170,
　　173
　同位体——　25, 32, 98, 103, 104, 178,
　　183
　ベイズ——　102
婚後居住規定（制度）　13, 184

[さ行]
サーキュラー・マイグレーション　9
採集活動　8
在地　39, 132, 150, 186
在地者　131, 144, 145, 150, 151, 186
在地的　132
栽培化　103
栽培植物　6
酢酸　37, 134
又状研歯　11, 49, 68, 147, 171
酢酸緩衝溶液　120
雑食性　57
酸素同位体比　2, 41, 80, 84
山陽地域　69, 72, 127, 137, 178
飼育実験　92
歯牙変形　11
歯冠計測値　10, 14, 190, 191
時期差　48, 73, 190
資源利用　6
脂質　18, 73, 90
自然人類学　10
氏族　14
時代差　69
質量分析装置　55
脂肪　8, 62
死亡年齢　16, 51, 52, 65

社会階層化　15, 16
社会経済的　14
社会構造　13, 16
社会組織　8, 11, 16, 29, 68, 96, 178, 190
弱酸　125
重回帰分析　69, 72
周条波　34
集団間移動　38, 148
出産　8, 14, 51
出身　153
出身地　147
狩猟　8, 67
　——（従事）家族　15, 187
　——採集経済　179
狩猟採集民　4, 8, 15, 16, 62, 67, 103, 129,
　　148, 150, 187
　定住的——　16
相国寺墓地　75
縄文時代　2
縄文文化　2
食性　5, 6, 18, 178
　——の地域差　29
　——の変異　104, 114
　——分化　154, 186
食生活　71, 113, 184
食生態　96, 101, 180, 181
植物　125, 183
　——遺存体　6 → 動植物遺存体
　——質食料　60, 103, 136, 190
植物採集　62
　——活動　29
食物獲得　188
食物自給率　113
食物資源　16, 26, 101
食物摂取割合　107
食物分配　8, 16, 62, 64, 131, 180, 187, 190
食物網　23
食物連鎖　23, 141
新石器時代　38, 184
身体変工　10
シンボル　13, 136
森林環境　158
森林生態系　7
人類集団　18, 63

索引——239

水稲耕作　2
水稲農耕　9
頭蓋計測値　14
頭蓋形態　148
頭蓋非計測項目　146
スタンダード　42
ストレスレベル　7
ストロンチウム　30, 33, 121
　　——同位体比　19, 30 → Sr 同位体比
　　——同位体分析　16, 19, 125, 183
　　　　→ Sr 同位体分析
正規分布　130
生業　18, 118, 133, 155, 178, 180
　　——活動　71
　　——戦略　6
　　——適応　72
　　——分化　15, 67, 187
性差　179
成熟期　34
成人期　151, 187
成人儀礼　11, 188
生態学　36
生態環境　72
生体濃縮　24, 25
性的分業　8, 16, 133, 180, 190
生物圏　19, 23, 127
生物純化　33
生物濃縮　23
性別　28, 51, 61, 94, 106, 133
　　——判定　51, 52
石灰岩　31, 138, 149
瀬戸内海　73
線帯文文化　38
潜水活動　180
選択居住婚　13
象牙質　33, 37, 38, 121, 123, 125
草原環境　158
草食獣　33
草食性　57
草食動物　5, 24, 25, 96
双分原理　11
双分組織　14
続成作用　28, 36, 37, 39, 88, 90, 120, 123,
　　134, 141, 144, 148

［た行］
多孔性　37
第一大臼歯　75, 191
第三大臼歯　36, 53, 90, 125
代謝　102
大地溝帯　174
第二小臼歯　191
第二大臼歯　76
太平洋　73
台湾　13
多角的　18
炭酸塩　80
炭水化物　7, 18, 70, 73, 90, 102
淡水魚（類）　25, 60
炭素 14 年代　163 → 放射性炭素年代測定
炭素循環　20, 21, 164
炭素・窒素安定同位体分析　18
炭素・窒素同位体比　114, 137
炭素・窒素同位体分析　16, 19, 28, 46, 150
炭素同位体　19
　　——比　20, 84, 156, 175
タンパク質　18, 23, 90, 102
　　——源　58, 96
　　食物——　18, 58
地域差　7, 22, 72, 73, 127
地域多様性　136
地域補正値　165, 167
チェイン・マイグレーション　9, 184
置換速度　27
恥骨結合面　53
父方居住婚　63, 133, 184
窒素固定植物　23
窒素同位体　23
　　——比　23, 154
窒素同化　23
緻密骨　27, 125, 144
貯蔵　14
貯蔵穴　103
地理的　143
追跡手段　20
爪　114
定住的　2, 14, 15
　　——生活　15
定量的　104

テオティワカン　40
デルタ表記　30, 42, 84
同位体人類学　16
同位体濃縮　172
同位体比地図　36 → Sr 同位体比地図
同位体分別　22, 23, 26, 32, 58, 93, 103
　　──係数　81, 84
同位体平衡　23
東海地域　70, 138, 179
動植物遺存体　18 → 植物遺存体
動物遺存体　6, 49, 72, 172
動物骨　38
トランスエガリタリアン　188
　　──社会　14

[な行]
肉食動物　24, 25, 96
二酸化炭素　83 → CO$_2$
二次ミネラル　37, 120
ニッチ　158
ニホンザル　46, 57
ニホンジカ　6, 46, 57, 92, 141, 172
日本人起源論　46
年代測定　20

[は行]
外れ値　130
抜歯　171
　　──型式　13, 14, 16, 94, 154
　　──グループ　16
　　──系列　14, 47, 64, 65, 67, 105, 106,
　　136, 145, 186 → 2C 系、4I 系
　　──出自表示仮説　14, 16
　　──風習　10, 11, 46, 67, 96, 186
　　儀礼的──　10, 11, 13, 16
　　服喪──　11
ハッチ・スラック回路　21
半減期　20, 162
半族　14, 137
反応温度　87
東アフリカ　157
非計測項目　14
非計測的項目　9, 10
ヒト亜科　157

ヒト族　80
表面電離型質量分析装置　126
肥料　77
フォージャー　4
付加体　127
副葬品　13, 16, 68, 146, 187
伏見城跡遺跡　74
フッ素　88
不平等　14, 188
フミン酸　28, 54, 56
ベイズ統計　101, 173
変成岩　127, 149
墓域　13, 50
方解石　81, 82, 85, 88
放射壊変　30, 162
放射性炭素　162
　　──年代測定　16, 162, 189
　　　　　→ 炭素 14 年代
墓制　9, 13
ポトラッチ　15
母乳の摂取　77, 116
哺乳類　80
　　──化石　90, 175
ホモ属　158

[ま行]
埋葬小群　13, 14, 151
マチュピチュ遺跡　40
マヤ文明　40, 186
三河湾　49, 70, 178
ミトコンドリア DNA 分析　10
ミネラル化　34
民族誌データ　11
むし歯　7, 62, 70, 190
無水リン酸　80, 83
モンテカルロ法　101

[や行]
弥生時代　2
遊動域　131, 150
遊動的　189
溶解度プロファイル　120, 125
幼少期　76, 90, 184
ヨーロッパ　115

［ら行］
ライフヒストリー　155, 185, 190
ラット　18, 92
陸上資源　58, 60, 71, 178
陸上生態系　23, 25
陸上哺乳類　60, 102, 166
離乳　76
リモデリング　27, 34, 89
流通　77, 118

ルビジウム　30
歴史時代　74
暦年代　163
レチウス条　34
ローカル・マイグレーション　9
肋骨　125

［わ行］
和食　113

著者略歴

日下宗一郎（くさか　そういちろう）

1982 年　岡山県生まれ.
ふじのくに地球環境史ミュージアム・学芸課・准教授.
京都大学理学部，京都大学大学院理学研究科，日本学術振興会特別研究員（DC1・PD），総合
地球環境学研究所プロジェクト研究員，龍谷大学非常勤講師等を経て，現職.
理学博士. 専門は自然人類学・同位体人類学.
平成 21 年度 Anthropological Science 論文奨励賞（日本人類学会）.

主な著書に，『生き物たちのつづれ織り［上］』（共著，京都大学学術出版会），『環境史をとら
える技法（シリーズ日本列島の三万五千年―人と自然の環境史）』（共著，文一総合出版）があ
る.

古人骨を測る
―― 同位体人類学序説
2018 年 1 月 22 日　初版第一刷発行

著　者　日　下　宗一郎

発行者　末　原　達　郎

発行所　京都大学学術出版会
京都市左京区吉田近衛町 69 番地
京都大学吉田南構内（〒606-8315）
電　話　075-761-6182
Ｆ Ａ Ｘ　075-761-6190
振　替　01000-8-64677
http://www.kyoto-up.or.jp/

印刷・製本　㈱クイックス
装幀　大場　智博

ISBN978-4-8140-0132-3　　　　　ⓒ Soichiro KUSAKA 2018
Printed in Japan　　　　　定価はカバーに表示してあります

本書のコピー，スキャン，デジタル化等の無断複製は著作権法上での例外を除き禁
じられています. 本書を代行業者等の第三者に依頼してスキャンやデジタル化する
ことは，たとえ個人や家庭内での利用でも著作権法違反です.